震宇技術分析 314

技術分析精論 [第四版] 上冊

Technical Analysis Explained:
The Successful Investor's Guide to Spotting
Investment Trends and Turning Points
[Fourth Edition]

Martin J. Pring / 著

黃嘉斌 / 譯

寰宇出版股份有限公司

Mc
Graw
Hill
Education

【上冊目錄】

【下冊目錄】

序

任何人都理當可以在金融市場賺大錢，但有很多理由讓絕大多數人實際上沒辦法辦到這點。就如同生命中的許多嘗試一樣，成功的關鍵在於知識和行動。本書宗旨是希望就市場內部運作提出某些說明，藉此擴展知識的成份。至於行動的部分，則有賴各位投資人的耐心、紀律和客觀判斷。

1980年代中期到末期之間，不論現貨市場或期貨市場，都出現許多全球化的投資和交易機會。1990年代，隨著通訊產業的創新發展，任何人只要願意的話，很容易取得盤中資料，運用於相關的分析。目前，網際網路上有無數提供繪圖服務的網站，幾乎任何人都可以進行技術分析。科技方面呈現的革命性突破，促使投資交易的時間刻度變得愈來愈短，我不確定這究竟是不是好現象，因為短期趨勢蘊含著更多雜訊。這意味著技術指標不再那麼有效。《技術分析精論》第四版為了因應這些變化，內容篇幅和結構都做了重大調整，增添本書第三版發行以來的許多創新技巧，以及我個人想法的演變。

本版每章內容都徹底重新整理和擴增。基於效率考量，有些內容被刪掉，有些被取代。討論重點仍然擺在美國股票市場，但

很多範例涉及國際股市的股價指數、外匯、商品和貴金屬。另有章節專門談論信用市場和全球股票的技術分析。書中的範例說明，多數做了更新，但少數仍然引用先前版本的例子，目的是讓本書呈現歷史深度。這些歷史案例也凸顯一項事實：過去100多年來，很多東西實際上並沒有什麼變化。真理禁得起時間考驗，目前跟過去沒有什麼兩樣，真理同樣適用。我相信將來還是會繼續如此。

所以，技術分析理論適用於1850年的華爾街，也同樣適用於1950年的東京，相信也會適用於2150年的莫斯科。為什麼呢？因為金融市場的價格行為，所反映的是人性，而人性基本上不會隨著時間經過而出現重大差異。凡是自由交易的股票，不論時間架構如何，技術分析原理都一體適用。對於相同的技術指標，5分鐘走勢圖上呈現的反轉訊號，基本上和月線圖上的訊號相同；差別只在於訊號的重要性不同。短期時間架構反映的是短期趨勢，因此比較不重要。

本版增添了一些新的章節。首先是一個是我愈研究，愈覺得有價值的兩支線型反轉排列。這個概念對於當日沖銷與波段交易者都有幫助。因此，本版針對這部份內容專闢一章。其次，由於陰陽線運用愈來愈普及，所以我把這部份內容由先前的「附錄」轉移到正文而做更完整的討論。動能部份也新增添一章，讓我們有足夠篇幅可以討論趨向系統（Directional Movement System）、錢德動能擺盪指標（Chande Momentum Oscillator）、相對動能指數（Relative Momentum Index）與拋物線指標（parabolic，不是真正的動能指標，但還是很有討論價值）。另外，動能部份新增一些

篇幅，讓我可以討論一些動能解釋上的新概念，譬如：極端擺動（extreme swings）、極端超買（mega-overboughts）與極端超賣（mega-oversolds）等。成交量部份也增添一章篇幅，用以討論需求指數（Demand Index）、柴京資金流量（Chaikin Money Flow）等概念。本版更強調成交量動能指標的概念。相對強度的概念很重要，一般技術分析書籍很少深入討論這個領域；本版專闢一章篇幅處理這方面內容。最後，有關相反觀點理論，我們也另闢一章篇幅做討論，主要是探索交易與投資的心理議題。

1970年代以來，幾乎所有投資人的時間架構都大幅縮短。因此，技術分析經常被運用於判定短期時效，這種運用方式可能導致嚴重失望：根據我個人的經驗，技術指標的可靠性與所觀察的期間長短之間，存在顯著的關連。所以，本書討論主要是以長期和中期趨勢為導向。即使是持有時間為1～3星期的短期交易者，他們也需要瞭解主要趨勢的發展方向和階段。投資與交易上的很多失誤，經常是因為部位方向背離了主要趨勢；換言之，訊號如果發生反覆，通常都是逆趨勢的訊號。

想要成功的話，技術分析應該被視為一種評估特定市場之技術狀況的藝術，然後配合幾種由科學角度研究的指標。本書探討的許多機械性指標，雖然都能可靠顯示市況變動，但它們都具備一種共通特性：效果可能、實際上也經常令人不滿意。對於紀律嚴格的投資人來說，這種特性不至於構成嚴重威脅，因為只要掌握金融市場主要趨勢的根本知識，再配合整體技術情況的平衡觀點，便足以建構成功運作的卓越架構。

然而，沒有任何東西可以取代獨立思考的功能。技術指標雖

然可以顯示市場的根本性質，但如何把種種資訊拼湊成為可以實際運作的假說，則是技術分析者的責任。

這方面的工作絕不簡單，因為初步的成功可能導致過份自信與傲慢。技術分析之父道氏（Charles H. Dow）曾經說過，「執著觀點在華爾街導致的失敗，多過其他觀點的總和。」確實如此，因為市場基本上是反映人類的行為。一般來說，這種市場行為的發展，會按照可預期的途徑進行。然而，由於人們可以——也確實會——改變心意，所以市場價格趨勢可能意外偏離當初預期的途徑。為了避免發生嚴重虧損，當技術面狀況發生變化，投資人與交易者也必須調整立場。

除了金錢報酬之外，對於市場的研究也可以讓我們進一步瞭解人性，包括觀察他人的行為，以及自身發展的省思。一旦踏入金融市場，投資人無疑必須不斷接受挑戰與考驗，並做出適當的反應，這使我們得以更瞭解自己的心靈。

華盛頓·歐文（Washington Irving）曾經說過，「膚淺的心靈將因為遭受打擊而變得消沈，偉大的心靈卻會因此而昇華。」這句話應該非常適用於市場技術面的挑戰。

—— Martin J. Pring

謝詞

本書出版至今，已經有20多年了，篇幅由第一版的不足250頁，演變為目前的600多頁。

本書第四版的資料取自很多來源，我非常感謝許多機構允許我採用它們提供的圖形與表格，若沒有這方面的協助，本書絕對不能完成。我尤其要感謝Tim Hayes與Ned Davis Research，因為有關市場人氣與資金流量指標的圖形大多由其提供。

我要感謝Danny Pring幫本書第一版取了很適當的書名，而沿用至今。

我也希望感謝Pring Research的同事，包括Jimmie Sigsway，她非常有效率的貢獻，使我得以在寧靜而不受干擾的環境下，完成本書的寫作。任何人如果想要重新整頓家園或辦公室，就知道我是什麼意思。

另外，她也是我的偉大岳母！

最後，我要特別感謝內人Lisa，她負責整理本書使用的大部分走勢圖與圖形，而且要兼顧家庭，照顧我們的兒子Thomas，而且還要隨時更新我們的網站（pring.com）。

導論

　　對於願意買進並長期持有普通股的投資人來說，股票市場長久以來提供絕佳的績效報酬，包括股息成長和資本增值在內。投資人如果願意透過技術分析，學習如何掌握循環時效（cyclical timing）的藝術，市場可以提供更多的挑戰、成就與報酬。

　　技術分析方法優於買進-持有策略的現象，在1966年到1982年期間尤其明顯。這16年期間內，就道瓊工業指數衡量，股價雖然幾乎全無進展，但其間曾經出現巨幅的價格波動。道瓊指數在1966年到1982年之間雖然沒有成長，但總共出現5波段重大漲勢，總計有1500點。因此，如果能夠掌握市場漲跌時效，潛在報酬是非常可觀的。

　　假定投資人在1966年拿著$1,000進場（換言之，道瓊指數每點代表$1），如果他很幸運可以分別在1966年、1968年、1973年、1979年和1981年的行情頭部賣出股票，並且分別在1966年、1970年、1974年、1980年和1982年的行情谷底買進，那麼在1983年10月的時候，總投資將成長為$10,000（不考慮交易成本和資本利得稅）。反之，投資人如果採用買進-持有策略，這段期間所能夠實現的獲利大概只有$250。即使是在1982年8月展開的大幅漲勢過

程，技術分析也是很有用的，因為不同產業類股之間的績效表現差異很大。

　類似如1980年代和1990年代發生的大多頭行情，可謂一輩子一次的事件。事實上，在美國長達200年的股票發展史上，這創下一項紀錄。這意味著第21世紀的最初10年，投資人恐怕將面臨深具挑戰而困難的期間，如何拿捏市場時效將變得更重要。

　由實際層面考量，我們當然不可能在市場循環的每個轉折點，都正確地買進或賣出，但這種方法所具備的獲利潛能，容許有犯錯的餘地。甚至把佣金成本和稅金考慮在內也是如此。所以，如果可以辨識市場的主要轉折點，並且採用適當的行動，獲利潛能是非常可觀的。

　技術分析最初是運用於股票市場，後來逐漸延伸到商品、債券、外匯和其他國際市場。過去，投資人的眼光都放得很長，投資期限往往是好幾個月或好幾年。市場上雖然始終都有些短線玩家和帽客，但通訊科技的革命性發展，顯著縮短了投資人的時間刻度。投資期限如果很長，就可能採用基本分析，但時間架構一旦縮短，時效往往就代表一切。處在這種環境之下，技術分析會自成一格。

　為了獲致成功，技術分析方法所採取的行動，往往必須和群眾的預期相互對立，這需要具備耐心、紀律和客觀的態度。當經濟低迷、行情悲觀的時候，投資人必須勇於買進金融資產，然後在市場極端樂觀、投資人在陶醉的時候賣出。至於悲觀或樂觀的程度，則取決於轉折點的個別狀況。相較於長期峰位或谷底，短期轉折點呈現的情緒相對溫和。本書宗旨是解釋這些行情重要轉

折點所普遍存在的技術特質，協助投資人做客觀的評估。

技術分析定義

本書講解過程中，如果要強調某特定論點的重要性，就會透過下列方式呈現：

主要技術原則：技術分析所處理的，永遠是相對機率，不是絕對明確。

技術分析投資方法基本上是反映一種看法：價格將呈現趨勢發展，而這些趨勢是取決於投資人根據經濟、貨幣、政治、心理……等因素而調整的態度。技術分析的藝術——而且正因為是藝術——是在相對初期階段辨識趨勢反轉，並運用該趨勢進行操作，直到有足夠證據顯示該趨勢已經反轉為止。

人類的天性相當固定；對於類似的情況，通常會有類似的行為反應。所以，研究過去市場轉折點所呈現的各種現象，可以協助我們辨識行情主要頭部和谷底的某些共通特質。因此，技術分析是建立在一個基本假設之上：人類會重複犯錯。

人類的行為反應很複雜，絕對不會重複完全相同的行為組合。市場是反映人類行為的場所，其呈現的人類行為模式不會完全相同，但這些行為具備的類似性質，已經足以讓技術分析者據以判斷行情的主要轉折點。

因為沒有任何單一技術指標，可以或能夠預示每個市場循環的轉折點，所以技術分析發展出一系列的工具，協助判斷這些關鍵點。

技術分析三大領域

技術分析可以被劃分爲三個基本領域：人氣（sentiment）、資金流量（flow-of-funds）和市場結構（market structure）指標。就美國股票市場來說，這三個領域都有充分的資料和指標可供運用。至於其他金融市場，相關統計數據大致侷限在市場結構指標方面。以美國爲據點的期貨市場，則是一個重要例外，這些市場也有短期人氣資料可供運用。以下針對人氣和資金流量所做的評論，是就美國股票市場而言。

人氣指標

人氣（sentiment）或預期（expectational）指標是追蹤與反映不同市場參與者（例如：內線、共同基金經理人、場內專業報價商）的行爲。猶如鐘擺在兩個端點之間來回擺盪，人氣指數（衡量投資人的情緒）也是擺動在兩個端點之間，一是空頭市場底部，一是多頭市場頭部。人氣指標所根據的假設是：在市場主要轉折點上，被劃歸某類的投資人，通常會呈現相當一致性的行爲。舉例來說，內線（企業高級主管和大股東）和紐約證券交易所會員，他們在行情重要轉折點的整體行爲反應，大致上都是正確的；原則上，他們在市場底部是居於買方，在市場頭部是居於賣方。

另一方面，投資顧問的情況剛好相反，他們在行情重要轉折點所做的判斷，經常是錯誤的，因爲他們總是在市場頭部看多行情，在市場底部看空行情。根據這類資料推演出來的技術指標，

其中的某些讀數對應市場頭部，另一些讀數對應市場底部；因此，我們能夠根據人氣指標讀數，判斷行情的轉折。在市場轉折點上，我們發現，當時的公認看法或大多數人意見通常都是錯的；所以，這些反映市場心理或人氣的指標，通常可以做為建構反向觀點（contrary opinion）的有效根據。

資金流量指標

　　這個領域的技術分析，我們將它們統稱為資金流量（flow-of-funds）指標，藉以分析各種投資團體的財務資金部位，試圖衡量他們買賣股票的潛能。我們知道，每筆股票交易都必定有買方和賣方；所以，由事後（ex post）的角度來看，股票交易實際換手金額所代表的供、需力量必然相等。

　　股票交易的買方和賣方適用相同的成交價格，任何一筆交易造成的市場流入和流出資金數量必定相等。因此，資金流量指標所關心的，是供、需達到平衡之前的狀態，也就是交易實際發生之前的所謂事前關係（ex ante relationship）。在某特定價位上，如果事前的買方力道大於賣方，事後的價格必定會上升，如此才能使得買賣雙方的供需力道維持平衡。

　　舉例來說，資金流量分析所關心的，是主要金融機構現金部位呈現的趨勢，包括：共同基金、退休基金、保險公司、外國投資人、銀行信託帳戶與客戶帳戶的現金餘額，這些資金代表股票市場買方的資金來源。由供給面來看，資金流量分析關心的，包括新股承銷、次級市場批股與融資餘額。

　　資金流量分析也有缺失。所衡量的資料，雖然代表股票市場

可以運用的資金（例如：共同基金的現金部位，或退休基金的現金流量），但「可以」運用不代表實際「會」運用；換言之，指標不能反映市場參與者運用這些資金購買股票的態度，也無法顯示市場參與者在某價位賣出股票的意願。

　　至於其他重要的金融機構和海外投資人，這方面資料的詳細程度還不足以供做實務運用，而且數據公布有嚴重的時間落差。不過，話說回頭，雖然有種種缺失，資金流量數據畢竟還是可以做爲背景資料。

　　資金流量分析的較適當方法，是研究銀行體系的資金流動趨勢，這種方法所衡量的資金供需關係，不僅適用於股票市場，也適用於整體經濟。

市場結構指標

　　這也是本書探討的主要領域，包括市場結構（market structure）或市場性質（character of the market）指標。這是追蹤各種價格指數、市場廣度（market breadth）、循環、成交量……等的發展趨勢，藉以判斷既有趨勢的健全程度。

　　追蹤價格發展趨勢的技術指標，包括移動平均、峰位-谷底分析、價格型態和趨勢線等。這類分析技巧也可以運用於先前討論的人氣指標和資金流量指標，因爲這些指標也會呈現趨勢發展。當人氣指標的趨勢發生反轉時，價格發展也很可能改變方向。

　　多數情況下，價格與市場內部衡量（譬如：市場廣度、動能或成交量）會呈現同時上升、同時下降的走勢，但在趨勢轉折點附近，這類指標經常會與價格背離。這種背離現象往往預示著市

場既有發展轉強或轉弱。技術分析者謹慎觀察這類盤勢轉強或轉弱的潛在訊號，可以察覺價格趨勢本身反轉的可能性。

　　價格是群眾心理或群眾行為反映出來的現象，這是技術分析方法根據的理論。這套分析方法認為，群眾心理將擺盪於兩種心態之間，一是恐慌、害怕與悲觀，一是信心、貪婪和樂觀；所以，我們能夠觀察這些心理所驅動的特殊行為，藉此預測未來的價格走勢。

　　由於這些情緒的發展，需要時間醞釀，所以技術分析有機會在早期階段辨識這些心理現象的變化。研究這些市場趨勢，使得技術分析者很又信心地買進或賣出，因為趨勢一旦形成，通常都會持續發展很長一陣子。

價格走勢的分類

　　價格走勢可以歸納為三大類：長期、中期和短期。長期趨勢（經常又稱為主要〔primary〕或循環〔cyclical〕趨勢）涵蓋的期間通常為1～3年，反映投資人對於經濟循環的看法。中期趨勢涵蓋期間通常為3週到數個月。這種趨勢雖然不是頂重要，但辨識其發展方向，對於投資人仍然有助益。舉例來說，某波跌勢究竟是屬於多頭市場的中期折返，或是屬於另一個空頭市場的開始，此兩者之間的辨別，往往會決定投資的成敗。短期趨勢涵蓋的期間通常短於3、4週，具有濃厚的隨機性質。極長期趨勢（secular trend）則會涵蓋好幾個長期趨勢，盤中趨勢（intraday trends）則只會延續幾分鐘或幾個小時。

市場的預先反映機制

所有價格走勢都有一種共通性質：它們都是反映市場參與者之如期待、恐懼、知識、樂觀、貪婪……等等情緒，這些情緒將綜合反映在價格水準上。如同加菲・德魯（Garfield Drew）強調的，股票價格所顯示的「絕對不是它們本身的價值，而是人們認為它們具有的價值[1]。」

《華爾街日報》的某篇社論，很精闢地說明股票市場所做的這種評估程序[2]：

> 股票市場包括某特定時刻「在市場中」買進或賣出股票的人，以及當時「不在市場中」而在情況適當時，可能進場的人。由這種角度來說，任何擁有積蓄的人，都是股票市場的潛在參與者。
>
> 由於這種參與和潛在參與的基礎廣大，使得股票市場具有成為一種經濟指標的力量，並且是稀有資本的配置者。資金進出某支股票或進出市場，都是由每位投資人根據最新資訊所做成的決定。這使得市場可以綜合所有可供運用的資訊，在性質上絕對不是任何單一個人所能夠辦到的。由於這種判斷是由所有的人共同達成，其力量通常會壓過任何單一個人或團體的意見……。

---

1. 請參考Garfield Drew, 《New Methods for Profit in the Stock Market》, Metcalfe press, Boston 1968, 第18頁。
2. 1977年10月20日的《華爾街日報》。

「市場」衡量所有上市公司的稅後盈餘，並衡量截至目前爲止與未來（或許是無限未來）所可能出現的累計盈餘。然後，就如同經濟學家所說的，這些累計稅後盈餘將被市場「折算爲現值」。如某人購買較貴的刮鬍刀片，也是基於前述的盤算：這片高價刮鬍刀未來可以提供較高的方便性，所以，他是把這種方便性折算爲現值，藉以評估價值。

全球各地的經濟狀況，最終都會影響企業未來的盈餘流量。全世界與美國的資訊，會一點一滴不斷流入市場，市場反映這些資訊的效率，將遠勝過政府公布的統計數據；市場會根據這些資訊，評估美國企業的未來盈餘能力。原則上，股票市場的整體股價水準，可以反映美國資本存量的現值。

> **主要技術原則**：市場絕不會針對相同事件重複反映。

這意味投資人或交易者會針對預期之中的消息做評估，準備採取行動，等到事件確實發生時，他們可以按照較高價格賣出股票。如果實際發展較當初預期的程度更好或更壞，投資人可能因此而延後或提前採取行動。所以，有句大家耳熟能詳的說法「趁著利多消息賣出」，這句話適用在「利多消息」剛好符合或不如市場（投資人）預期的情況。

如果消息很好，但程度不如市場預期，那麼投資人會很快重新做評估，結果——假定其他條件不變——導致行情下跌。如果消息較市場預期得好，將有利於行情。至於壞消息，情況當然剛

好相反。這種程序可以解釋一種看似矛盾的現象：股票市場的價格峰位總是發生在經濟情況很好的時候，行情谷底則總是發生在經濟情況非常惡劣的時候。這種預先反映的機制，並不侷限於股票市場，而是普遍適用於所有自由交易市場。

市場對於消息事件的反應方式，往往具有重要的啓示作用。市場如果忽略一項原本屬於利多的消息，行情反而下跌，這代表市場已經預先反映該事件，也就是說該事件已經預先反映在價格上了；這種現象應該視爲偏空的徵兆。

反之，市場對於利空消息的反應如果優於預期，應該解釋爲有利徵兆。「已知的空頭因素，就是已經反映的空頭因素」，這句話蘊含著無限智慧。

金融市場與經濟循環

債券、股票和商品的主要趨勢，是取決於投資大眾情緒上認定的長期趨勢。這些情緒反映了投資人對於未來經濟活動的預期水準和成長狀況，也反映投資人對於這些經濟活動的態度。

舉例來說，股票市場的主要趨勢和經濟體系的景氣循環之間，存在著明確的關連，因爲公司獲利能力的趨勢，也代表著景氣循環的重要環節。股票行情如果只受到經濟基本因素的影響，我們就相對容易判定股票市場主要趨勢的變化。可是，因爲受到幾種因素的影響，實際情況並非如此。

第一，經濟狀況的變化，需要時間醞釀。在經濟循環的發展過程，股票市場可能受到其他心理因素的影響，例如：政局變化

或股市內部因素變動（譬如投機性買盤增加，或追繳融資引發賣壓等）。這些因素可能造成5％或10％的漲跌走勢，它們並不能由經濟基本面做解釋。

第二，股票市場的變化，通常會領先經濟景氣長達6～9個月，不過領先的時間可能更長或更短。以1921年和1929年爲例，經濟景氣的變化，反而領先股票市場。

第三，經濟循環發展過程，即使景氣已經處於復甦階段，人們往往會懷疑經濟復甦的持續力道。這種懷疑立場，如果又配合政治或其他不利事件，股票市場經常會呈現顯著的逆循環走勢。

第四，企業獲利能力即使增加，投資人對於這些獲利的看法可能不同。舉例來說，1946年春天，道瓊工業指數的本益比爲22倍；1948年，根據1947年盈餘計算的本益比爲9.5倍。這段期間內，企業獲利雖然成長一倍，但因爲本益比下降，股價水準反而更低。

債券和商品價格的變動，它們和經濟活動之間的關連程度，更甚於股票；即便是如此，心理因素對於這些價格的影響還是很重要。外匯價格顯然不適合採用經濟循環分析。雖然幾個月之後公布的經濟數據，往往能夠有效解釋先前的外匯走勢，但由事前角度來說，技術分析比較適合及時預測外匯走勢，在早期階段判定趨勢。

主要技術原則：技術分析基本原理適用於所有證券，以及各種時間架構，包括20分鐘到20年的趨勢。

技術分析：判定趨勢

我們知道，預測經濟趨勢，或評估投資人對於經濟趨勢變化之態度，涉及許多困難而主觀的問題，但技術分析研究的是市場行為，所以不需直接處理這些難題。技術分析試圖辨識市場對於前述因素之評估的轉折點。技術分析適用於股票、大盤指數、商品、債券、外匯或其他任何由交易的對象，因此我經常藉由證券做為統稱，避免不必要的累贅。本書採用的說明方式，不同於一般技術分析書籍。

本書（上冊）第I篇「趨勢判定技巧」將討論趨勢判定的種種技巧，說明如何辨識趨勢反轉。這部分將處理價格型態、趨勢線、移動平均、動能……等主題。

本書（下冊）第II篇「市場結構」主要分析美國股票市場，但也經常引用其他股票市場的範例做為說明，藉以凸顯相關原理具有的普遍適用性。市場結構分析所需要的，只是適當的資料而已。這部分內容將詳細解說各種指標與指數，說明如何藉此建立分析架構，用以判定市場內部結構的素質。

市場特質的研究，是技術分析的關鍵所在，因為在大盤指數的趨勢發生反轉之前，市場結構的強弱程度，幾乎必定會預先呈現徵兆。

如同謹慎的汽車駕駛，不會只根據速度儀表判定汽車的運行狀況一樣，技術分析者也不會只關心大盤指數的價格趨勢。投資人的信心狀況會反映在價格走勢上，我們將由4個角度或維度，探索情緒層面：即價格、時間、成交量與寬度（breadth）。

　　價格變動所反映的，是投資人態度的變動，而價格——第1個維度——顯示這方面的變動。

　　第2個維度是時間，衡量投資人心理循環的週期長度和發生頻率。投資人的信心變化，會呈現顯著的循環，擺盪於極度樂觀和極度悲觀之間，有些循環的週期較長，有些較短。價格走勢程度經常是時間的函數，投資人看法由多轉空所經過的時間愈長，對應的價格走勢幅度往往也較大。

　　本書將用兩章篇幅專門處理時間議題，相關討論主要是以美國股票市場爲範例，但其原理也同樣適用於商品、債券和外匯。

　　第3個維度是成交量，反映投資人態度變化的強度。譬如說，就特定價格漲勢而言，如果配合的成交量不大，其蘊含的走勢強度將不如大成交量。

　　第4個維度是寬度，衡量情緒涵蓋的範圍大小。這是很重要的概念，當股票市場呈現全面性的漲勢，有利的情緒趨勢散佈到大多數股票和產業，代表經濟復甦的普遍性和健全性，使得投資人普遍看好股票。反之，如果股票漲勢僅侷限於少數藍籌股，這會降低上升趨勢的素質，多頭行情的持續性也值得懷疑。

　　技術分析透過許多不同方式衡量這些心理維度。多數技術指標會同時追蹤兩種或以上的維度，就一般的價格走勢圖來說，它同時衡量價格（縱軸）和時間（橫軸）。同理，騰落線（advance/decline line）則同時衡量寬度和時間。

　　本書（下冊）第III篇「市場行爲的其他層面」，處理比較特殊的議題，包括：利率與股票市場的關係、人氣心理、自動化交易系統、選股、技術分析運用於全球市場。

結論

投資人對於經濟循環的態度和預期,其變化會導致金融市場呈現趨勢性發展。每個經濟循環的特定階段,投資人會持續重複相同型態的行為,所以研究大盤指數和市場指標之間的歷史關係,將有助於判斷趨勢轉折。

沒有任何單一指標能夠顯示所有的趨勢反轉,所以我們需要運用多種指標進行綜合評估。

這種處理方法絕非萬無一失,但只要秉持著謹慎、耐心和客觀的態度運用技術分析原理,投資人或交易者還是能夠掌握相當高的勝算。

第I篇

趨勢判定技巧

第 **1** 章　**市場循環模型**

在導論中，技術分析被定義為：在相對初期階段辨識趨勢反轉，並運用該趨勢進行操作，直到有足夠證據顯示該趨勢已經反轉為止。想要辨識趨勢反轉，首先需要知道何謂趨勢？本章將解釋和歸納各種趨勢，最後並提出一種基本的趨勢判定技巧：峰位到谷底的演進（peak-and-trough progression）。這是最單純，也可能是最有效的趨勢判定技巧，可以做為後文討論許多其他技巧的建構積木。

三種重要趨勢

趨勢是衡量價格隨著時間經過而呈現的走勢方向變動。所以，我們可以由不同的時間架構來考慮價格趨勢。趨勢有很多種，但我們最經常追蹤的有三種：主要趨勢、中期趨勢與短期趨勢。

主要趨勢

主要趨勢（primary trend）涵蓋的期間，通常介於9個月到2年之間，是反映投資人對於經濟循環發展，諸項基本面因素的看法

和態度。就統計資料來看，經濟循環由谷底到谷底所涵蓋的期間長度，平均大約是3.6年，所以主要上升和下降**趨勢**（多頭和空頭市場）各持續1、2年。由於營造所需要的時間，通常更甚於拆除的時間，所以多頭市場的涵蓋期間長於空頭市場。

　　主要趨勢循環的分析方法，適用於債券、股票和商品。外匯市場也有主要**趨勢**，但因為外匯所反映的投資人態度，是兩個經濟體系之間的相互關係，所以經濟循環方法不適用於外匯市場，本書第2章會處理這方面的議題。

　　圖1-1的粗實線部分，代表主要趨勢。在理想的情況下，主要上升**趨勢**（多頭市場）的大小，會和主要下降**趨勢**（空頭市場）一致，但實際情況下，兩者通常不對稱。不論是短期交易或長期投資，關鍵往往都是要順著主要趨勢方向建立部位，所以本書很重視如何辨識主要**趨勢**的反轉。

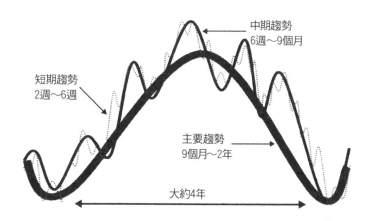

圖 1-1 市場循環模型

中期趨勢

當我們觀察價格走勢圖，將發現價格並不是呈現直線狀發展的。主要上升走勢通常會夾雜著幾個折返走勢。在主要多頭市場的發展過程中，這種逆著循環方向的走勢，就是所謂的中期價格走勢。它們持續的時間大概介於6週到9個月之間，有時候甚至更長，但很少更短。本書第4章會詳細探討股票市場的中期趨勢。圖1-1的較細實線，即代表中期趨勢。

不論投資或交易，我們都需要瞭解主要趨勢的發展方向和成熟程度，但中期趨勢分析也有助於提升交易勝算，並協助判斷主要趨勢是否即將反轉。

短期趨勢

短期趨勢通常持續2～4週，但可能更長或更短。短期趨勢是中期循環夾雜的逆向走勢，就如同中期趨勢是長期循環夾雜的逆向走勢一樣。請參考圖1-1，短期趨勢是由虛線代表。短期趨勢通常是受到隨機新聞事件影響，辨識上更困難。

市場循環模型

現在，我們應該清楚，任何市場的價格水準，都同時受到幾種趨勢的影響，所以我們必須明白自己考慮的是哪種類型的趨勢。舉例來說，如果短期趨勢剛出現反轉，預料其價格變動幅度應該遠不如主要趨勢發生反轉。長期投資人基本上考慮的，是主要趨勢的發展方向，所以必須瞭解當時多、空市場的發展程度。

然而，長期投資人也要清楚中期趨勢，並且稍微瞭解短期趨勢。因為技術分析的研究，需要理解中期趨勢和短期趨勢之間的關係，以及它們對於主要趨勢的影響。另外，如果我們相信長期趨勢剛向上反轉，多頭部位或許應該稍做等待再進場，因為當時的短期漲勢可能過度延伸。因此，如果不瞭解短期趨勢的發展程度，投資人還是會付出相當大的代價。

短期交易者關心的，主要是規模較小的短期價格走勢，但他們也需要知道中期和長期趨勢的發展方向。這是因為多頭市場的意外經常發生在上檔，空頭市場的意外則總是發生在下檔。換言之，多頭市場的短期上升趨勢，價格變動幅度通常大於短期下降趨勢；空頭市場的情況則剛好相反。交易之所以發生虧損，經常是因為部位違背了主要趨勢的發展方向。因此，市場參與者不論其強調的取向是長期投資或短期交易，對於這三種趨勢都應該具備足夠的知識。

> **主要技術原則：**一般來說，趨勢涵蓋的期間愈長，其轉折愈容易辨識。

盤中趨勢

近年來，隨著電腦科技和即時交易系統的發明，短線玩家可以根據小時或甚至每檔跳動走勢圖進行交易。技術分析原理也同樣適用於這類極短期趨勢，但有兩點需要特別注意。第一，小時走勢圖呈現的反轉，只有極短期的含意，影響程度小於較長期趨

勢的反轉。第二，對於極短期價格走勢，新聞事件會造成的影響
更顯著，反應也更立即。在這種時間架構上，交易決策經常取決
於情緒和直覺。另外，盤中價格走勢比較容易受到人為操縱。所
以，這類極短期的走勢圖，價格變動顯得很突兀，傳遞訊號的可
靠性也不如較長期走勢圖。

極長期趨勢

　　主要趨勢是由幾個中期循環構成，極長期趨勢（secular trend）
則是由幾個主要循環構成。這種超級循環涵蓋的期間很長，通常
遠超過10年，經常延伸到25年。本書第2章會更深入討論這部分內
容。圖1-2說明極長期循環和主要循環之間的相互關係。

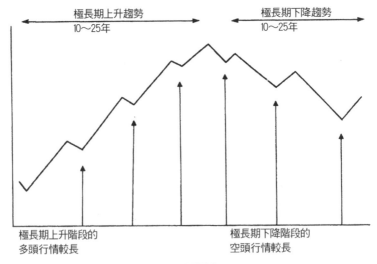

圖1-2　極長期趨勢和主要趨勢之間的關係

　　瞭解極長期趨勢的發展方向，當然非常有幫助，就像主要趨勢方向會影響中期上升和折返走勢的相對幅度一樣，極長期趨勢方向也會影響主要上升和折返走勢的相對幅度和涵蓋期間。

　　舉例來說，處在極長期上升趨勢中，主要多頭市場的漲幅，應該會大於主要空頭市場的跌幅。反之，處在極長期下降趨勢中，空頭市場會展現相對強勁的力道，持續的期間也會超過多頭市場。

峰位到谷底的演進

　　如同前述，技術分析是權衡各種證據，藉以辨識（價格）趨勢反轉的一種藝術。如同法庭審判一樣，趨勢在被證明有罪之前，應該被視為無罪！所謂「證據」，是指技術分析運用的客觀成分，包括一系列透過科學方法推演的指標和技巧，通常能夠有效辨識趨勢。所謂「藝術」，就是結合這些技術指標，形成完整的架構，藉以辨識行情走勢是否為峰位或谷底。

　　隨著電腦運用普及，從而發展出許多精密的趨勢判定技巧。這些指標之中，有些合理，但多數則否。人們無疑會繼續追求完美的技術指標，或所謂的「萬靈聖盃」（Holy Grail），但這類技巧不太可能會成功。即使人們曾經發現這類指標或系統，但它們只要被人瞭解而普遍運用，自然就會慢慢失效。

　　人們為了追求精密的數學技巧，往往會因此忽略了最單純、最根本的方法。峰位到谷底的演進（peak-and-trough progression）便是被忽略的基本方法之一（請參考走勢圖1-1）。

　　這也是道氏（Charles Dow）當初採用的趨勢判定方法：多頭行情是由一系列價格波浪構成，每個上升波的高點和折返波的低點都要不斷墊高。這種峰位和谷底持續墊高的現象一旦中斷，就代表趨勢已經反轉。

　　為了解釋這種方法，道氏曾經以海邊湧上岸的波浪作比喻。他指出，我們可以根據浪潮推升上岸的高度，判斷潮汐的反轉，所以也可以根據相同的客觀法則觀察市場價格行為。

走勢圖1-1　穆迪AAA等級公司債殖利率，峰位到谷底的分析。殖利率走勢圖上側的粗線部分，是對應主要多頭市場和空頭市場。走勢循環不斷墊高的一系列峰位和谷底，是起自第二次大戰結束，終止於1980年代初期。即使是由極長期循環角度來看，這段上升趨勢的涵蓋期間也很長。到了1981年，殖利率創長期峰位，接著展開極長期下降趨勢。確認訊號發生在1985年，因為原本持續墊高的峰位和谷底，從此開始持續下滑。這個訊號顯示趨勢發生變動，但沒有顯示下降幅度將會如何。（資料取自Intermarket Review）

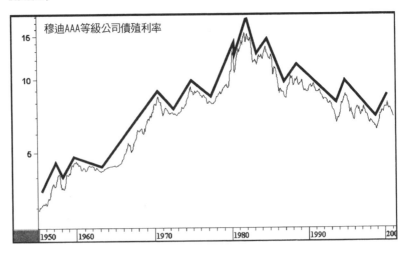

　　請觀察圖1-3，價格呈現波浪狀漲勢，每一波浪的峰位都高於前一浪的峰位，每一波浪的谷底也都高於前一浪的谷底。可是，到了X點，我們可以確定上升浪的峰位沒有繼續創新高，而且折返走勢也跌破先前的谷底，這代表上升趨勢在X點位置向下反轉。圖1-4顯示相反情況，下降趨勢向上反轉。

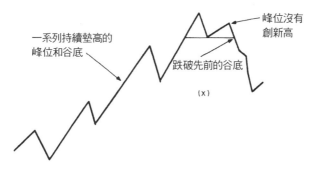

圖1-3 持續墊高的峰位和谷底發生反轉

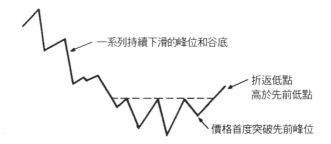

圖1-4 持續下降的峰位和谷底發生反轉

主要技術原則：峰位到谷底的反轉，其重要性取決於上升浪和折返浪的涵蓋期間和價格幅度。

一系列峰位和谷底之持續發展中斷的概念，是道氏理論（第3章）和價格型態分析（第5章）的建構積木。

舉例來說，如果一系列上升波和折返波的涵蓋期間分別都是2、3週，那麼趨勢反轉可能只屬於中期趨勢等級，因為中期趨勢是由一系列短期循環（2、3週）構成。同理，如果一系列上升波和折返波分別屬於中期趨勢，那麼中期趨勢的峰位和谷底一旦不能持續墊高或不能持續下滑，就代表主要趨勢由多翻空或由空翻多。

峰位到谷底程序判定上的難題

某些情況下，峰位到谷底的演進，結構可能較圖1-3和圖1-4複雜。請觀察圖1-5的 (a)，峰位和谷底最初持續墊高，稍後雖然繼續創新高，但價格拉回時在X點跌破先前的低點。這個時候，持續墊高的谷底已經終止，但峰位還持續墊高。換言之，X點只產生一半的訊號。對於持續墊高的峰位和谷底來說，完全反轉的訊號，是發生在Y點，因為這個時候價格才跌破先前的谷底。

在X點，趨勢判斷陷入困境，因為趨勢仍然被歸類為上升，但持續墊高的谷底已經中斷，顯示技術面轉弱。一方面，空頭訊號只出現一半；另一方面，若等待Y點出現，多頭市場原本取得的獲利，可能會流失不少。

解決這個困境的最佳方式，或許是引用本章之初對於技術分析所做的定義，尤其是後半段：「……運用該趨勢進行操作，直到有足夠證據顯示該趨勢已經反轉為止。」

　　就目前這個例子來說，如果其他指標（譬如：移動平均、成交量、動能和市場廣度，細節請參考後續章節）所構成的「足夠證據」強烈顯示趨勢已經反轉，就應該將其視爲趨勢反轉，即使峰位到谷底的演進並沒有確認反轉。可是，我們仍然應該抱著某種程度的懷疑，直到持續墊高的峰位和谷底都中斷，而確認反轉爲止。

　　圖1.5的 (b) 也顯示類似的情況，但是由空頭趨勢反轉爲多頭趨勢，其中的X點也應該以相同方式處理。某些情況下，何謂上漲走勢或折返走勢，在判斷上相當主觀。解決方法之一，是設定

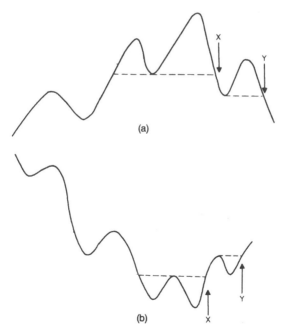

圖1-5　一半的反轉

某種客觀衡量標準，譬如價格變動幅度超過5%。這種程序可能相當繁瑣，但某些電腦軟體（例如：MetaStock）允許使用者隨意在圖形格式上設定這類的基準。

何謂有效的峰位和谷底？

多數情況下，漲勢和折返走勢相當明顯，所以很容易判斷這些轉折點是有效的峰位和谷底。技術分析專家認爲，折返走勢的折返幅度，應該是前一波走勢距離的1/3到2/3之間。所以，請參考圖1-6，如果把第一波漲勢由谷底到隨後的峰位的距離視爲100%，那麼隨後的向下折返走勢，其幅度大約是先前走勢距離的50%稍多。有些情況下，折返幅度可能達到100%。技術分析雖然存在不太精確的藝術成分，但折返程度如果遠不及1/3幅度，其峰位或谷底的意義就值得懷疑。

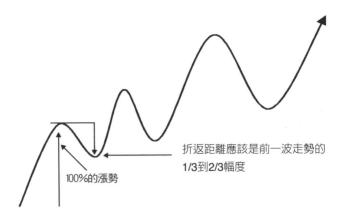

折返距離應該是前一波走勢的
1/3到2/3幅度

100%的漲勢

圖1-6 峰位與谷底的辨識（價格高度）

　　狹幅橫向走勢可能代表獲利回吐或消化損失的整理。這種整理走勢的高度，經常不符合前述起碼「大約1/3折返」的條件；這種情況下，判斷基準應該是時間寬度而不是價格高度。原則上，修正走勢花費的時間，應該是先前漲勢或跌勢花費時間的1/3到2/3程度。請參考圖1-7，假定圖形標示漲勢的時間寬度為100％，那麼隨後橫向狹幅走勢如果要具有明確意義的話，其突破之前的整理時間，至少必須是先前漲勢時間寬度的1/3左右，如此才有充分時間消化先前的獲利，並創新高價。整理時間也可能是先前漲勢時間長度的100％或以上。事實上，整理的時間愈長，買賣雙方之間的較勁愈劇烈，整理走勢之上限和下限代表的意義也愈顯著。

　　這些都只是概略的準則，最終判斷還需要仰賴經驗、常識、些許直覺，還有——最重要者——綜合評估成交量、支撐、壓力……等因素。前述說明基本上都是引用上升趨勢為例子，但相同原理也同樣適用於下降趨勢，反彈走勢的折返幅度應該是前一波

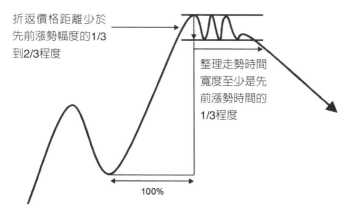

折返價格距離少於
先前漲勢幅度的1/3
到2/3程度

整理走勢時間
寬度至少是先
前漲勢時間的
1/3程度

100%

圖1-7 峰位與谷底的辨識（時間寬度）

跌勢距離的1/3到2/3之間。另外，狹幅整理的時間也應該至少是先前跌勢時間的1/3程度。

　　另外，我們需要注意，所追蹤的趨勢究竟是屬於哪種等級的趨勢？如果上升趨勢構成的一系列起伏波段，其持續期間都大約是2、3個星期，那麼折返走勢應該屬於中期折返，因為先前的一系列起伏波段屬於短期性質。反之，發生在盤中走勢圖的峰位到谷底反轉，即使在很短的期間架構上，也是具有意義的。至於究竟多短，則取決於擺動發生在小時或5分鐘走勢圖上。

彙總

- 任何證券的價格都會同時受到幾種趨勢的影響。
- 最主要的趨勢有三種：主要、中期和短期。
- 技術分析原理也同樣適用於盤中趨勢，但因為盤中走勢深受隨機雜訊影響，所以相關分析的可靠性不如較長期趨勢。
- 極長期趨勢的方向，會影響主要多頭和主要空頭趨勢的發展幅度。
- 峰位到谷底的演進，是最根本的趨勢判定方法，也是技術分析的建構積木。
- 原則上，要成為有效的新峰位或新谷底，折返走勢的價格折返程度，應該是前一波走勢距離的1/3到2/3之間。
- 狹幅整理也可以視為有效的峰位和谷底，但整理走勢的時間長度，應該是前一波走勢距離的1/3到2/3之間。

第2章 **金融市場與經濟循環**

導論

　　本書主題雖然是技術分析，但我們也應該要瞭解股票、債券和商品市場的主要**趨勢**，它們是取決於投資人對於經濟循環發展的態度。就時間先後順序來說，每種市場的峰位和谷底，通常會相當穩定地發生在經濟循環的某些固定位置。債券、股票和商品市場之間的這種相互關連，可以被視為有用的架構，用以判定個別市場的重要反轉。

金融市場的預先反映機制

　　所有金融市場的**趨勢**，基本上是取決於投資人對於經濟狀況之變化的預期，以及這些變化對於特定金融市場之資產價格所可能造成的影響，還有投資人對於這些基本面因素的心理態度。一般來說，市場參與者會預期未來的經濟和金融發展，提早採取適當的行動而買進或賣出相關資產，所以市場的轉折點往往比實際經濟發展提早發生。

　　經濟活動處於擴張階段，股票價格通常會上漲；疲軟的經濟有利於債券價格；經濟過熱則有利於原物料商品價格。在任何特定時間，這三個市場的發展方向經常不同，因為它們都試著預先反映不同的預期。

　　經濟體系很少處於靜止的穩定狀態；一般來說，經濟不是處於擴張狀態，就是處於衰退狀態。因此，金融市場也會呈現持續波動。請參考圖2-1，這是圍繞在均衡點（equilibrium）附近活動的某虛構經濟體。概略說來，均衡可以視為零成長的期間，當時的經濟既不擴張，也不衰退。事實上，這種均衡狀況很少發生（甚至從來沒有發生過），因為整體經濟不論在擴張或衰退階段，都蓄積非常可觀的動能，所以當景氣反轉的時候，經濟也很難維持均衡狀態。

　　「經濟」是由許多個別部門共同組成；任何特定時間上，這些部門的發展方向往往不盡相同。經濟循環的初期，譬如房屋開工率之類的領先指標，它們會先開始上升，但類似如資本支出或就業水準等落後指標，它們還會持續下降。金融市場的投資人對於

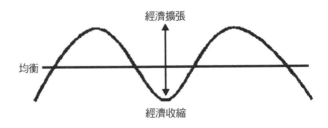

圖2-1　理想化的經濟循環

穩定或均衡狀態沒有興趣,因為這意味著沒有劇烈波動的價格,因此也就沒有迅速獲利的機會。經濟循環會不斷變動,這種性質讓投資人和交易者得以享有很好的機會,因為不同產業在同一時間,將面對著不同的經濟情況。由於房屋產業領先經濟,所以房屋營造類股在經濟復甦之初的表現很好,但如鋼鐵等資本密集類股,這段期間仍然會承受很大的壓力。到了經濟循環後期,風水輪流轉,房屋營建類股將領先創峰位。這種現象稱為類股輪動,本書第19章會有詳細討論。

　　由於金融市場會領先實際經濟,所以最大獲利將來自經濟即將發生最嚴重扭曲(換言之,最嚴重的不均衡)之前。投資人一旦發現經濟發展正在變更方向而朝均衡點折返,他們便會預先反應而提前買進或賣出適當資產。顯然地,經濟失去均衡的扭曲程度愈大,不只其折返均衡水準所創造的報酬潛能愈高,甚至還會朝另一極端做大幅擺動。當然,如果你的反應太快,風險也很可觀。這種情況下,金融市場賺錢的機會很多,因為金融市場本身通常也會出現巨幅價格波動。

市場走勢與經濟循環

　　利率、股票和商品價格的主要走勢,它們與經濟活動之間存在密切的關連。請注意,此處所謂的商品價格,是指那些對於經濟活動程度敏感的工業物料價格,而不是那些受到氣候因素驅動的作物或其他類似商品。圖2-2顯示理想的經濟循環,谷底到谷底相隔3～5年。水平直線代表成長率為零的均衡狀況,其上側代表

經濟擴張（成長），下側代表經濟收縮（負成長）。經濟擴張到峰位狀態之後，還會繼續擴張，但成長速度放緩，直到穿越均衡線，然後經濟開始收縮。圖2-2的箭頭標示處，分別代表金融市場出現峰位和谷底的理想位置。

一般來說，經濟擴張涵蓋的期間較長，經濟收縮期較短，因為建設所需要的時間總是多過破壞。基於這個緣故，股票多頭市場的涵蓋期間，通常都長於空頭市場。利率和商品的情況也是如此，但主要趨勢的價格高度和涵蓋時間，如同第1章談到的——則取決於極長期趨勢的走向

圖2-3顯示短期利率、股票和商品等三個市場的價格循環狀況，並顯示它們與理想經濟循環之間的關係。這個例子裡，我們是以債券價格來代表利率，所以呈現顛倒狀。債券多頭市場繪製為價格上升（利率下降），空頭市場為債券價格下跌（利率上升）。

請回頭參照圖2-2，我們發現，債券是第一個進入多頭行情的金融市場。這通常發生在經濟穿過峰位而成長速度開始減緩的時

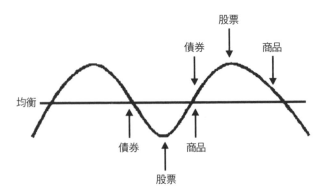

圖2-2 理想經濟循環和金融市場轉折點

候，也經常發生在經濟衰退初期。一般來說，經濟萎縮的程度愈嚴重，債券價格上漲（利率下降）的潛能愈大。反之，經濟擴張愈強勁，債券價格下跌（利率上升）的空間愈大。

債券價格穿越空頭市場的底部之後，經濟活動開始進一步收縮。這個時候，股票市場的某些參與者可以「預先察覺」企業獲利的底部（企業獲利因為經濟衰退而顯著下降），並開始承接股票。一般來說，債券市場底部領先股票市場底部的程度愈大，股票市場上漲的潛能也愈大。這是因為股票市場底部之所以落後，蘊含著經濟衰退情況特別嚴重，使得企業界必須採行特別的緊縮措施，讓企業營運的損益兩平水準顯著壓低。這種情況下，一旦經濟開始復甦，收益增加很快就能讓企業賺錢。

景氣復甦經過一陣子之後，產能開始出現壓力，物料供應商察覺自己又有了些許定價力量，於是商品價格見底。有些情況下，商品先前如果曾經出現非比尋常的榮景，工業物料價格的實際底部可能會出現在經濟衰退期，因為會有嚴重的投機性斷頭賣

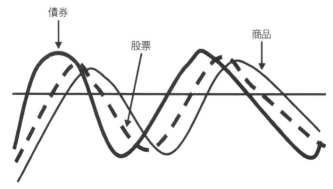

圖2-3　三個市場的理想波浪狀循環

壓。可是，商品價格底部要經過嚴苛的測試；眞正的顯著漲勢，可能要拖到經濟開始復甦的好幾個月之後。從這個時候開始，這三個金融市場都同時呈現上升趨勢。

接著，原本因為景氣衰退而產生的閒置資金逐漸被消化，信用價格（利率）承受壓力而上升。利率上升也代表債券價格下跌，於是債券市場跨過顛峰期而開始邁入空頭階段。由於工廠還有超額產能，勞動市場供給也尚無問題，經濟繁榮使得生產力得以提高，景氣展望仍然樂觀。

股票市場會預先反映企業獲利趨勢，所以上升趨勢會持續發展，直到經濟開始過熱，獲利潛能不太可能繼續成長為止。到了這個時候，持有股票的誘因減少，股票市場進入空頭階段。稍後，利率上升開始影響經濟，商品價格趨於下跌。

這個時候，所有三個金融市場都邁入空頭階段。此種情況會持續發展，直到信用市場由谷底翻升為止。最後這個階段，大約對應著經濟衰退的初期，通常至少會有一種金融市場呈現價格暴跌的現象。如果會出現恐慌性行情的話，這是最可能發生的時候。

關於六個階段

此處考慮三個金融市場，每個都各有兩個轉折點。所以，就概念上來說，典型的循環總共有六個轉折點。我稱此為六個階段，它們可以做為參考點，藉以判斷經濟循環發展的當前階段。圖2-4顯示這六個階段。

判定這類階段，應該配合觀察所有三個市場的較長期技術層

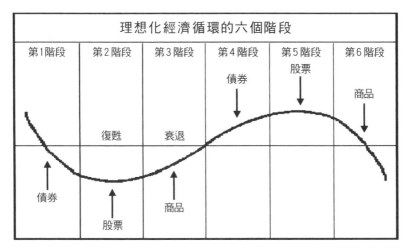

圖2-4 典型經濟循環的六個階段

面，做必要的交叉驗證。另外也應該觀察該特定階段內表現特別
好的類股。舉例來說，在第1階段和第2階段，當債券價格上升而
利率下降的期間，資金驅動或循環初期領導者的表現會特別好。
反之，在第4階段和第5階段，當商品價格上漲的期間，盈餘驅動
或循環後期領導者的表現會特別好。本書第19章討論類股輪替的
時候，會更深入討論這方面的內容。

延伸性循環

　　某些經濟循環的擴張期會有延伸的現象，中間至少夾雜著一
次經濟成長減緩的期間，隨後又再度呈現擴張。這使得整體擴張
期被分割為兩、三個部分，每部分都對應著金融市場的完整循環。
我稱此為雙重循環（double cycle）。圖2-5顯示這種現象的例子。

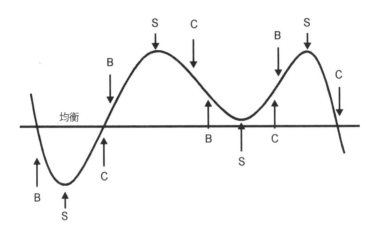

圖2-5 雙重循環的金融市場峰位和谷底

　　雙重循環曾經發生在1980年代和1990年代。舉例來說，1980
年代中期，美國強調商品和工業生產的地區，經濟情況非常不好，
但東部和西部沿海地區卻持續擴張。由於表現強勁的地區，其影
響完全抵銷了疲弱地區，所以美國整體經濟得以避免陷入衰退。

　　前述六個階段的概念，雖然適用於絕大多數循環，但還是有
些例外。因此，我認為，我們最好將此視為概念上的架構，而不
是固定按表操演的現象。舉例來說，1990年代就是過去200多年歷
史的顯著例外，當時美國股票市場呈現史無前例的大多頭行情，
徹底扭曲了正規的時間排序。

技術分析扮演的角色

　　技術分析能夠協助判斷各個金融市場的行情，觀察是否出現

根本轉折的情況。這是要運用本書後續章節將介紹的各種技巧，包括：移動平均穿越、長期動能指標改變方向……等。每個市場的觀察，都可以用來交互驗證其他市場。舉例來說，如果技術證據顯示債券市場見底而商品走勢仍然停留在空頭市場，接著就應該留意股票市場見底的徵兆。

市場經驗：1966～2001

　　走勢圖2-1顯示各個市場在1966～1977期間的峰位、谷底發展情況。請注意，此處是以顛倒方式繪製短期利率的走勢，藉此代表債券價格。我們之所以選擇短期利率而不是長期利率，主要是因為股票價格和短期利率之間的相關程度更密切，這一方面是由於企業更經常在貨幣市場融通資金，而不是債券市場。

走勢圖 2-1　三個金融市場，1966～1977（資料取自 Intermarket Review）

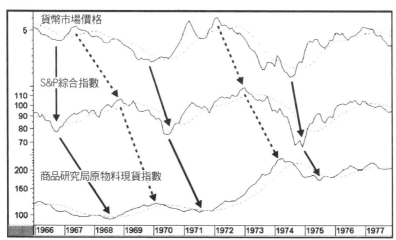

另外，市場參與者融資購買股票，融資利率是取決於短期利率。相較於長期利率，短期利率的波動程度較劇烈。

根據走勢圖2-1觀察，峰位和谷底的發展情況，大致符合預期。時間排序雖然相當完美，但各個循環之間的領先、落後程度差異頗大，這是因為每個循環各有其特殊性質。以1966年為例，債券和股票幾乎同時見底，但商品市場的底部落後超過一年。

走勢圖2-2同樣顯示三個金融市場的循環對照，但涵蓋期間是1980年代。標示在1982年和1992年的兩個向上小箭頭，分別代表經濟衰退。三個市場發生在1984年到1986年之間的谷底，即是對應著1980年代中期的經濟衰退。撇開1980年代末期不談，市場峰位和谷底的時間排序大致上還算理想，但我們看到1989年的利率谷底，對應著股票市場的峰位。

走勢圖2-2 三個金融市場，1980～1992（資料取自 Intermarket Review）

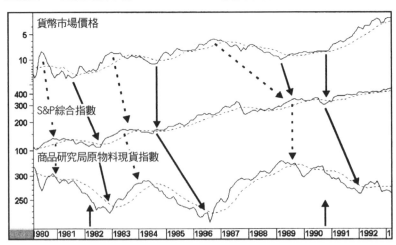

　　不幸地，實際資料確實偶爾會呈現這種時間排序失調的情況。不過，話說回來，就最近20多年的資料觀察，這種時間排序失調的情況，應該算是例外而不是常態。

　　走勢圖2-3是以20世紀做為終點。這是我碰到最難處理的部分，因為股票市場在這段期間呈現創紀錄的表現，而科技的革命性發展，則引進顯著的通貨緊縮壓力。這減緩了股票市場正常的循環波動。

　　由於股票市場出現史無前例的榮景，我們自然不能期待正常的時間排序還能維持。

走勢圖2-3　三個金融市場，1989～2001（資料取自 Intermarket Review）

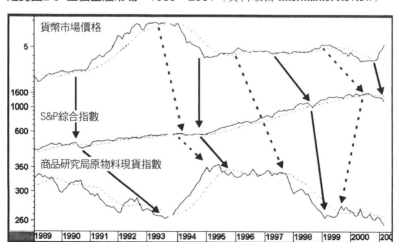

彙總

- 典型的經濟循環包含三種個別市場循環：利率、股票和商品。每個市場都同樣受到經濟和金融力量影響，但表現各自不同。

- 這些市場的循環會呈現某種時間排序關係，而且重複出現於每個經濟循環。

- 某些經濟循環只會導致成長趨緩，而不會出現真正的衰退。即便如此，市場之間的時間排序關係似乎仍然會維持。

- 個別循環之間的領先與落後程度都有差異，基本上沒有預測價值。

- 各個金融市場之峰位和谷底的時間排序關係，可以做為基準架構，藉以辨識特定市場的多、空循環發展位置。

第3章　道氏理論

　　道氏理論（Dow theory）是探討如何辨識股票市場重要**趨勢**的理論，也是這方面歷史最悠久、運用最普遍的方法。關於這個主題，市面上已經有很多專門書籍可供參考，此處沒有必要再詳細討論。可是，我們還是會做簡短的解釋，因為道氏理論的基本原理被運用在技術分析的其他領域。

　　這套理論的目標，是判定市場主要趨勢的變化。**趨勢**一旦形成，將被視為繼續存在，直到**趨勢**被證實反轉為止。道氏理論考慮的是趨勢的方向，至於**趨勢**最終涵蓋的期間和幅度，則沒有預測價值。

　　假定投資人在1897年開始，以$44投資於道瓊工業股價指數，並根據道氏理論的每個買、賣訊號進行操作。到了1990年1月，其原始投資$44將成長為$51,268[1]。反之，如果投資人以$44買進股票而繼續持有到1990年，過程中沒有繼續買賣股票，其投資也會成長，但只會成長到$2,500。事實上，若依據道氏理論進行投資，

---

1. 這是假定道瓊工業指數在1897年已經存在。事實上，道氏理論是在1900年開始刊登於《華爾街日報》。

相關獲利有相當部分必須支付交易成本和資本利得稅。可是，即使考慮操作過程難免出現的種種錯誤，以及解釋上可能發生的瑕疵，這種投資方法的績效，相信仍然會顯著超過買進-持有策略。到了1990～2001年期間，道氏套理論仍然適用，但由於1990年代出現大多頭行情，所以這套理論和買進-持有策略之間的績效差異，就不若前述期間那般顯著了。

請注意，道氏理論提供的買賣訊號，未必完全符合股票市場的實際發展；這套方法偶爾難免會讓投資人產生疑惑，自然更談不上萬無一失，因為有時候還是發生了些許損失。這些現象意味著，機械性方法雖然有助於預測股票市場行情，但絕對有必要配合其他輔助工具，如此才能擬定健全而平衡的判斷。請注意前文提到的「充分證據」，道氏理論就是其中一種證據。

道氏理論最初是由道氏（Charles H. Dow）提出，在1900年到1902年之間陸續刊載於《華爾街日報》的編輯專欄。當初，道氏是運用股票市場行為來衡量整體經濟的狀況，並不是用以預測股票價格本身。他的繼承者漢彌爾頓（William Peter Hamilton）進一步發展相關理論，並整理成為我們目前瞭解的格式。漢彌爾頓在1922年出版《股市氣壓計》（The Stock Market Barometer），書中呈現的理論結構仍然很鬆散。直到李氏（Robert Rhea）在1932年出版《道氏理論》（Dow Theory），這套理論才有了較完整而正式的架構。

這套理論認為，絕大多數股票通常都會循著市場根本趨勢而發展。為了衡量所謂的「市場」，道氏設計了兩種指數，現在稱為道瓊工業指數（Dow Jones Industrial Average）和道瓊運輸指數

（Dow Jones Transportation Averages）。工業指數當初是由12支藍籌股構成（現在有30支成分股），而道瓊鐵路指數（Dow Jones Rail Average）則是由12支鐵路股票構成。鐵路指數當初可以代表整個運輸類股，但隨著其他運輸工具的發展，原本的鐵路指數顯然應該納入其他產業，於是指數名稱也改為運輸指數。

理論闡釋

運用道氏理論時，我們需要有前述兩種股價指數的收盤價[2]，以及紐約證交所（NYSE）的每天成交量數據。道氏理論的六項根本主張如下：

1. 股價指數會預先反映所有資訊

每天收盤價變動會反映所有股票市場參與者，包括目前和潛在參與者在內，整體的判斷和情緒。因此，這套理論主張，市場會預先反映所有可能影響股票供需關係的已知和可預測事件。「上帝的旨意」雖然不可預測，但相關事件只要發生，其可能造成的影響也會立即反映在股價上。

2. 市場包含三種趨勢

股票市場同時存在三種趨勢：

主要趨勢（primary movement）主要趨勢最重要，通常所謂的

---

2. 因為盤中走勢很容易受到人為操縱，所以必須採用收盤指數。

多頭（上漲）或空頭（下跌）市場，所指的就是這種趨勢。這類
走勢持續的時間，由不滿一年到數年。

主要空頭市場（primary bear market）是一種長期下跌市
場，中間夾雜著重要反彈。最初發展階段，投資人購買股票的動
機逐漸消失。到了第二階段，經濟活動和企業獲利明顯下降。最
後，當投資人不再考慮股票的根本價值而拋售股票時，空頭行情
便發展到頂點（這可能是消息面非常惡劣，或是因為融資追繳斷
頭賣壓的影響）。這代表空頭市場的第三階段。

主要多頭市場（primary bull market）代表股價整體性上漲的
走勢，持續期間平均至少18個月，中間夾折著次級折返走勢（sec-
ondary reactions）。最初發展階段，股價指數已經預先反映最惡劣
的利空消息，市場對於未來的信心開始復甦。到了第二階段，市
場對於景氣改善開始出現反應。第三（最後）階段，市場呈現過
份信心，瀰漫著投機心理，股價上漲程度經常與現實脫節。

次級折返走勢（Secondary Reactions）次級折返又稱為中期折
返，定義為「多頭市場發展過程的重要下跌走勢，或空頭市場發
展過程的重要上漲走勢，持續時間通常為3週到幾個月，這種走勢
的價格幅度，通常是主要趨勢夾在該次與前一次級折返之間價格
距離的33～66％ [3]。」（我個人認為，次級或中期走勢應該至少要有
4個星期。）主要趨勢和次級折返之間的關係，請參考圖 3-1，(a) 是
主要上升趨勢的次級折返，(b) 是主要下降趨勢的次級折返。

---

3. 請參考Robert Rea的Dow Theory, New York: Barron's, 1932。

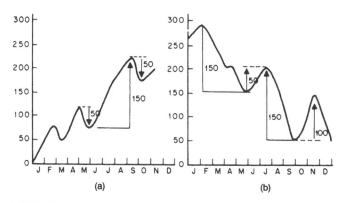

圖3-1 次級折返

　　有些時候，中期走勢也可能出現100％的折返，回到前一個主
要走勢波段的啟動點，但通常的折返幅度是前一個主要走勢波段
的1/2到2/3之間，最常見的折返幅度是50％。本章稍後將詳細討論
道氏理論專家覺得最困擾的問題之一：當我們看到價格折返時，
究竟如何判斷該走勢是既有主要趨勢的次級折返，或是新發展之
主要趨勢的第一隻腳。（譯按：以多頭市場為例，當價格大幅拉
回時，如何判斷該走勢是多頭市場的次級折返，或是另一個空頭
市場的開始。）

　　小型走勢（Minor Movements）小型走勢的持續期間為幾個小
時到3週之間。這類走勢的重要性，只在於它們是主要或次級走勢
的構成部分。對於較長期投資來說，小型走勢沒有預測上的功
能。短期走勢在某種程度上會受到人為操縱，但次級或主要走勢
則否。

3. 狹幅整理代表走勢

李氏（Rhea）把「狹幅整理」（line）定義為：「持續2、3週或以上的價格走勢，在該期間內，兩種指數呈現橫向發展，盤整於大約5％的價格區間內（以平均數為中心）。這類走勢代表承接〔accumulation，籌碼流向強勢而精明的人手中，代表多頭意義〕或出貨〔distribution，籌碼流向弱者，代表空頭意義〕[4]。」

當價格突破狹幅整理區間的上限，代表先前的盤整為承接，價格向上突破之後應該繼續走高；反之亦然。狹幅整理如果發生在多頭行情過程，相當於橫向的次級走勢，而且也應該如此處理。

我個人認為，狹幅整理如果要視為有效的次級走勢的話，持續時間應該不只2～3週，起碼應該要在4週或以上。持續2、3週的走勢，畢竟只屬於短期或小型價格走勢，實在不足以取代中期折返走勢。

4. 價／量關係為背景資料

正常的價量關係應該是「價漲量增」和「價跌量縮」。如果出現相反狀況──「價漲量縮」和「價跌量增」，趨勢可能反轉。可是，這個原則只能做為背景參考資料，因為趨勢反轉與否，完全是由兩種價格指數決定。

5. 價格行為決定趨勢

一系列漲勢的高點不斷創新高，回檔走勢的低點也高於先前

---

4. 請參考Robert Rea的Dow Theory, New York: Barron's, 1932。

回檔低點；換言之，峰位和谷底持續墊高──這代表多頭走勢。反之，空頭走勢的一系列峰位和谷底持續下滑。

　　圖3.2的 (a) 和 (b) 顯示理論性的多頭趨勢，過程夾雜著次級折返。請參考範例 (a)，價格指數出現一系列的3個峰位和3個谷底，每個峰位（谷底）都較前一個峰位（谷底）墊高，可是，在第三波漲勢回檔之後，隨後的第四波漲勢沒能穿越第三個峰位，而且隨後的折返走勢又跌破先前的低點如此在X點確認了空頭走勢。請觀察範例 (b)，多頭行情出現第三個峰位之後，回檔走勢在X點跌破先前的低點，代表空頭走勢的徵兆。這種情況下，這波跌勢仍然視為多頭趨勢的一部份，隨後形成的谷底也不是空頭市場的第一個谷底。對於範例 (b)，許多道氏理論專家認為，X點的貫穿走勢不代表空頭市場的開始，他們採取比較保守的態度，等待次一波反彈的拉回，如果再跌破先前的低點（Y點），才視為空頭市場的開始。

　　對於範例 (b) 的X點，我們在解釋上也許應該保持一些彈性。這個空頭徵兆發生時，如果其他技術指標也顯示趨勢反轉，我們就可以假定該空頭徵兆確實有效。反之，如果其他技術指標並不支持這個空頭徵兆，我們或許就應該採取比較保守的立場。請記住，技術分析是根據足夠證據藉以辨識趨勢反轉的藝術。道氏理論只是證據的一部份，所以如果其他4、5種指標都顯示趨勢反轉，就應該把X點的「半個訊號」視為趨勢反轉。同理，圖3-2的 (c) 和 (d) 代表空頭市場底部的類似情況。

　　圖3-3的 (a) 和 (b) 顯示主要趨勢在峰位或谷底位置形成狹幅整理的反轉。所以，當反向走勢出現時，究竟如何判斷該走勢是有

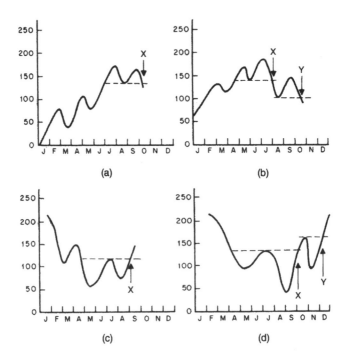

圖 3-2 主要趨勢反轉

效的次級修正,或是主要新趨勢的第一隻腳,這點是很重要的。
這可能是道氏理論最難解釋的部分,當然也是最關鍵的部分。

　　原則上,次級折返走勢的幅度,至少應該是前一波主要走勢
幅度的1/3,這是由前一個次級走勢結束的端點開始衡量。另外,
次級走勢涵蓋的時間,至少應該有3、4個星期。

　　其他重要徵兆還包括成交量,以及既有主要趨勢發展的成熟
程度。如果行情發展已經進入第三階段;換言之,多頭行情瀰漫
著濃厚的投機氣息和一些不切實際的期待,空頭行情則瀰漫著悲

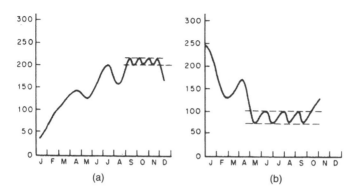

圖 3-3 峰位或谷底的狹幅整理

觀看法和持續性賣壓，主要反轉的可能性就很高。主要趨勢反轉未必存在明顯的第三階段，但這類反轉通常都很短暫。另一方面，最大幅度的主要反轉，往往發生在非常明顯的第三階段。我們發現，1919年、1929年、1968年，以及2000年的那司達克（NASDAQ）市場，都存在顯著的投機行情，隨後的反轉也特別嚴重。本書第4章會詳細說明中期趨勢。

6. 指數必須相互確認

　　道瓊工業指數和道瓊運輸指數永遠必須一起考慮；換言之，兩種指數必須彼此確認。這是道氏理論最重要的原則之一。

　　兩種指數需要相互確認，這是合理的原則。股票市場如果可以預先反映未來的經濟狀況，當景氣擴張時，投資人應該願意買進製造業股票，也應該願意買進運輸業股票，因為健全發展的經濟，製造業的產品必須運輸到消費市場銷售。圖3-4的 (a) 和 (b) 說明兩種指數彼此確認的情況。

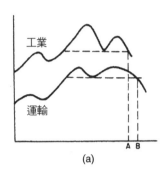 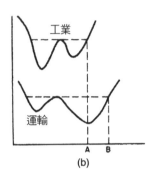

(a)　　　　　　　　(b)

圖3-4　工業指數和運輸指數必須彼此確認

請觀察範例 (a)，工業指數首先在A點發出空頭趨勢的訊號，但唯有運輸指數稍後在B點加以確認之後，才代表真正的空頭市場開始。

範例 (b) 顯示市場由空轉多的情形。經過相當嚴重的下降走勢之後，工業指數創新低，然後出現反彈，反彈之後的拉回走勢並未跌破前一波的低點。隨後，當價格在A點穿越前一波高點時，工業指數發出多頭訊號。

可是，同一時間裡，運輸指數還再創新低。這引發一個問題：究竟哪個指數代表當時的趨勢？根據技術分析的原則：既有趨勢繼續存在，直到足夠證據顯示反轉為止。所以，就目前情況來說，結論應該取決於運輸指數。

唯有當運輸指數在B點穿越前一波高點時，才確認了新多頭市場的開始。所以，道氏理論的買進訊號發生在B點。某種指數的走勢訊號，如果得不到另一種指數的確認，該訊號往往不正確。圖3.5便是這類的例子（取自1930年的走勢）。

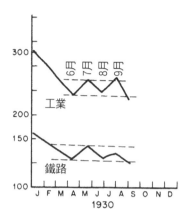

圖3-5 1930年的案例

　　1929～1932年期間的空頭市場，起始於1929年9月，10月底得到兩個指數的確認。1930年6月，兩種指數同時創低點，稍後反彈，8月份再拉回。隨後，工業指數在9月份向上穿越先前的高點。當時，許多觀察家認為，空頭市場已經結束，鐵路指數的確認只是時間遲早的問題。結果，工業指數顯示的訊號並不正確，空頭市場又持續了2年。

額外考慮

　　兩種指數相互確認的時間，間隔多久才視為無效？關於這個問題，道氏理論沒有明確的規定。原則上，間隔時間愈短，確認之後的走勢愈強勁。舉例來說，1929～32年的空頭市場，鐵路指數在一天之後就確認工業指數的賣出訊號。1962年的大空頭行情，兩種指數在同一天發出空頭訊號。

　　道氏理論的重要瑕疵之一，就是其買賣訊號經常缺乏時效；訊號往往發生在指數通過價格峰位或谷底達20％或25％，為了彌補這方面的缺失，可以參考工業指數的殖利率，藉以提早判定可能的反轉。根據歷史資料顯示，工業指數殖利率降到3％以下，代表市場已經處於頭部階段。

　　同理，殖利率上升到6％或更高，代表市場已經處於底部。當某種指數發出訊號而另一種指數沒有確認時，投資人可以參考殖利率水準，雖然未必要把這些水準視為實際的買點或賣點，但可以考慮調整持股比率。

　　整體而言，這種策略可以提升道氏理論的投資績效，但運用於個別案例並非萬無一失。就1976年的頭部為例，殖利率從來沒有下降到3％，而且當兩種指數彼此確認時，股價已經下跌20％了。另外，就1990年代末期的情況來說，3％水準的頭部訊號在時間上大概慢了5年。

　　關於兩種指數必須彼此確認的原則，多年來始終遭到批評：鐵路類股經常受到嚴格的管制（戰爭期間），而且運輸指數已經不足以反映投資人對於未來貨物在運輸上的預期。可是，根據表3-1的數據顯示，道氏理論的這項原則還是禁得起時間考驗。

　　事實上，這方面的批評反而確保了道氏理論的健全性。這套理論如果普遍被接受，將代表一種純粹的機械性系統，完全不需仰賴經驗判斷；這種情況下，股票市場將預先反映道氏理論的買賣訊號，對於技術分析者的效益也將完全消失。

　　走勢圖3-1到3-4分別顯示1953年～2001年期間的道氏理論訊號。讀者請注意，這些訊號是經過我個人解釋的，絕對不代表標

表 3-1 道氏理論分析

買進訊號*			賣出訊號*		
訊號日期	道瓊指數	訊號發生後的賣出獲利	訊號日期	道瓊指數	訊號發生後的買進獲利
Jul.　1897	44		Dec.　1899	63	43
Oct.　1900	59	6	Jun.　1903	59	0
Jul.　1904	51	14	Apr.　1906	92	80
Apr.　1908	70	24	May　1910	85	21
Oct.　1910	82	4	Jan.　1913	85	3
Apr.　1915	65	24	Aug.　1917	86	32
May　1918	82	5	Feb.　1920	99	22
Feb.　1922	84	16	Jun.　1923	91	8
Dec.　1923	94	(虧損)　3	Oct.　1929	306	226
May　1933	84	73	Sep.　1937	164	95
Jun.　1938	127	23	Mar.　1939	136	7
Jul.　1939	143	5	May　1940	138	(虧損)　7
Feb.　1943	126	8	Aug.　1946	191	52
Apr.　1948	184	4	Nov.　1948	173	(虧損)　6
Oct.　1950	229	(虧損)32	Apr.　1953	280	22
Jan.　1954	288	(虧損)　3	Oct.　1956	468	63
Apr.　1958	450	4	Mar.　1960	612	36
Nov.　1960	602	2	Apr.　1962	683	13
Nov.　1962	625	8	May　1966	900	43
Jan.　1967	823	9	Jun.　1969	900	9
Dec.　1970	823	9	Apr.　1973	921	12
Jan.　1975	680	26	Oct.　1977	801	18
Apr.　1978	780	3	Jul.　1981	960	23
Aug.　1982	840	13	Feb.　1984	1186	41
Jan.　1985	1261	(虧損)　6	Oct.　1989	2510	104
Dec.　1990	2610	(虧損)　1	Aug　1998	8490	225
Average of all cycles 10%			總平均 46%		

*評估結果時請注意，所有訊號都經過解釋，甚至有些是由事後角度觀察。道氏理論專家未必同意相關解釋，但有一點可以確認，道氏理論基本上確實有效。

準答案，各位或許有理由反對其中某些結果。另外，這些判斷有些甚至是由事後角度觀察。可是，我儘可能由保守的角度做解釋。走勢圖3-3和3-4並列兩種指數。第1章最後談到的「半個訊號」，此處沒有採納。

走勢圖3-1 道氏理論訊號，1953～1968

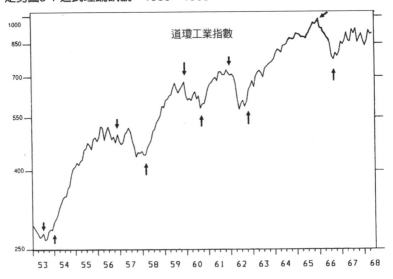

走勢圖3-2 道氏理論訊號，1968～1990

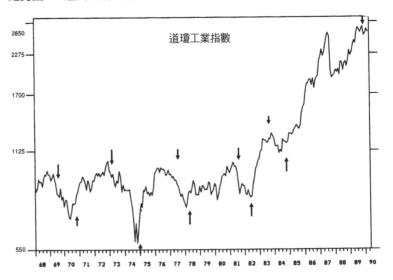

走勢圖3-3 道氏理論訊號，1989～1997。1989年10月，工業指數和運輸指數跌破雙重頂型態，發出賣出訊號（標示為垂直虛線）。這裡或許有可供斟酌之處，因為工業指數的第二個峰位稍高於第一個峰位。1990年下半年，工業指數雖然創新高，但運輸指數卻從來沒有確認（該指數如果能夠向上突破1990年的狹幅盤整區間，就可以視為確認，但這並沒有發生）。1990年12月，兩個指數透過相同方式向上突破狹幅盤整而發出買進訊號（標示為垂直實線）。A點標示的箭頭位置，道瓊工業指數跌破狹幅盤整，但沒有得到運輸指數的確認，所以多頭行情持續發展。1994年的情況剛好相反，運輸指數跌破狹幅盤整，但工業指數沒有確認。

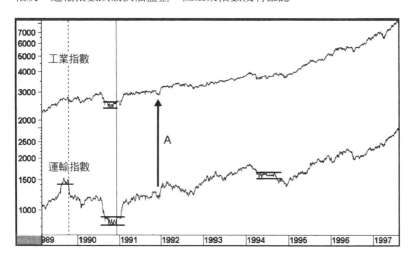

走勢圖3-4 道氏理論訊號，1997～2001。1990年的多頭訊號持續有效，直到1998年8月為止，因為兩個指數同時創新低。垂直虛線標示的工業指數賣出訊號，確實有些爭議，因為該指數稍早創新高。可是，如果把1998年春夏季的走勢視為狹幅盤整，後來的賣出訊號就有效了。大約這個時候，紐約證交所的騰落線也跌破200天移動平均。此後，兩個指數的中期峰位和谷底就沒有出現持續墊高的現象。2000年1月，工業指數創新高而發出買進訊號，但沒有得到運輸指數的確認。沒錯，兩個指數在1999年春天都創新高，但1998年底的低點沒有經過測試。從2000年之後，工業指數始終沒有出現峰位和谷底持續墊高的走勢。兩個走勢圖末端標示的水平線段，代表價格必須突破而確認新多頭行情的水準。

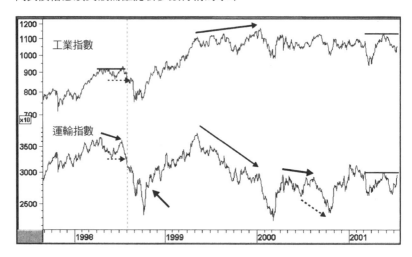

彙總

- 道氏理論是用來判定市場主要趨勢的方向，但不預測其涵蓋的期間長度或走勢幅度。反轉訊號若得到兩種指數相互確認，新的趨勢便告形成，而且該趨勢持續有效，直到兩種指數出現反向的確認為止。

- 主要多頭和空頭市場的發展，各有三個不同的階段。這些階段的辨識，以及正常價量關係之背離現象的評估，都有助於判斷主要趨勢是否即將反轉。當兩種指數之間缺乏明確結論時，這方面的輔助性指標特別有用。

第4章 中期趨勢的典型參數

基本觀察

先前兩章討論價格的主要趨勢，也就是對應著景氣循環（週期通常為3、4年）之經濟活動發展的價格走勢。瞭解主要趨勢的方向和成熟度，當然很重要，但為了提高交易勝算，協助評估主要趨勢的發展程度，我們也需要瞭解中期趨勢的某些典型性質與涵蓋期間。

分析股票或任何市場的中期趨勢，有著下列好處：

- 瞭解中期趨勢的變化，有助於判斷主要趨勢的轉折。
- 相對於短期趨勢來說，根據中期趨勢進行交易，買賣訊號較少，涉及的佣金成本也較低。
- 相對於長期趨勢說，中期趨勢更經常反轉，如果能夠適當解釋，獲利較快、較高。

中期循環的定義

每個主要趨勢通常是由5個中期趨勢構成，其中3個的趨勢方

向與主要趨勢相同，另外2個則呈現相反方向。對於主要多頭趨勢來說，中期的反向走勢爲下跌；反之，對於主要空頭趨勢而言，中期的反向走勢爲上漲，請參考圖4-1。

　　根據上述討論，我們知道中期價格走勢基本上可以分爲兩類。第一類是與主要趨勢的發展方向相同，它們稱爲主要的中期價格走勢（primary intermediate price movement）。第二類中期價格走勢與主要趨勢發展方向相反，稱爲次級折返走勢（secondary reaction），涵蓋期間通常爲4週到3個月左右（偶爾會更長），折返幅度通常是前一個主要中期走勢距離的1/3到2/3左右。由於主要中期走勢的方向與主要趨勢相同，所以其涵蓋期間通常大於次級折返，價格幅度也較大。

　　不論由性質、幅度或期間來說，次級折返走勢都非常難以預測。所以，交易者應該儘量避免介入這類走勢。它們幾乎一定會出現令人迷惑的震盪走勢，性質上難以捉摸，訊號經常錯誤。

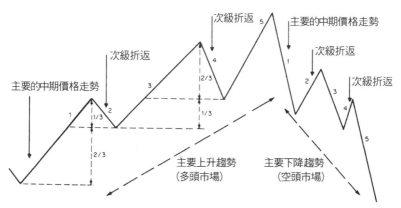

圖4-1　主要趨勢內的中期循環

　　根據中期趨勢設計的機械性交易系統，獲利大多來自主要中期走勢，虧損大多發生在次級折返走勢。交易者如果缺乏耐心，不想從事長期投資，可以考慮採用中期趨勢為時間架構，其潛在獲利機會很不錯，另一方面則是因為短期趨勢有相當大程度的隨機性質，很難掌握。這種情況近年來更明顯，每當意外的經濟資料公布時，價格便會呈現情緒性的大幅波動。

　　多頭市場的次級折返走勢，價格不一定下跌；同理，空頭市場的次級折返走勢，價格不一定反彈。折返走勢可以是橫向整理，相當於道氏理論的狹幅整理（lines，請參考第3章）。

中期循環

　　中期走勢可能順著或逆著主要趨勢方向發展，這意味著有所謂的中期循環，就如同有所謂的主要循環一樣。每個中期循環都是由兩部分構成，包括主要中期價格走勢和次級折返，這是由某個中期循環低點，延伸至次一個中期循環低點，情況如圖4-2顯示。

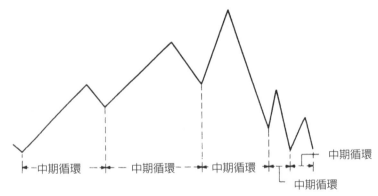

圖4-2　中期循環

　　處在多頭市場裡，循環上升階段；換言之，主要中期走勢的時間應該較長，價格幅度也應該較大。次級折走勢的低點，應該高於前一個低點。空頭市場的情況剛好相反，下降階段的時間應該較長、幅度較大，反彈走勢比較短暫而陡峭，幅度較小。所以，在第三個中期循環即將完成時，技術分析者必須留意主要趨勢反轉的可能性。另外，當價格接近前個中期低點（高點）時，必須留意整體技術面是否轉弱（轉強），而且要注意價格是否跌破（向上穿越）關鍵水準。

　　這並不表示主要趨勢必定剛好是由3個主要中期走勢構成；換言之，3個是常態，但實際個數可能較多或較少。

次級折返發生的原因

　　股票價格的主要趨勢發展，是取決於投資人對於企業盈餘流量的態度，而企業盈餘多寡，又大致取決於經濟循環；所以，較長期趨勢竟然會受到次級折返走勢所間斷，乍看似乎是不太合理的現象（就空頭市場來說，下跌走勢似乎不該夾雜著中期反彈）。

　　歷史資料顯示，次級折返走勢之所以發生，是因為市場技術面的扭曲，而後者可能來自投資人預期過於樂觀（或過於悲觀），或新資料顯示經濟情況不如當初預期理想（或不理想），甚至整個情況可能朝相反方向發展。舉例來說，在多頭行情的第一波中期漲勢過程，市場可能已經預先反映強勁的經濟復甦，但後續資料卻顯示景氣可能再度陷入衰退，於是出現次級折返走勢。這類的恐懼，由事後角度觀察，或許沒有合理根據，但當時卻足以造成

逆循環方向的中期折返。另一種可能性，是擔心利率上升將遏阻
經濟復甦。因為股票價格已經預先反映強勁的景氣復甦，所以這
類感覺上的變化，會使投資人心存疑慮，造成價格下跌。同時，
許多投資人可能陶醉在最初的漲勢，信用過度擴張；結果，價格
一旦開始回檔，融資斷頭賣壓可能促使價格進一步挫跌。

　　股票空頭行情之所以出現反彈，通常是因為經濟展望比預期
理想。債券市場的空頭反彈，強況則剛好相反。商品和外匯市場
之所以出現修正走勢（corrections），都是因為市場參與者對於根
本經濟趨勢的看法產生不正確的改變。引發反彈走勢的催化劑，
可能是交易者或投資人回補先前放空的部位（有關「放空」〔sell-
ing short〕的定義和解釋，請參考「名詞解釋」）。我們必須強調一
點，引發修正走勢的表面原因，未必與經濟展望或利率水準有直
接關連。

　　任何原因都可以做為逆循環中期價格走勢之所以發生的藉
口，譬如：政治或軍事事件惡化。一般來說，預期心態的變化，
以及前一波主要中期走勢之技術面扭曲造成的影響，再加上價格
疾速變動，種種因素都足以讓絕大多數市場參與者發生困擾。可
是，對於股票市場的主要趨勢來說，唯有當人們正確預期經濟將
由復甦轉為衰退（反之亦然），主要趨勢才會發生反轉。

　　蓋特利（H.M. Gartley）在其經典名著《揚威股市》（Profits in
the Stock Market）指出 [1]，在截至1935年為止的40多年裡，美國股
票市場的所有多頭行情修正走勢之中，有2/3呈現2波段跌勢，中

---

1. Lambert Gann Publishing, Pomeroy, Washington, 1981.

間夾雜著一個小型反彈，反彈走勢的幅度大約是前一波跌勢幅度的1/3到2/3之間。1935年之後的資料顯示，這種情況仍然普遍存在：多頭市場的中期修正走勢，大多包含兩波段，不是一波段，也不是三波段的跌勢。不幸地，空頭市場的中期修正走勢，就不存在類似的明確型態，因為有些修正走勢只是單一波段的反彈，有些則是由無數小反彈構成，更有些呈現橫向震盪走勢。蓋特利指出的現象，雖然是針對股票市場而言，但這種修正走勢的型態，也適用於其他金融市場。

> **主要技術原則**：價格任何時候，都會受到4種因素的影響——心理面、技術面、經濟面以及資金面。

主要中期走勢與折返走勢之間的關係

　　蓋特利在《揚威股市》一書中，根據李氏（Robert Rhea）的中期趨勢歸類，列舉許多圖形，並歸納一項結論：主要中期走勢的幅度愈小，隨後次級折返走勢的幅度就愈大，反之亦然。另外，他指出這種現象普遍存在於多頭市場和空頭市場。根據1933年以來的資料觀察，幾乎所有市場都存在這種現象。

　　舉例來說，股票市場在1962年由谷底反彈，幅度只有18％，相較於1933年到1982年的平均水準為30％。這波反彈屬於雙重底排列的一部份，所以是第一波主要中期反彈。在這波相對小幅的反彈之後，隨後折返走勢的折返幅度高達71％。可是，介於1962年底到1963年中的第二波中期反彈，幅度為32％，隨後的折返走

勢幅度較小，只有25％。有興趣的讀者或許應該注意，怎麼上去，未必就怎麼下來；漲得高，未必跌得深，反之亦然。

1976～1980年的黃金多頭市場非常強勁，中期修正走勢相當短暫。相反地，1982年到1990年的漲勢顯得有氣無力，隨後修正走勢的幅度相對較大。

運用中期循環判定主要反轉

中期循環的個數

正常情況下，主要走勢是由2½個中期循環構成（請參考圖4-1）。不幸地，不是所有主要走勢都屬於正常情況；主要走勢有時候也會由1個、2個、3個，或甚至4個中期循環構成。另外，中期循環涵蓋的期間和幅度，沒有特定規律，往往需要在事後才能辨識和歸類。雖說如此，多數情況下，中期循環分析仍然有助於判斷主要趨勢的發展程度。

每當價格已經完成2個中期循環，而且第3波主要中期走勢已經有相當程度的發展。這種情況下，技術分析者便應該留意主要趨勢可能反轉的徵兆。反之，如果主要趨勢只完成1個中期循環，那麼價格隨後創新高（空頭市場則是創新低）的可能性很大。

主要趨勢最後一個中期循環的特質

除了計算中期循環的個數之外，我們也可以比較某循環實際呈現的狀況，和典型反轉循環應具有之特質。以下是有關這些性質之討論。

　　由多頭市場反轉回空頭市場，由於量是價的先行指標，所以當主要中期走勢突破前一波中期循環上升階段的高點之後，成交量如果沒有放大，則屬於空頭徵兆。或者，當中期漲勢逼近前一波高點附近，如果成交量在3、4個星期內持續放大，但價格沒辦法顯著突破，這很可能是出貨現象，應該被視為空頭徵兆。上述現象如果再配合價格項下貫穿40週移動平均（參閱第9章），或中期動能指標產生背離現象（參閱第10章），那就更需要謹慎因應。

　　中期循環的下降階段，如果是空頭市場的第一隻腳，通常會具有2種普遍性質。第一，下跌過程的成交量放大。第二，折返幅度可能吃掉或勾消先前循環上升階段的80％或以上。折返幅度愈大，主要趨勢反轉的可能性愈高。折返幅度如果超過100％，更是如此，因為這代表價格已經跌破先前的谷底，主要趨勢發生反轉的可能性也大增。由空頭市場反轉為多頭市場，多頭市場的第1個中期循環上升階段，成交量通常很大，明顯大於先前中期循環的上升階段（請參考圖4-3）。換言之，多頭市場向上的第1隻腳，成交量將顯著大於先前空頭市場的中期反彈。

　　主要反轉的另一個徵兆，是折返幅度至少是前一波中期跌勢的80％。同樣地，折返幅度愈大，主要趨勢發生反轉的可能性愈高。折返幅度如果超過100％，強烈顯示空頭市場可能反轉，因為價格已將向上穿越不斷下滑的峰位。空頭市場發展過程，中期下降階段創低點時，成交量通常會顯著放大；所以，中期跌勢的成交量一旦縮小，就必須留意空頭市場即將結束的可能。如果中期跌勢沒有創新低價，情況更是如此，因為空頭市場的特性：不斷下滑的一系列低點已經不復存在。

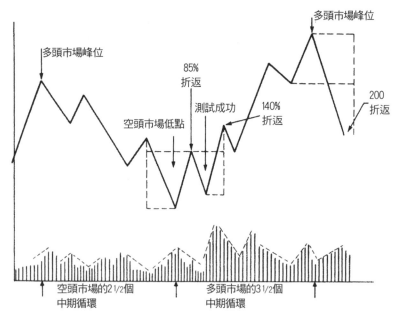

圖4-3 中期趨勢與成交量

　　走勢圖5-10即是這方面的範例，成交量集中在1962年6月份（空頭市場創新低的過程），而8月到10月份之間的跌勢（價格沒有創新低），成交量明顯縮小。走勢圖5-7顯示成交量在兩個低點都沒有明顯縮小，但成交量在1月份的上漲過程顯著增加，而且價格向上穿越10月和11月的先前高點；換言之，100％的折返，這些都意味著空頭市場已經結束。

　　11月份的跌勢，代表空頭市場第3個循環的下降階段，技術分析者在這個時候應該留意主要趨勢反轉的可能。趨勢反轉的最後證據，是價格大幅向上擺動的嚴重超買現象。這些概念的細節，請參考第10章說明。

美國股票市場的中期趨勢（1897～1982）

主要中期上升走勢的幅度和期間

　　1897年到1933年之間，根據《道氏理論》作者李氏所做的歸納，多頭市場中期上升走勢共有53個，漲幅介於7％到117％之間，請參考表4-1。

表4-1主要中期上升走勢（1897～1933年）

次數百分率	價格幅度
25	7–14
50	15–28
25	28–117
100	
中位數 20	

　　自從1897年以來，主要中期上升走勢的漲幅中位數，大約介於20％到22％之間。1933～1982年的主要中期走勢漲幅中位數，沒有明顯不同於李氏稍早歸納的數據。可是，涵蓋期間的中位數，則有頗大的變動，1897～1933年為13週，1933～1982年則為24週，請參考表4-2。

表4-2　主要中期上升走勢（1933～1982年）

	由高點到低點的跌幅（％）	期間（週）
平均數	30	22
中位數	22	24
區間	10–105	3–137

主要中期下降走勢的幅度和期間

根據李氏所做的歸納，1900年到1932年之間總共有39個主要
中期跌勢，相關結果摘要列示於表4-3。

表4-3 主要中期下降走勢（1900～1932年）

次數百分率	價格幅度
25	3–12
50	13–27
25	28–54
中位數 18	

根據我個人的研究，1932年到1982年之間有35個主要中期下
降走勢，所有下跌幅度的中位數爲16％（由高點衡量）。相關結果
摘要列示於表4-4。

表4-4 主要中期下降走勢（1932～1982年）

	由高點到低點的跌幅（％）	期間（週）
平均數	18	17
中位數	16	14
區間	7–40	3–43

有關主要中期下降走勢的分析，這兩個期間的結果沒有太大
差別。李氏分析期間的跌幅中位數爲18％，較近期則爲16％；李
氏的涵蓋期間中位數爲13週，1932～1982年期間的中位數爲14週。

多頭市場折返走勢的幅度和期間

1898年到1933年之間，李氏歸納出43個多頭市場的次級折返

走勢。就前一個主要中期上升走勢距離爲基準衡量，次級折返幅度介於12.4％到180％之間，中位數爲56％。至於1933年到1982年之間的資料，相關數據分別爲25％到148％之間，中位數爲51％。1898～1933年期間次級折返走勢涵蓋期間的中位數爲5週，1933～1982年爲8週。若由前一個主要中期上升走勢的峰位爲基準衡量，1933～1982年期間次級折返幅度的中位數爲12％，平均數爲13％。

空頭市場折返走勢的幅度和期間

　　李氏估計，就前一個主要中期下降走勢距離爲基準衡量，次級反彈走勢的幅度介於30％到116％之間，中位數爲52％。至於1933年到1982年之間的資料，相關數據分別爲26％到99％之間，中位數爲61％。1898～1933年期間次級反彈走勢涵蓋期間的中位數爲6週，1933～1982年爲7週。若由前一個主要中期下降走勢的谷底爲基準衡量，1933～1982年期間次級反彈走勢的幅度中位數爲10％，平均數爲12％。

美國股票市場1982年以來的中期趨勢

　　走勢圖4-1和4-2顯示標準普爾（S&P）綜合股價指數的走勢圖，涵蓋期間爲1982年到本世紀初。較粗的垂直線，標示中期走勢峰位；較細的垂直線，標示中期走勢谷底。價格走勢下側並列的走勢圖，是某中期擺盪指標（中期KST，相關解釋請參考第12章）；該擺盪指標的轉折點，大致對應價格轉折。這段期間涵蓋了極長期多頭市場，起自1982年，結束於本世紀初。

　　相較於更早期的分析，這段期間的中期走勢分類很困難。我儘可能試著讓中期趨勢與擺盪指標的擺動相互吻合。由於擺盪指標在多頭市場通常都會領先，所以中期漲勢的實際峰位通常都會落後KST的對應高點。根據這兩份走勢圖的資料顯示，相關趨勢的歸類稱不上精確，這也驗證了稍早1897年到1982年的分析結果：各個中期趨勢的涵蓋期間變動很大。

　　就走勢圖4-1來說，多頭市場的第一個上升走勢持續了1年多，由1982年8月到1983年10月。即使拿1983年7月的頭部當做參考點，這波漲勢也持續將近1年。另外，1995年的一整年都被1個中期漲勢涵蓋。

走勢圖4-1 S&P綜合股價指數（1982～1991）與中期KST
　　　　（資料取自www.pring.com）

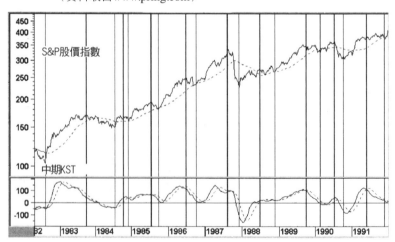

走勢圖4-2　S&P綜合股價指數（1991～2001）與中期KST
　　　　（資料取自www.pring.com）

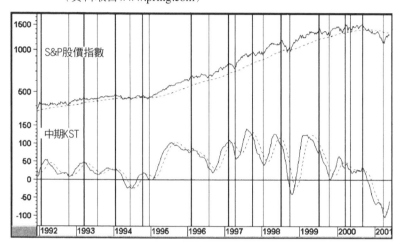

彙總

- 一個典型的主要趨勢，是由2½個中期循環構成，每個中期循環都包含一個上升階段和一個下降階段。多頭市場的每個主要中期上升走勢，其峰位必須不斷創新高；空頭市場的每個主要中期下降走勢，其谷底必須不斷創新低。判斷主要趨勢是否反轉，跌破不斷墊高的底部，或向上穿越持續下滑的峰位，雖然都是趨勢反轉的重要徵兆，但不能視為明確結論。除非許多技術指標的綜合判斷也支持反轉，才能視為充分結論。

- 次級折返走勢是中期循環的一部份，方向與主要趨勢相反——多頭市場是向下折返，空頭市場是向上反彈。次級折返走勢涵

蓋的期間，通常為4個星期到3個月，折返幅度為先前主要中期
走勢的1/3到2/3之間。另外，次級折返走勢也可能呈現狹幅盤整
或橫向整理。

- 中期循環的性質，可以協助判斷主要趨勢的反轉。

- 一般來說，主要中期漲勢愈強勁，折返幅度愈少；主要中期跌
  勢愈重，反彈幅度愈少。

基本概念

　　本章還有第6章～16章討論的技巧,主要是有關自由市場買賣雙方互動所產生的價格趨勢。

　　圖5-1與5-2可以說明價格型態的概念。圖5-1代表典型的股票市場循環,由三個趨勢構成:上升、橫向和下降。橫向趨勢基本上是隔開兩個主要趨勢的一種水平狀或過渡性走勢。某些高度情緒化的市場,可能不存在過渡走勢,但這種情形相當罕見(請參考圖5-2)。不妨設想一列高度行駛的火車,如果想要朝相反方向行駛,通常需要先藉由一段時間降低速度;金融市場的情況也是如此。

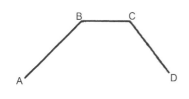

圖 5-1　正常反轉

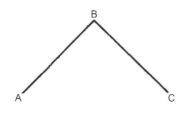

圖 5-2　V型反轉

　　對於技術分析者來說，過渡階段很重要，因為它是介於上升和下降行情之間的轉折過程。價格上漲期間，態度樂觀的買方，其力量超過情緒悲觀的賣方，所以價格得以上漲。過渡期間內，買賣雙方的力量大致持平；然後，基於某些緣故，前述均衡狀態被打破，賣方力量超過買方，使得價格趨勢朝下發展。空頭市場結束時，情況剛好相反。

　　過渡期間幾乎必定會呈現某種明確的價格型態或排列，技術分析者可以根據這些型態或排列的發展，評估趨勢反轉的可能性。圖5-3可以說明這種現象，顯示價格經過長期上漲之後的演變，價格指數穿越道BB線段之上，即進入過渡區域——這種情況當然要進行一段期間之後，才會變得明顯。

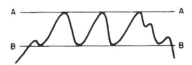

圖 5-3 交易的矩形區間

　　進入這個區域之後，價格指數可以上漲到AA線段，後者在技術分析上稱為「反壓區」（resistance area）。反壓是指價格漲勢在此會遭逢阻力。第15章會詳細討論反壓或壓力的概念，還有對應的支撐（support）。價格漲勢一旦上升到AA線段附近，供需關係會很快由平衡狀態轉變為賣方明顯佔優勢，迫使價格下跌。

主要技術原則：夾在上漲和下跌趨勢之間的過渡階段，經常呈現某種價格型態的訊號。

　　這種暫時性反轉之所以發生，可能是因為買方不願追價，也可能是價格走高而吸引賣盤，更可能是因為這兩種原因同時存在。重點是：買賣雙方的力量，在反壓區會呈現暫時性反轉。

　　當價格未能突破AA而向下反轉，然後持續下跌到BB為止，此處稱為「支撐水準」（support level）。和AA的情況一樣，價格一旦逼近支撐區，供需關係會很快由平衡狀態，轉變為買方明顯佔優勢，驅使價格上漲。這或許是因為賣方認為價格已經偏低，而不願繼續追殺，或許是因為買方認為這是逢低買進的良機。所以，有一陣子時間，買賣雙方會暫時處在這種僵持局面，價格在AA和BB之間來回遊走。最後，價格跌破BB的支撐水準，新的主要（下降）趨勢於是開始。

　　把買賣雙方之間的對立關係，比喻為敵對雙方在兩個陣地之間作戰，或許有助於解釋相關概念。請參考圖5-4的小圖(a)，A軍與B軍相互對立。AA線段代表A軍的防禦陣地，BB線段代表B軍的防禦陣地。箭頭代表雙方的進攻方向，兩軍都試圖攻擊對方，但都不能突破對方的防線。接著，請參考小圖 (b)，B軍終於攻克A軍的陣地。A軍被迫退守到第二道防線 (A₂A₂)。運用於股票市場，AA代表賣方陣地或反壓區，一旦被攻克，買賣雙方的均勢發

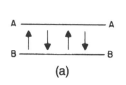
(a)

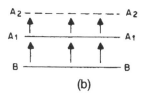
(b)

圖 5-4 陣地戰

生變化而有利於買方，於是價格迅速上漲，直抵新的反壓區。第二個防禦陣地A_2A_2代表價格進一步上漲的壓力區。

另一方面，B軍或許能夠很輕鬆地繼續突破A_2A_2，但未加整頓而繼續挺進，則有孤軍深入之虞，可能遭受重大挫敗。所以，進攻過程中，應該稍事休息，重整旗鼓。

股票價格如果過度延伸，沒有經過適當整理、消化浮額，可能遭逢賣方反撲，出現意外的反轉。

間隔上升與下降價格趨勢的過渡或水平狀階段，是一種矩形（rectangle）型態。這種排列相當於道氏理論提到的「狹幅整理」（line）。請參考圖5-5 (a)，這個矩形排列代表行情由空頭市場轉為多頭市場的過渡階段，屬於反轉（reversal）型態。發生在市場頭部的反轉型態，屬於出貨（distribution）型態（股票由精明的強者，轉移到無知的弱者）；發生在市場底部的反轉型態，屬於承接（accumulation）型態（股票由無知的弱者，轉移到精明的強者）。請參考圖5-5 (b)，矩形排列如果最後是由買方獲勝，價格向上穿越AA，則趨勢並沒有因此發生反轉。價格向上突破（breakout）AA，代表原來的趨勢重新獲得確認；這種情況下，使得多頭市場暫時中斷的矩形排列，便是屬於整理（consolidation）型態，又稱為連續（continuation）型態。

(a)　　　　　　　　　　(b)

圖5-5　(a) 矩形反轉排列　(b) 矩形整理排列

　　處在矩形排列的過渡期間，無法預先知道價格最後突破的方向；所以技術分析者應該抱持一種態度：既有**趨勢**持續存在，直到被證明爲反轉爲止。

時間距離與價格深度

　　價格型態的結構和解釋原理，可以運用到任何時間架構上。價格型態的重要性，是與排列歷經時間長度和價格擺動高度成正比例關係。換言之，型態歷經的時間愈長，排列過程的價格擺動幅度愈大，該型態完成之後的走勢愈顯著。就如同摩天大樓需要寬深的地基一樣，價格所能夠上漲的幅度，也取決於其基礎的穩健程度。

> **主要技術原則**：價格型態歷經的時間愈長，價格擺動高度愈大，排列完成之後的價格走勢愈可觀。

　　就金融市場的價格來說，基礎是由承接型態表示，這是買賣雙方交戰的區域。我們採用「承接」這個字眼，是因爲市場底部總是發生在利空消息充斥的時候，這種情況促使無知投資人賣出，因爲他們預期市況可能進一步惡化。

　　承接階段裡，某些精明的投資人和專業人士，預料市況將在未來6到9個月內出現改善，於是開始承接相關資產。因此，這段過渡期間內，資產由無知弱者轉移到精明強者手中。承接期間愈長，轉手的股票數量愈多，後續價格漲勢的基礎也就愈穩固（請參考圖5-6）。

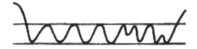

圖 5-6　延伸的矩形排列

　　處在市場頭部，情況剛好相反，那些在市場底部承接股票的精明者，逐漸「出貨」給較無知的市場參與者，後者認為價格將持續上漲，景氣將持續改善，經濟指標將繼續向上修正。出貨期間換手的股票數量愈多，隨後將出現愈嚴重的價格下跌。

　　排列歷經的時間長短，是個重要考量因素，因為這關係著股票換手數量，也因為價格一旦突破型態界線，意味著買賣雙方的平衡發生變化。當價格長期僵持在某區間，投資人已經習慣於上檔有特定壓力，下檔有特定支撐，等到價格突破而產生根本變化，心理層面上會產生重大衝擊。

　　排列的價格深度，也關係著型態突破之後的走勢強度。不妨回想稍早提到的敵對雙方陣地戰比喻。如果雙方陣地相隔很近，譬如說，只有100碼，那麼陣地突破的意義，程度上將顯著不如雙方陣地相隔數英里；就後者的情況來說，敵對雙方會拼鬥得更劇烈，勝利的意涵也更重要。金融市場的情況也是如此。交易區間愈寬，突破之後的心理衝擊也愈大。

衡量意涵

　　技術分析通常不會試圖衡量某個趨勢最終的涵蓋期間，但價格型態是例外，因為其結構可以提供這方面有限程度的預測可能

性。可是，談論這個話題之前，首先要區分兩種刻度：算術的
（arithmetic），以及對數的（logarithmic），或比率的。

算術刻度

　　座標的縱軸可以採用算術刻度，圖5-7就是這類的走勢圖。座
標縱軸上的所有單位，都由相同垂直距離表示；所以，2到4之間
的距離，與20到22之間的距離，兩者是一樣的。對於長期價格走
勢圖來說，不太適合採用算術刻度，因為由2上漲到4，價格相當
於上漲一倍，但由20上漲到22，只是10％的漲勢。

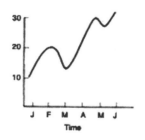

**圖5-7　算術刻度（縱軸上的相同距離，不論其發生位置在哪裡，都代表相
　　　同點數）**

　　就目前的美國股票市場來看，道瓊指數經常出現50點的走
勢；可是，如果是在1932年，由於當時的股價指數還不到100點，
50點的價格走勢是非常驚人的。基於這個緣故，長期價格走勢圖
應該採用對數或比率的價格刻度。對於日線圖來說，使用比率刻
度不會有顯著影響，因為涵蓋期間內的價格差別不大（就比率上
來說）。可是，期間如果長達1年以上，價格的差別可能很大，我
個人會採用比率刻度。

走勢圖5-1藉由S&P綜合股價指數，比較算術刻度和比率刻度之間的差異。算術刻度造成的扭曲很明顯。

走勢圖5-1　S&P綜合股價指數，算術刻度和比率刻度的比較。這份走勢圖分別藉由算術刻度和比率刻度繪製S&P股價走勢圖。採用算術刻度的情況下，早期的價格波動都消失了，但近20年來的價格波動則遭到擴大。1929～1932年之間是股價下跌最慘的期間，但在算術刻度的走勢圖上，幾乎看不到蛛絲馬跡。可是，價格如果採用對數或比率刻度，情況就不至於如此（請參考下圖）。

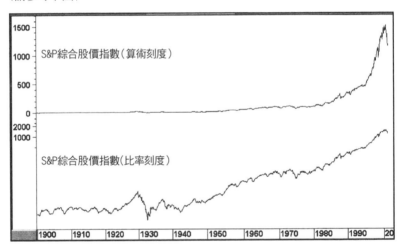

比率刻度

座標縱軸衡量的價格，如果採用比率刻度，相同距離將代表相同百分率走勢。請參考圖5-8，1與2之間的距離是½英吋，代表2：1的比率。同理，2與4之間也是2：1的距離，所以也表示為½英吋。走勢圖的某特定垂直距離，永遠都代表相同的價格百分率變動，不論絕對價格水準如何。舉例來說，圖5-8的縱軸如果繼續

向上延伸，$\frac{1}{2}$英吋永遠代表2倍的價格變動關係：由1到2、由16到32、50到100，或其他等等；$\frac{1}{2}$英吋永遠代表50％的價格變動關係，1英吋永遠代表4倍的價格變動關係。一般文具店都有銷售比率或對數刻度的方格紙。目前市面上的繪圖軟體，通常都可以隨意選擇採用算術或對數刻度。

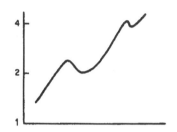

圖 5-8 比率刻度（縱軸上的相同距離，代表相同百分率幅度）

　　請注意，市場價格是取決於投資人對於根本事件的心理態度。這種態度往往是呈現比率的變動，所以價格座標採用比率刻度較能充分反映相關的變動。

　　請參考圖5-9，這個矩形排列發生在頭部（出貨型態），我們可以根據這個排列的上、下限距離，衡量型態突破之後的目標價位。換言之，計算AA到BB之間的垂直距離，然後由BB向下衡量相同的距離。根據比率刻度衡量，如果AA為100，BB為50，則向下衡量的距離為50％，由BB衡量的目標價格是25。這類衡量公式雖然可以提供概略指示，但往往只代表最低預期，價格實際能夠到達的位置，通常都會遠超過所衡量的目標。一般來說，由衡量公式推演得到的目標價位，大多代表相當重要的支撐或壓力。

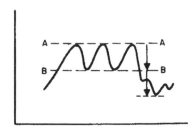

圖5-9 矩形排列的目標衡量

　　圖5-10可以顯示對數刻度的合理性。小圖 (a) 的座標縱軸採用算術刻度，走勢在100和200之間形成矩形排列，價格向下突破時，下檔目標價位為0。這種程度的目標，顯然不太可能實現。小圖(b)的座標縱軸採用對數刻度，相同走勢所衡量的目標價位為50，顯得實際多了。

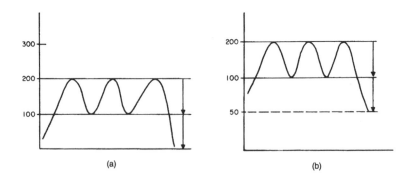

圖5-10　目標衡量　(a) 算術刻度　(b) 比率刻度

　　矩形排列如果發生在底部，不論是反轉型態或連續型態（請參考圖5-11(a)～(c)），目標價位的衡量方法也相同。

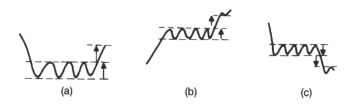

圖5-11　目標衡量

　　如果某新趨勢確實朝最低目標價位發展，在價格持續朝原來方向發展之前，往往需要經過適當程度的承接或出貨過程。因此，如果矩形排列是經過2年的時間完成，而且價格已經到達下檔目標價位，雖然行情可能進一步下跌，但隨後如果出現漲勢的話，上漲需要透過承接階段來建立基礎，這段醞釀時間應該與先前出貨期間相同（2年），然後才能發展成為有效的上升趨勢[1]。

有效突破的確認

價格

　　截至目前為止，我們假定任何價格型態的突破，不論突破程度多小或多大，都代表有效的趨勢反轉或連續訊號。可是，我們經常會碰到假突破的情況，所以應該建立某種準則，用以防範解釋錯誤的可能性。根據一般習慣，突破程度唯有達到3％或以上，

1.請記住，目標價格是指最終目標，通常不是一波走勢便可達成。一般來說，向上突破需要經過一系列漲勢和折返，最終才能達到上檔目標；向下突破的情況也是如此。

才視爲有效的突破，此舉雖然會排除許多假突破，但訊號在時間上也會因此落後。

我們需要瞭解這種處理方式的發生背景；第20世紀初期，市場參與者持有部位的期間都相當長。可是，目前很多人都從事短線交易或當日沖銷，3％可能就是整個走勢的全部。至於較長期的價格走勢，由於價格波動幅度較大，我基本上並不反對採用3％的法則。可是，最好的處理方式，還是仰賴常識，根據經驗和個別狀況作判斷。如果能夠藉由某特定百分率來界定何謂有效突破，那當然很好，但這一切都應該取決於時間架構，以及個別證券的價格波動程度。

舉例來說，電力公司股票的價格很穩定，礦產類股的股價波動劇烈，這兩類股票顯然不適合採用相同的突破百分率。所以，如何界定有效的突破，如何儘可能降低行情反覆的可能性，主要是取決於個人經驗判斷，藉由嘗試錯誤做調整。這方面的判斷需要考慮一些因素，包括所追蹤的趨勢、證券價格波動程度、成交量、動能性質等。

有個因素有助於及早判斷突破是否有效：理想的突破應該能夠持續好幾個期間。舉例來說，我們在日線圖上看到價格向上突破矩形排列，但突破沒能持續一天以上；對於這類的突破，其效力非常值得懷疑。

這類突破往往會讓技術結構反而變差。因爲突破如果守不住，代表多方的力量已經放盡，行情隨後可能朝（假）突破的相反方向大幅發展。走勢圖5-2的2001年黃金6月份契約，就是典型的假突破案例。

走勢圖 5-2　2001年6月份黃金期貨，氣力放盡的突破。（2001年）6月份
黃金期貨在3月上旬，決定性地向上突破頭肩底排列。不幸地，這是放盡
力氣的向上突破，價格沒辦法維持在頸線之上。對於這類情況，只要認定
是假突破，就應該儘快認賠結束部位。總共有三個地方可以採取認賠行
動，一是價格跌破原先突破水準，一是價格跌破頭肩底的頸線，最後是價
格跌破右肩位置。按照這三個認賠點的發生時間順序，愈晚認賠，假突破
的判斷當然愈有把握，但虧損也愈嚴重。（取自Intermartket Review）

　　如果想要根據價格型態的突破走勢進行投資，實際進場之前
就要預先決定，在什麼情況下，將判定突破走勢發生反覆（whip-
saw）。譬如說：跌破先前的低點，反向穿越突破水準達到某特定
百分率。然後，停損應該設定在這類樞紐點的下方。如此一來，
你可以預先盤算自己願意接受的損失，瞭解在什麼情況下，當初
進行交易的理由已經不復存在；換言之，你必須預先知道「突破」
在什麼情況下「失效」。如果不能預先做成這類決策，意味著你的
賣出決策將受到情緒或直覺影響，不是按照合理計畫行事。就走

勢圖5-2來說，判定原先突破失效的條件，可以設定為價格跌破上升趨勢線（虛線標示者）。

成交量

　　成交量通常會配合趨勢發展而變動；換言之，價漲量增，價跌量縮。這代表正常的價量關係；如果兩者之間產生背離現象，應該視為趨勢反轉的徵兆。圖5-12顯示這類典型的價量關係。

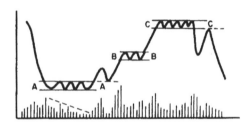

圖 5-12　成交量考量

　　請參考圖5-12，成交量是由走勢圖下側之垂直線段表示，代表每單位時間內換手的資產數量（股數或合約口數）。價格接近低點的矩形盤整時（AA），承接階段的交投明顯趨於冷清，成交量萎縮。

　　AA矩形排列接近完成時，投資人普遍失去交易的興致，成交量幾近消失。可是，當價格向上突破矩形排列上限，成交量突然放大，幾乎像魔術一樣。某些情況下，我們可以沿著成交量不斷

主要技術原則：成交量所謂大或小，永遠都是根據最近的平均成交量做判斷。

下降的峰位繪製趨勢線（請參考圖5-12的虛線）。成交量顯著放大，可以確認向上突破的效力。如果向上突破過程沒有出現大成交量，那就違背了「價漲量增」的常態，該突破值得懷疑。

價格脫離矩形排列而快速上漲一陣子，追價熱情慢慢消失，價格陷入橫向整理，成交量萎縮（BB矩形排列）。這是很好的價量關係，因為成交量配合價格做修正（下降）。不久，又出現價漲量增的現象，確認趨勢仍然向上發展。最終，買方力氣放盡，價格又陷入矩形整理（CC），成交量在整理過程顯著萎縮，但這次的矩形排列卻是反轉型態。

有一點值得特別注意，當價格突破BB矩形排列時，成交量雖然增加，但增加程度相對小於AA矩形突破的成交量。由整個循環的立場來看，這代表空頭徵兆。

就目前這個例子來說，成交量峰位發生在價格進入BB矩形之前，但價格在CC矩形才達到峰位。

CC矩形排列過程，成交量縮小，不過最終夾著大量向下突破。請注意，價格跌破矩形下檔支撐時，成交量增加雖然可以凸顯向下突破的效力，但這並不是向下突破有效的必要條件，與向上突破的情況不同。向下突破之後，價格經常會再反彈到矩形排列下限，該下限目前已經變成上檔壓力區。反彈過程的成交量應該不大，這是另一個空頭徵兆。走勢圖5-3顯示道瓊鐵路指數在1946年多頭市場峰位的發展。

主要技術原則：成交量通成領先價格，也就是一般所謂的「量是價的先行指標」。

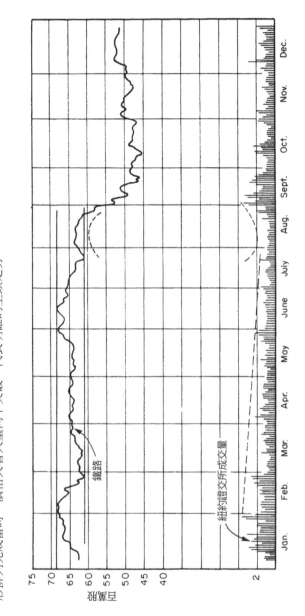

走勢圖5-3　道瓊鐵路指數，1946年。這份走勢圖顯示，道瓊鐵路指數在1942～1946年的多頭市場峰位形成的典型矩形排列。請注意，虛線標示的成交量趨勢，成交量在矩形排列過程明顯縮小。另外，在7、8月份的圓形排列完成當時，價格夾著大量向下突破，代表明確的空頭走勢。

接下來，我們準備討論一些其他的價格排列，首先由惡名昭彰的「頭肩」（H&S）開始。

頭肩排列

頭肩反轉型態

頭肩頂排列　頭肩排列或許是最可靠的價格型態，可能發生在行情峰位或谷底。圖5-13顯示頭肩頂出貨型態（請參考走勢圖5-4）。

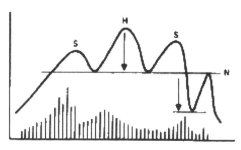

圖5-13　典型的頭肩頂排列

這種典型的頭肩頂出貨型態，包含最後一波漲勢（頭的部分）而隔開兩個大致對稱而未必相同的較小漲勢（左肩與右肩）。兩肩如果屬於中期趨勢，那麼左肩代表多頭市場的倒數第二波漲勢，右肩則是後繼空頭市場的第一波反彈。至於頭的部分，當然就是多頭市場的最後一波主要中期漲勢。

評估這類型態時，成交量性質很重要。排列左肩的成交量通常最大，頭部附近的交投也很熱絡。型態最顯著的特色在右肩，

走勢圖5-4 紐約時報指數，1928年。「紐約時報指數」是由50支工業股和鐵路股構成，1928年3月到5月之間形成向上傾斜的頭肩頂排列。該型態完成之後的最低目標價位為182，在突破之後幾乎立即達成，但頭肩頂經過3個月時間構成出貨的頭部，所以價格需要一段時間消化浮額，然後才能恢復原先的主要上升趨勢。請留意頭肩頂排列過程的成交量變化，左肩和頭部的成交量很大，右肩成交量相對較少。另外，隨後的三角形排列，成交量明顯縮小，9月份夾量向上突破。

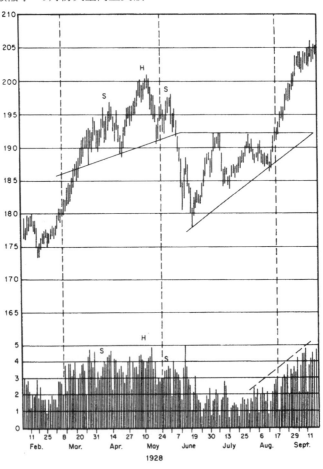

成交量明顯縮小。連接兩肩底部的線段，稱爲頸線（neckline）。

　　仔細觀察圖5-13，當價格跌破頭肩頂排列的頸線時，先前持續墊高之峰位和谷底的現象也隨之告一段落。右肩代表第一個下降的峰位，價格跌破頸線之後的第一個低點，代表位置下滑的谷底。

　　頭肩頂排列完成之後的目標價格衡量，是計算頭部到頸線之間的價格距離，然後由頸線突破點向下衡量，請參考圖5-13標示的兩個箭頭。型態愈深，完成之後的跌幅也愈大。頭肩頂排列完成之後，有時候會出現相當漫長的跌勢；另一些時候，其負面影響很快就會被底部排列抵銷。

　　觀察可能的頭肩頂排列時，有些交易者會預測型態向下突破。這是不正確的態度，因爲當時還不知道既有趨勢是否結束，不知道價格是否會有效跌破頸線。多年來，我看到很多技術分析者，他們根據尚未完成的頭肩頂排列，預測還沒有發生的空頭趨勢。務必記住技術分析的根本原理：除非有充分證據顯示趨勢反轉，否則應該假定既有趨勢持續發展。

　　頭肩排列可能在短短10～15分鐘之內就完成，也可能花好幾十年的時間。原則上，時間耗費得愈久，出貨的數量也愈大，隨後的空頭趨勢也會延伸愈長。大型的頭肩排列，結構往往很複雜，其中可能包含很多小型態，請參考圖5-14。

　　圖5-13和5-14的頭肩排列，頸線都呈現水平狀，實際上還有很多其他可能，請參考圖5-15 (a)～(c)，頸線不論如何傾斜，排列一旦完成，其空頭意涵都和水平狀頸線相同。

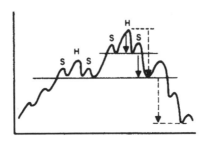

圖 5-14 複雜的頭肩頂排列

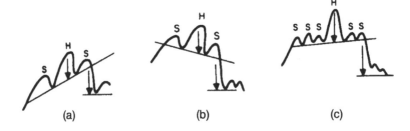

(a)   (b)   (c)

圖 5-15 頭肩頂排列的變形

　　頭肩底排列　圖5-16顯示頭肩底排列的情況；這種型態有時候又稱爲顛倒頭肩排列。

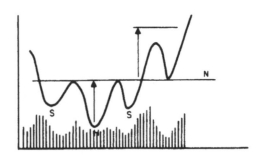

圖 5-16 典型的頭肩底排列

　　對於頭肩底排列，左肩成交量通常最大，頭部附近的交頭也
很熱絡，最值得注意的特色是右肩，成交量在下跌過程會縮小，
但向上突破的時候會顯著擴大（請參考走勢圖5-5）。如同頭肩頂
排列一樣，頭肩底排列也有各種變形，包括頸線的傾斜程度，還
有「肩」的個數。一般來說，排列的結構愈複雜，代表的意義也
愈顯著。不妨把價格排列視爲買賣雙方進行的戰爭，雙方交戰的
次數愈多，結構就愈複雜，一旦戰爭勝負分曉的時候，新趨勢也
變得愈重要。圖5-17 (a) ～ (c) 列舉某些頭肩底排列的變形。

走勢圖5-5　道瓊工業指數，1898年。這是道瓊指數發生在1898年春天的頭
肩底排列，頸線稍微向右下方傾斜。請注意，4月份的跌勢發展過程，成
交量相對較小，成功測試3月份左肩低點之後，價格夾著大量向上突破頸
線。1898年8月的指數水準爲60.97，1899年4月上漲到77.28。

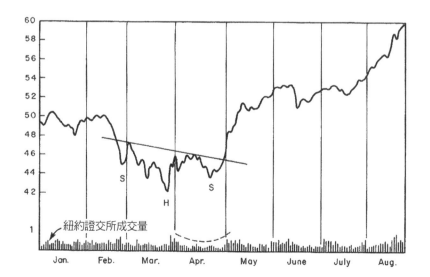

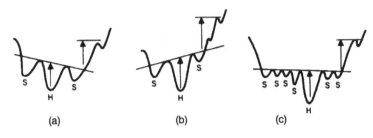

圖5-17 頭肩底排列的變形

　　頭肩型態是很可靠的排列。每當排列完成，通常強烈顯示趨勢已經反轉。

連續型態的頭肩排列

　　頭肩頂或頭肩底排列，偶爾也會是連續型態。這些連續型態的衡量意義和成交量特質，都和反轉型態相同。唯一的差別是，連續型態是發生在趨勢發展過程，而不是趨勢結束。走勢圖5-6顯示頭肩頂排列發生在下降趨勢過程。

失敗的頭肩排列

　　某些情況下，價格雖然呈現頭肩頂排列的所有特質，但最終沒有跌破、或未有效跌破頸線，然後又開始走高，這代表失敗的頭肩頂排列，隨後往往會演變爲爆發性漲勢。這種排列所反映的，可能是市場呈現不正確的悲觀看法，人們一旦瞭解基本面的真正狀況，市場不只會湧入新的買盤，空頭部位也會被迫回補。就價格驅動力量來說，恐懼遠勝過貪婪，所以空頭回補對於價格的影響是非常劇烈的。

走勢圖5-6　花旗銀行的頭肩頂連續排列。這份走勢圖顯示花旗銀行在1998年出現的頭肩頂連續型態。請注意，左肩和頭的部分，成交量較大。另外，價格跌破頸線之後，成交量又放大（資料取自Intermarket Review）。

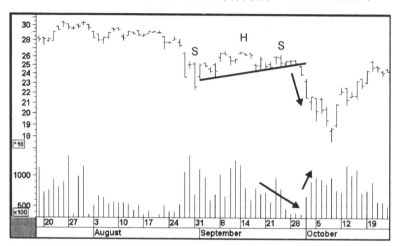

走勢圖5-7是道瓊工業指數的日線圖，1975年春天出現失敗的頭肩頂排列，隨後演變為急漲走勢。可是，頭肩頂排列沒有成功，雖然代表市場還有餘力，但同時也意味著壽命畢竟已經很有限了。就目前這個例子來說，漲勢在7月份突然結束。

不幸地，我們不能根據型態本身的情況，判斷頭肩排列是否會失敗。某些情況下，其他技術指標或許會透露一些端倪。舉例來說，如果看到逆趨勢訊號似乎將發生，頭肩排列就很可能失敗。譬如說走勢圖5-7的頭肩頂失敗案例，這是發生在多頭市場的賣出訊號。

另外，請參考走勢圖5-8，這是另一個頭肩頂失敗的案例。

走勢圖5-7 道瓊工業指數，1974～1975的雙重底排列。 請注意，1974年
12月份的第2個低點成交量較少。另外，1975年春天出現失敗的頭肩頂排
列（資料取自Intermarket Review）。

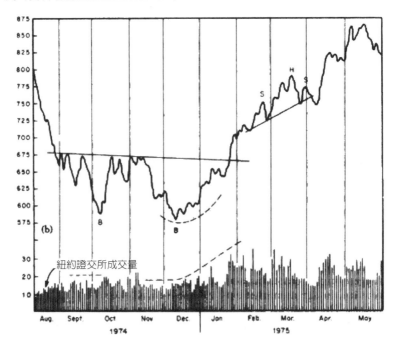

　　頭肩頂排列失敗的案例原本很罕見，但近年來卻有逐漸趨於
普遍的現象，這意味著技術分析者應該等待眞正有效的向下突
破。如果想要針對型態失敗採取行動的話，應該要等到價格夾著
大量向上突破右肩位置（請參考圖5-18）。這類情況通常可以在短
時間內創造重大獲利，值得留意。同樣地，頭肩底排列也會失
敗，隨後往往會出現重大跌勢，因爲市場原本預期向上突破，結
果卻突然發現經濟基本面惡化。

走勢圖5-8 Alberto Culver的失敗頭肩頂排列。這份走勢圖顯示典型的失敗頭肩頂排列。1993年的年中，價格跌破頸線。然後價格繼續下跌，但到了1994年初，情況開始發生變化，價格跌勢沒有創新低；如果先前的頭肩頂排列確實有效，價格應該要創新低。不久價格反彈到頸線之上。到了這個時候，我們有足夠的理由懷疑先前頭肩頂排列的效力。真正的關鍵，是漲勢在X點穿越「頭」與「右肩」銜接的下降趨勢線。（資料取自Intermarket Review）

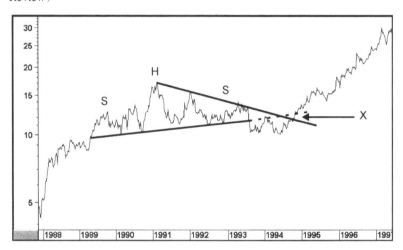

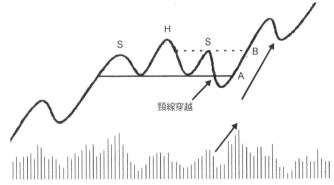

圖5-18　頭肩頂排列失敗

> **主要技術原則**：某技術訊號之所以會失敗，經常是因為訊號方向與主要趨勢相互違背。

雙重頂與雙重底

雙重頂（double tops）是由兩個價格峰位構成，中間夾著一波折返走勢形成的谷底。雙重頂的最主要特色，是第二個峰位的成交量明顯少於第一個峰位（請參走勢圖5-9）。正常情況下，雙重頂的兩個峰位應該大致相當，但第二個峰位的價格有時候也會較高或較低。記住，價格型態分析並不是一門精確的科學，需要藉由常識判斷買賣雙方之間的拉拒。

雙重頂的最低目標衡量，計算方法顯示於圖5.19，原理與頭肩排列相同。

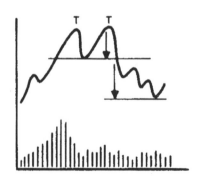

圖5-19　雙重頂

走勢圖5-9 道瓊工業指數在1936～1937年形成的雙重頂排列。這是經濟大蕭條之後的第一個大多頭行情，起

自1932年，結束於1937年。這份走勢圖顯示典型的雙重頂排列，7、8月的頂部成交量，顯著少於1～3月的頂

部。

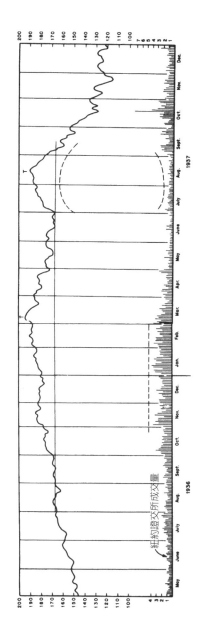

　　圖5-20顯示雙重底的情況。雙重底排列的第一個底，成交量通常很大，第二個底的成交量較小，但向上突破的過程應該出現大量。一般來說，第二個底的位置，應該稍高於第一個底，但第二個底的位置即使等於或甚至稍低於第一個底，雙重底排列也通常有效。

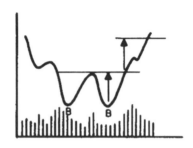

圖5-20 雙重底

　　雙重頂（底）排列可能延伸為三重頂（底）、四重頂（底），甚至更複雜的排列。圖5-21 (a) ～ (c)列示一些變形。

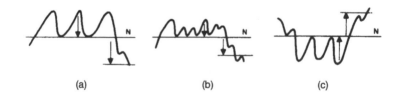

(a)　　　　　　　　(b)　　　　　　　　(c)

圖5-21 三重頂（底）

　　所有這些排列的目標價位衡量，都是計算頂部（底部）到頸線之間的距離，然後由頸線突破點向下（向上）延伸。稍早談到的走勢圖5-7，以及走勢圖5-10是兩個相當典型的雙重底排列，分別發生在1974年和1962年。

走勢圖 5-10　道瓊工業指數，1962年，雙重底排列。這份走勢圖顯示道瓊工業指數在1962年呈現的典型雙重底排列。請注意，第二個底的成交量小於第一個底。向上突破過程的成交量雖然增加，但並不特別明顯。（資料取自 Intermarket Review）

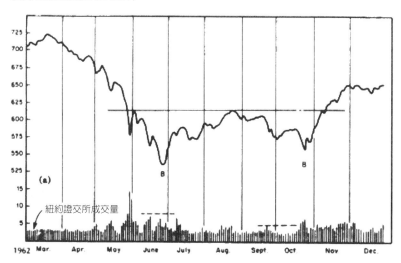

擴散排列

直角狀

　　擴散排列（broadening formation）是由三個或以上擺動幅度愈來愈大的價格走勢構成，所以連接峰位和連接谷底的兩條趨勢線會向右張開。最容易察覺的擴散排列，是頂部或底部呈現水平狀的型態，請參考圖5-22 (a) 與 (b)。

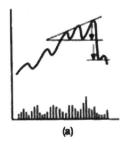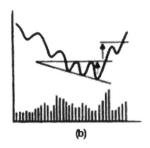

圖 5-22 擴散排列

　　圖5-22 (a) 的排列又稱爲直角擴張排列（right-angled broadening formation）。擺動幅度愈來愈大的價格波動，代表相當情緒化的走勢，成交量沒有特定的性質，但在市場頭部，漲勢通常伴隨著大成交量。擴散頂與擴散底的排列形狀，相當類似頭肩頂和頭肩底，但其「頭部」是最後形成的。當價格向下突破，代表空頭訊號。向下突破過程的成交量可大可小，但大成交量的空頭意義更明顯。

　　上限呈現水平狀的擴張排列，屬於承接型態，所以向上突破必須伴隨著大量，請參考圖5-22 (b)。

　　走勢圖5-11與5-12顯示擴張排列的例子。這兩種擴散排列也可能是連續型態，請參考圖5-23的(a)和 (b)。

　　走勢圖5-13和5-14另外顯示一些直角擴張排列的例子。

走勢圖5-11　道瓊工業指數，1938年，直角三角形。1937～1938年空頭市場的底部，呈現直角三角形反轉排列，價格夾著大量向上突破。隨後，指數形成頂部平坦的直角擴散型態連續排列。正常情況下，連續型態突破之後，應該出現大幅價格漲勢，但目前這個例子卻非如此，11月份的158點辨識1938～1939年多頭市場的最高價。（資料取自Intermarket Review）

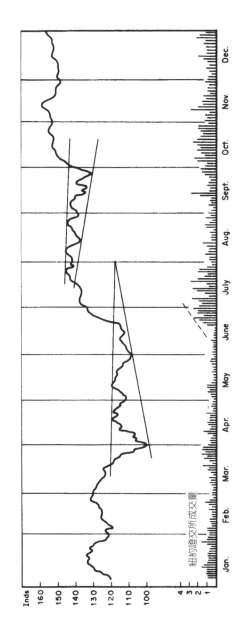

走勢圖5-12 WW Grainger，直角擴張排列。這是個直角擴張底部排列。請注意，排列的上限或下限經常不能精準銜接峰位或谷底。關鍵是：上限呈現水平狀，下限則向右下方傾斜；換言之，排列價格擺盪的低點持續下滑，最終卻向上突破。（資料取自 Intermarket Review）

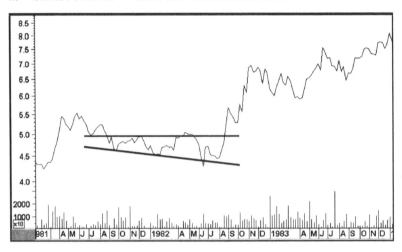

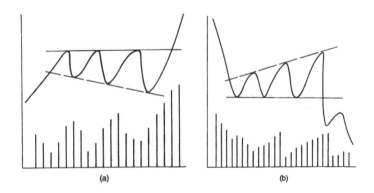

圖 5-23 擴張排列

走勢圖5-13　90天期國庫券，多種價格型態。
（資料取自Intermarket Review）

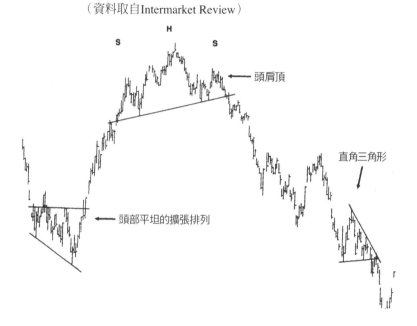

　　直角擴張排列偶爾也會失敗，圖5-24 (a) 與 (b) 顯示幾種可能性。至於價格究竟發展到什麼程度，直角擴張排列才應該視為失敗呢？不幸地，我們很難設定清楚的界線，最好的辦法可能只有繼續延伸傾斜狀的排列界線，等待明確的價格突破走勢。

　　不論是連續型態或反轉型態，直角擴張排列一旦完成，通常都會引發相當顯著的走勢。整個情況有點像是半途而廢的頭肩排列，因為走勢實在太有力而完全省略掉「右肩」。

走勢圖5-14 IBM，擴張排列。此處呈現的直角擴散排列，顯示多頭市場變得愈來愈不穩定。一般來說，擴張排列向下突破之後，價格應該會暴跌，但目前這個例子裡，突破之後的價格卻呈現相當長期的狹幅盤整。請注意，1991年到1992年之間，又出現另一個擴散排列。這並不是眞正的直角狀排列，因爲下限稍微向上傾斜。另外，擴散排列應該至少由三個價格擺動組成，但目前這個例子只有兩個完整的價格擺動；可是，這種價格型態多少也透露出行情發展並不穩定。（資料取自Intermarket Review）

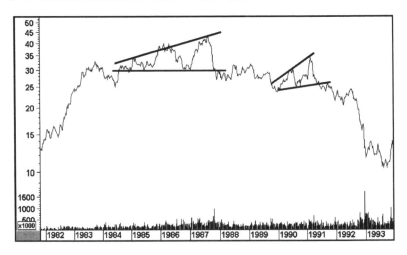

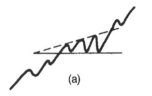
(a)

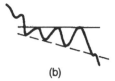
(b)

圖5-24 失敗的直角擴張排列

正統擴散排列

正統擴散排列（orthodox broadening formation）屬於頭部反轉型態，請參考圖5-25。這種排列通常由三個完整的價格擺動構成，三個峰位持續墊高，兩個谷底則呈現下滑狀。正統擴散排列只會發生在行情頭部，不會發生在底部。

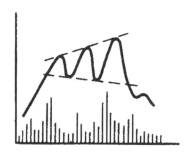

圖 5-25　正統擴散排列

正統擴張排列缺乏可供判斷的明確支撐，所以很難辨識，除非是在最後峰位已經形成之後。價格與成交量會隨著情緒演變而波動，使得情況更複雜、混淆。這種情形下，突破的判斷也很困難，除非排列相當對稱；若是如此，當銜接兩個谷底的趨勢線一旦被跌破（或價格跌破第二個谷底），就判定型態完成。

擴散排列的目標價位沒有明確的衡量方法，但擴散頂的價格劇烈波動，通常代表嚴重的出貨。因此，當這類型態完成之後，價格通常會呈現相當嚴重的跌勢。

三角形

　　就本章討論的價格型態來說，三角形可能是最常見的排列，但也是最不可靠者。三角形可能是反轉或連續型態，其排列可以歸納爲兩大類：對稱三角形（symmetrical triangles）與直角三角形（right-angled triangles）。

對稱三角形

　　對稱三角形是由兩個或以上的價格擺動構成，價格擺動的峰位持續下降，谷底則持續墊高，請參考圖5-26。所以，如果透過趨勢線分別銜接三角形價格擺動之峰位和谷底，兩條趨勢線是朝右邊收斂，這和擴張排列的發散情況剛好相反。

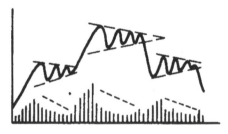

圖 5-26　對稱三角形

　　這類型態又稱爲螺旋（coils），因爲價格波動程度和成交量會隨著型態發展而縮小。最後，就像愈繃愈緊的螺旋彈簧一樣，價格會突然出現劇烈的反應（成交量通常也是如此）。一般來說，最有效的三角形突破，是發生在排列寬度，由漲幅最寬處，衡量到三角形頂點的1/2到3/4範圍內（請參考圖5.26）。適用於其他型態

的成交量法則，也同樣適用於三角形排列。

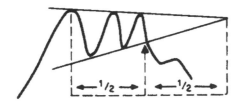

圖5-27　對稱三角形的典型突破

直角三角形

　　直角三角形實際上是另一種特殊型態的三角形排列，有一邊呈現水平狀，與座標縱軸夾著90度的直角，請參考圖5-28的(a)和(b)。走勢圖5-11顯示一個案例。對稱三角形沒有顯示價格突破的可能方向，但直角三角形排列的價格通常會朝水平狀邊界突破。走勢圖5-13顯示空頭直角三角形排列的案例。

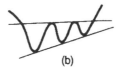

(a)　　　　　　　　(b)

圖5-28　直角三角形

　　解釋直角三角形排列，往往會發生一些困難，因為許多矩形排列最初所呈現的是直角三角形結構。所以，處理這類捉摸不定的型態時，必須很謹慎。以圖5-29為例，價格排列原本呈現小圖(a) 的下降直角三角形反轉型態，但最後卻演變為小圖 (b) 的矩形連續型態。

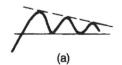 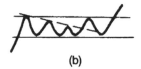

(a)　　　　　　　　　　　(b)

圖5-29　直角三角形排列失敗

　　三角形排列向上（向下）突破之後的目標價位衡量，是以三角形排列低點（高點）銜接之趨勢線爲基準線，由三角形排列第一個峰位（谷底）繪製一條平行於基準線的直線（請參考圖5-30的BB線），然後計算兩條水平狀直線之間的距離，由突破點開始衡量目標價位。

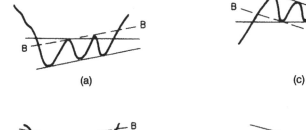

(a)　　　　　　　　　　　　　　(c)

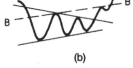 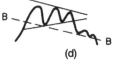

(b)　　　　　　　　　　　　　　(d)

圖 5-30　三角形目標價位衡量

　　圖5-30的 (a)與(b)分別顯示對稱三角形和直角三角形，底部排列向上突破的情形。

　　圖5-30的(c)與(d)則顯示頭部排列向下突破的情形。連續型態也採用相同方法衡量目標價位。我個人認爲，這種衡量方法並不

特別好用。我寧可把三角形排列視同其他型態一樣，衡量排列過程最大的垂直距離（深度），然後由突破點衡量目標價位，請參考圖5-31。

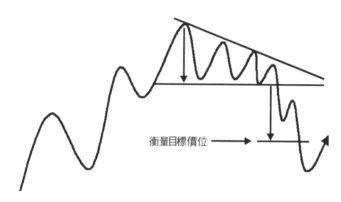

衡量目標價位 ➜

圖5-31　三角形目標價位的另一種衡量

彙總

- 金融市場的價格走勢會呈現趨勢發展。價格反轉是發生買賣雙方力量大致相當的過渡期間內。這段過渡期間內，價格發展經常呈現可辨識的型態。型態一旦完成，通常就顯示趨勢已經反轉。

- 價格型態完成之前，必須假設既有趨勢仍然有效；換言之，必須先假設相關型態是連續排列。尤其是當既有趨勢只存在相當短的期間，這種立場更顯得重要，因為既有趨勢發展愈成熟，發生重要反轉的可能性愈高。

- 價格型態的發展期間有長有短，排列歷經的時間愈長，價格波動愈大，突破之後的價格走勢通常愈顯著。

- 多數價格排列都可以衡量型態完成之後的目標價位，但這通常都只代表最低目標；換言之，實際價格走勢通常會超過衡量目標價位。

- 目標價位通常不能藉由一波走勢達成，通常需要經過幾個波段漲跌走勢才能完成。

第6章　規模較小的價格型態

第5章討論的價格型態，大多可以是反轉或連續型態，本章準備討論的排列，則是發生在價格趨勢發展過程，大多屬於連續型態。由於這些型態往往是反映漲勢過程有節制的獲利了結，或是跌勢過程有節制的認賠出場，所以排列涵蓋期間經常短於前一章討論的型態。

旗形排列

顧名思義，旗形（flags）在價格走勢圖上，看起來就像一面方旗。在幾近於直線狀的快速漲勢或跌勢過程，旗形排列代表價格暫時停頓、成交量也伴隨下降的走勢。旗形排列完成之後，價格將朝原來的趨勢方向繼續發展。圖6-1的 (a) 與 (b) 分別顯示漲勢和跌勢過程的旗形排列。大致上，旗形排列本身的上升波峰位和下降波谷底，可以分別藉由趨勢線連結，兩條趨勢線通常相互平行。這兩條趨勢線傾斜的方向，通常都與趨勢發展方向相反。換言之，漲勢過程的旗形排列，通常會向下傾斜；跌勢過程的旗形排列，通常會向上傾斜。可是，旗形也可能呈現水平狀。

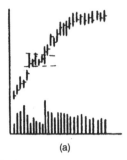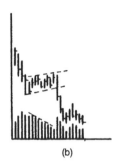

(a)　　　　　　　　　　(b)

圖 6-1　旗形排列

　　價格上漲過程中，旗形排列通常會把幾乎垂直狀的漲勢分隔
爲兩等分。旗形排列剛開始形成時，成交量通常很大，然後隨著
型態發展而逐漸萎縮；可是，當型態完成而價格進行突破時，通
常會再爆出大量。旗形排列發展的時間，可能只要5天，但也可能
長達3、5週。原則上，旗形排列代表價格上漲過程中，有秩序的
獲利回吐整理。

　　價格下跌過程中，旗形排列也有成交量萎縮的現象。由於這
類排列的發展向上傾斜，所以有「價漲量縮」的空頭徵兆。價格
突破旗形排列之後，會持續暴跌。旗形向下突破的過程，成交量
雖然也會增加，但程度上不會很顯著。唯有向上突破，才需要夾
著明顯大量。

　　評估這類排列時，必須特別注意價量關係。舉例來說，在價
格巨幅上漲之後出現整理，由價格上觀察，整理走勢似乎像是旗
形排列，但成交量如果沒有明顯萎縮，千萬要謹愼，因爲這可能
是矩形反轉排列。另外，旗形排列發展的時間如果超過4週以上，
也應該特別小心，因爲旗形在定義上是快速漲勢過程的暫時停

頓,對於獲利回吐的換手來說,4週以上的時間不免太長,所以其有效性值得懷疑。

　　從預測的立場來看,旗形排列相當可靠,不只最終的突破方向是如此,隨後的走勢幅度也頗值得進行交易。旗形通常發生在整段走勢的中點位置。我們可以衡量排列發生之前的走勢幅度,然後從突破點衡量隨後的目標價位。由於旗形排列的發展期間相對短暫,所以不會出現在週線圖或月線圖上。

三角旗形

　　三角旗形(pennants)的發生條件和旗形相同,排列性質也很類似,唯一差別是排列上限和下限的兩條趨勢線相互收斂,請參考圖6-2的 (a) 和 (b)。就形狀來說,旗形是呈現矩形狀,三角旗形是呈現對稱三角形,因為三角旗形實際上是一種規模很小的三角形排列。相較於旗形排列,三角旗形發展過程中,成交量萎縮的情況更明顯。可是,不論是目標價位衡量、發展時間、成交量性質,以及其他方面,三角旗形和旗形都完全相同。

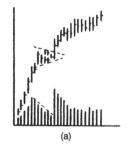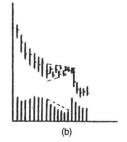

圖 6-2 三角旗形排列

走勢圖6-1顯示Alcoa下跌過程的三角旗形排列。請注意成交量如何隨著排列發展而萎縮。向下突破伴隨著大量。

走勢圖6-1 Alcoa 的三角旗形排列（資料取自 Intermarket Review）

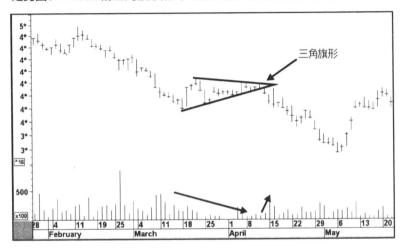

楔形

楔形排列（wedges）結構和三角形排列很類似，分別連結峰位和谷底的兩條趨勢線，也是相互收斂，請參考圖6-3的 (a) 和 (b)。可是，三角形排列的兩條趨勢線，一條上升，另一條下降，或其中有一條呈現水平狀；楔形的情況不同，兩條趨勢線同時朝上或同時朝下。向下傾斜的楔形，代表上升走勢的暫時中斷整理，向上傾斜的楔形，代表下降走勢的暫時中斷整理。這兩種楔形排列的發展過程，成交量通常會萎縮。因為楔形排列大概需要2週到8週的時間才能完成，所以有時候會出現在週線圖，但不會出現在月線圖。

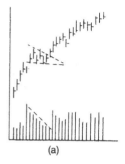
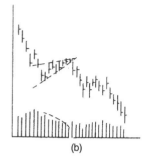

圖6-3 楔形排列

　　空頭市場的反彈走勢，經常顯示為向上傾斜的楔形排列。當排列完成時，價格往往會暴跌，尤其是夾量向下突破的話。

碟形底與圓形頂

　　圖6-4的(a)和(b)翻別代表碟形底（saucer）和圓形頂（round-ing top）。顧名思義，碟形底發生在市場底部，圓形頂發生在市場頭部。碟形底的形狀，是開口向上的弧形，類似英文字母的U。當價格下跌到碟形底的低點時，投資人對於行情失掉興致，下跌走勢也喪失動能，市場交頭冷清，成交量極度萎縮。然後，隨著價格慢慢回升，成交量也隨之緩步放大，兩者最後都會呈現爆發性的變化。

　　圓形頂的價格行為，幾乎與碟形底完全相反，但成交量性質則非常相似。所以，如果把價格走勢圖和成交量柱狀圖並列，兩者幾乎可以連成圓形，請參考圖6-4的(b)。圓形頂排列過程中，價量關係顯示背離，當價格攀向高點，成交量萎縮，當價格下滑，

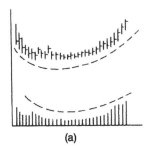 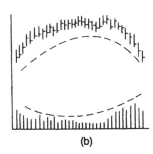

(a)　　　　　　　　　　　　　(b)

圖6-4　碟形底和圓形頂

成交量放大。這兩種現象都屬於空頭徵兆，本書第22章會詳細討論這方面的議題。

　　圓形頂和碟形底都是供需力量逐漸發生變化的排列，緩步蓄積與原來趨勢相反的動能。這兩種排列因為發展非常緩慢，而且不具備明確的支撐或壓力，所以沒有明顯的突破點。雖說如此，這些排列還是值得留意，因為型態完成之後的走勢幅度通常很大。圓形與碟形排列可以是反轉型態，也可以是連續型態，涵蓋期間可能是3週到數年之久。

缺口

　　所謂「缺口」（gap）是指某特定交易期間的最低價，高於前一交易期間的最高價，請參考圖6-5(a)；或某特定交易期間的最高價，低於前一交易期間的最低價，請參考圖6-5(b)。對於日線圖來說，前述「特定交易期間」是指一天；對於週線圖，則是指一週而言，依此類推。

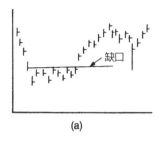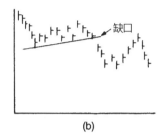

圖6-5　缺口

　　根據定義，缺口會出現在盤中走勢圖、日線圖、週線圖或月線圖上。缺口是指兩個交易期間彼此沒有重疊的垂直空檔。日線圖上的缺口，應該比週線圖普遍，因為週線圖上如果出現缺口，意味著當週有某個價格區間，與前一週的週一、週二、……週五價格彼此沒有重疊；就或然率來說，這種機會只有日線圖的1/5。月線圖上的缺口更罕見，因為這需要當月的某個價格區間，與前一個月的每天價格都沒有重疊。盤中走勢圖在每天開盤時，最經常出現跳空缺口。我們稍後還會討論這個問題。

　　缺口發生之後，價格如果重新折返而封閉原先的垂直空檔，這種行為稱為「填補缺口」（fill the gap）。就日線圖上的缺口來說，填補可能需要好幾天、好幾週，或好幾個月的時間，但很少有缺口從來沒有被填補。

　　沒錯，幾乎所有的缺口最終都會被填補，但「幾乎」畢竟不是「完全」。因為缺口填補可能要好幾個月，甚至好幾年的時間，所以當前的交易決策不該假定缺口必然會在不久的將來被填補。缺口一旦發生，幾乎必定會出現某種填補缺口的嘗試，但後續測試經常只需要填補部分的缺口，就足以促使價格繼續朝既有趨勢

方向發展。爲何缺口多數會被填補？缺口所反映的是情緒事件，顯示交易者當時存在著強烈的心理動機。所謂心理動機，通常是貪婪或恐懼，實際情況則取決於當時的**趨勢**發展方向。不計代價地買進或賣出，稱不上是客觀或理性的決策；所以，等到情況穩定下來之後，人們往往會改變主意。就目前這個話題來說，改變主意就是填補缺口，或起碼會試著這麼做。

我們應該尊重缺口，但沒有必要過份渲染其重要性。缺口如果發生在價格型態之內，稱爲「普通缺口」（common gaps）或「區域缺口」（area gaps），通常很快就會被填補，而且也不具備技術上的重大意義。另外，發放股息所造成的缺口，也沒有什麼意義。重要的缺口可以分爲三類：突破缺口、逃逸缺口和竭盡缺口。

> **主要技術原則**：有種古老的說法認為，市場憎恨真空，也就是說缺口最終會被填補。

突破缺口

突破缺口（breakaway gaps）是發生在價格型態突破過程，請參考圖6-5的(a)和(b)。一般來說，缺口可以凸顯突破的重要性，但向上突破的缺口，仍然需要伴隨著大量。雖然透過跳空方式進行突破，有效性通常比較值得肯定，但技術分析沒有所謂「絕對事件」。向下突破的缺口，不一定需要夾著大量。

逃逸缺口或連續缺口

逃逸缺口（runaway gaps）又稱爲連續缺口，這是發生在高度情緒化的直線狀快速走勢過程。這類缺口如果不是在一、兩天之

內被填補，必會持續相當長的期間，直到主要或中期走勢反轉才
會被封閉。這類缺口通常發生在一波非常明確的走勢中途。基於
這個緣故，逃逸缺口又被稱為「衡量缺口」（measuring gaps，換
言之，衡量缺口發生時，既有走勢只進行了一半），請參考圖6-6
的 (a) 和 (b)。

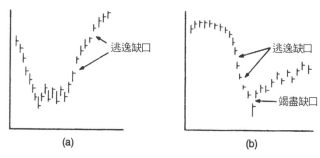

圖 6-6　逃逸缺口與竭盡缺口

竭盡缺口

　　整波價格走勢可能包含多個逃逸缺口。這顯示相關走勢非常
凌厲，但在第二或第三個缺口出現時，技術分析者必須留意走勢
動能是否有耗盡之虞。因此，第二或第三個缺口，也可能是最後
一個缺口。竭盡缺口（exhaustion gaps）代表強勁走勢的最後一
段，也是一系列逃逸缺口的最後一個，請參考圖6-6的 (b)。

　　判定某缺口是否是竭盡缺口，往往可以觀察成交量變化。缺
口當天的成交量如果顯著超過先前水準，竭盡缺口發生的可能性就
很高。某些情況下，收盤價會逆著跳空方向而逼近缺口。如果隔
天價格朝相反方向跳空，使得前一天線形呈現「孤島狀」（island）；
換言之，該線形被兩個跳空缺口夾著，與前、後線形隔開而成孤

島狀，即強烈顯示這個缺口是趨勢轉折點。這種情況雖然只代表動能暫時竭盡，但信用高度擴張的交易者務必謹慎，至少應該了結一些部位。

一波走勢的第一個缺口，比較可能是逃逸缺口，通常不會是竭盡缺口；如果先前價格型態的目標價位尚未達成，情況更是如此。竭盡缺口雖然不該被視爲主要反轉的徵兆，但起碼應該預期會發生某種程度的整理。

缺口具有重要的情緒意涵

缺口的兩個端點，往往是重要的價格樞紐點，因爲它們所反映的是市場參與者高度情緒化行爲的後果。如果你與朋友發生爭論，過程中曾經大聲表達某種論點，你應該會記住當時的情況，因爲這是高度情緒化的行爲。技術分析的情況也一樣，價格走勢圖所反映的就是市場參與者的心態。所以，缺口經常成爲後續走勢的上檔壓力或下檔支撐。本書第15章還會深入討論這個議題。

盤中走勢圖的缺口

盤中走勢圖有兩種開盤跳空缺口。第一種的開盤價超越了前一天交易參數的範圍，請參考走勢圖6-2的例子。我稱此爲「傳統缺口」（classic gaps），因爲這也是日線圖上看到的缺口。

第二種缺口只要當天開盤價遠離前一支線形，就會發生；所以，這種缺口發生頻率很高，而且只會出現在盤中走勢圖。我稱此爲「盤中線形缺口」（intrabar gaps），因爲這類缺口只存在於盤中走勢圖的兩支線形之間。走勢圖6-3顯示這類的例子，開盤價走

走勢圖6-2 1997年長期公債3月份契約15分鐘走勢圖
　　　　　（資料取自Martin Pring's Introduciton to Daytrading）

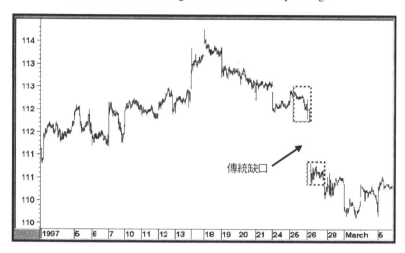

走勢圖6-3 1997年長期公債3月份契約15分鐘走勢圖
　　　　　（資料取自 Martin Pring's Introduciton to Daytrading）

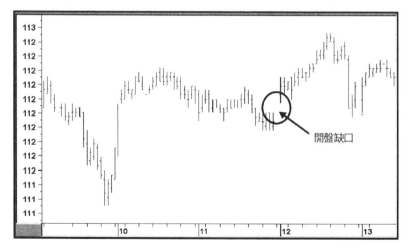

高，沒有落在前一支線形價格範圍內，於是產生缺口。可是，如果我們回頭看前一天的盤中線形，將發現這個開盤缺口實際上是落在前一天的價格範圍內；所以，日線圖不會顯示開盤跳空缺口。

同樣使用盤中走勢圖，如果交易部位準備持有2、3個星期，你對於缺口的處理態度，將部位持有時間爲1、2天。

如果短期部位準備持有2、3個星期，就應該避免使用盤中線形缺口，因爲這類缺口通常很快就會被填補，有時候是幾個小時，很少超過2、3個星期。因此，對於走勢圖6-3的這類開盤跳空缺口，如果據此建立多頭部位，將面臨缺口很快被封閉的風險。最大的麻煩是，我們不知道這類缺口填補將發生在2天內或4個星期。

如果開盤價大幅跳空，當日沖銷者最好也避免介入。就股票交易來說，這代表買、賣單嚴重失衡。譬如說，如果市場買盤力道強勁，專業造市者爲了滿足買進需求，將被迫建立空頭部位。這些專業玩家當然希望稍後能夠低價回補空頭部位。開盤價大幅跳空開低的情況也一樣，只是整個程序變成相反。關鍵是：密切留意開盤之後的價格走勢。正常情況下，如果價格繼續朝跳空方向發展，那麼未來幾個小時的交易方向也大致定了調。

反之，如果幾支線形之後，盤勢就開始填補跳空缺口，那麼當天的走勢就不妙了。請參考走勢圖6-4，星期三開盤向上跳空。可是，除了剛開始幾支線形之外，整天的價格走勢都保持跌勢。盤中價格一旦跌破開盤價（標示爲A的水平趨勢線），該趨勢線就變成上檔壓力。星期四的開盤價也向上跳空，但開盤之後繼續走

走勢圖6-4　美林7~5分鐘走勢圖（資料取自Telescan）

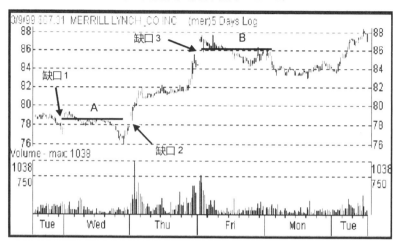

高。所以，緊接著開盤之後的幾支線形走勢，就奠定了整天交易的基調。星期五再度向上跳空開盤，但隨後的線形立即下跌，跌破開盤價之後（趨勢線B），盤中價格就很難穿越$ 86。

島狀反轉

　　島狀反轉（island reversal）是指孤立的密集交易區間，該區間與先前走勢間隔著「竭盡缺口」，與隨後的反向走勢間隔著「突破缺口」。典型的島狀反轉排列，請參考圖6-7與走勢圖6-5。

　　島狀反轉本身通常不代表主要趨勢反轉。可是，這種排列經常出現在中期走勢末端，或在主要趨勢末端而構成某整體價格型態的一部份（譬如：頭肩頂的頭部，或頭肩底的底部）。某些情況下，島狀反轉可能在一天之內完成。

走勢圖6-5 美國航空，島狀反轉（資料取自 Intermarket Review）

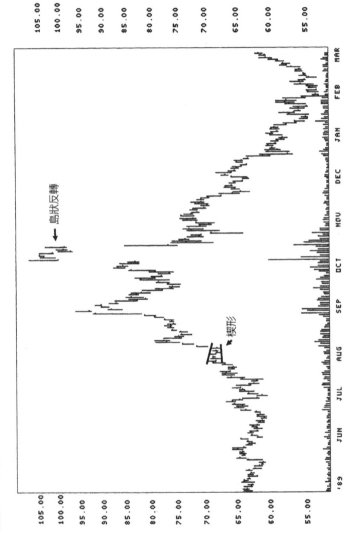

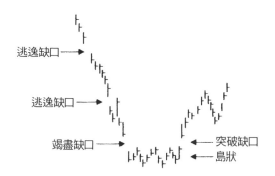

圖6-7　島狀反轉

彙總

- 旗形、三角旗形與楔形都屬於短期價格型態，通常發生在一波
  顯著走勢的中點位置。一般來說，這些型態會在3個星期之內完
  成，過程內的價格波動相對穩定，成交量萎縮。這些排列幾乎
  都是連續型態。
- 碟形底和圓形頂排列通常屬於反轉型態。排列完成之後，大多
  會出現巨幅走勢。排列發展過程中，成交量在兩端最大，往中
  心部分則慢慢萎縮。
- 缺口是走勢圖上沒有進行交易的價格區間。除息缺口和區域缺
  口沒有太大意義。突破缺口發生在走勢之初，逃逸缺口發生在
  顯著走勢的中心點位置，竭盡缺口發生在走勢末端。
- 島狀反轉是一種小規模價格型態或密集交易區，其之前和之後
  分別有個跳空缺口，因此而與主要趨勢隔開。島狀反轉通常是
  中期趨勢結束的訊號。

第7章 單支或兩支線形的價格型態

背景

截至目前為止,本書考慮的價格型態都需要相當長的發展時間,通常都至少需要15支線形。它們反映了買賣雙方的力量變化,顯示心理結構發生反轉。

過去,對於本章準備討論的型態,經常稱為1天、2天的型態,或1週、2週的型態。可是,隨著盤中走勢圖運用愈來愈普遍,所謂「內側日或外側日」(inside days, outside days)的名詞,已經不適用。因此,關於這些型態,我準備採用「線形」做為單位;換言之,1支線形可能涵蓋1分鐘,也可能涵蓋1個月的價格。

> **主要技術原則**:單支或兩支線形的型態,其反映的心理變化具有極短期的價格影響。

我們稍早已經談到,價格型態的影響程度,很大成分取決於排列規模。單支或兩支線形的排列發展期間不長,所以根據定義,也只有很短期的影響力。舉例來說,單日價格型態通常只能影響未來5天到15天的行情。10分鐘走勢圖上的2支線形排列,大

概只能影響未來50分鐘或1個鐘頭左右的價格發展。雖說如此，但我愈研究這些型態，愈覺得它們可以是很可靠的短期趨勢反轉訊號。

> **主要技術原則**：單支或兩支線形的型態，解釋方面應該保持相當程度的彈性，不該太僵硬，因為某些型態的反轉意涵強過其他型態。

所以，單支或兩支線形的各種態，重要性未必都相同。此處想要探索的，是某特定反轉現象其呈現力量由強轉弱或由弱轉強在程度上的徵兆。舉例來說，我可以輕描淡寫地說「幫助我」，也可以在屋頂上大聲喊救命，兩者代表的迫切程度顯然不同。金融市場上的情況也是如此。譬如說，同樣是外側線形（稍後說明），涵蓋過去3、4天價格區間的外側線形，其重要性顯然不同於只涵蓋前一天價格區間的外側線形。

有關單支或兩支線形的價格型態，解釋上有幾個重點要留意：

- 這些型態通常代表氣力放盡的訊號。就上升走勢來說，這類排列顯示買方推升價格的力道已經暫時用盡，需要稍做休息。對於下降走勢而言，賣方該賣的都已經賣了，市場上沒有太多籌碼等著出貨。所以，這類型態都代表既有趨勢即將反轉。

- 反轉型態需要有可供反轉的走勢。換言之，頭部反轉之前，需要有相當程度的漲勢，底部反轉之前，需要有一段顯著的跌勢。

- 型態解釋不能抱著不黑即白的態度，而需要接受各種程度的「灰色」，因為特定型態的所有案例不是都具有相同的重要性

和影響力。某些案例具備了特定型態想要強調的所有性質，另一些案例則只是隱約沾染少許型態特質。那些具有全部顯著性質的5顆星案例，其反轉意涵將超過那些隱約的2顆星案例。所以，型態解釋需要運用某種程度的常識，不要武斷認定某種型態絕對保證趨勢反轉。

外側線形

所謂外側線形（outside bars）是指某線形的價格區間，完全涵蓋了前一支線形的價格區間；換言之，今天線形「吃掉」前一天線形。這種型態可能發生在上升走勢或下降走勢的末端，代表氣力放盡的顯著徵兆。

圖7-1的(a)與(b)說明頭部反轉，圖7-2的(a)與(b)說明底部反轉。

讀者如果不熟悉長條圖的話，容我先做一些解釋。一支長條圖線形，乃摘要顯示價格在某特定時段內的表現，線形頂端是該交易時段內的最高價，底端是最低價，左側的小橫畫是開盤價，右側的小橫畫是收盤價。

關於外側線形代表意義的重要程度，判斷上有些準則可供參考：

- 外側線形的價格區間涵蓋範圍愈大（相較於前一支線形而言），反轉訊號愈強烈。
- 型態發生之前的漲勢（或跌勢）愈顯著，則該外側線形愈重要。

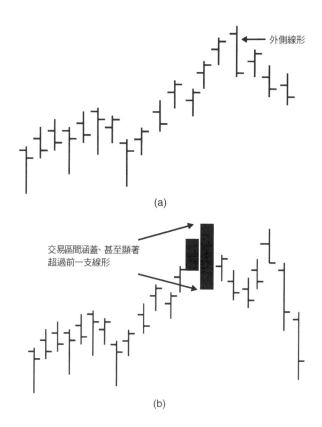

(a)

交易區間涵蓋、甚至顯著
超過前一支線形

(b)

圖7-1 頭部的外側線形

- 外側線形所涵蓋的先前線形數量愈多，訊號效力愈大。

- 相對於先前線形，外側線形的成交量愈大，訊號效力愈大。

- 外側線形收盤價位置與既有趨勢發展方向的背離程度愈大
  （換言之，底部外側線形的收盤價應該儘可能接近最高價，
  頭部外側線形的收盤價應該儘可能接近最低價），訊號效力
  愈大。

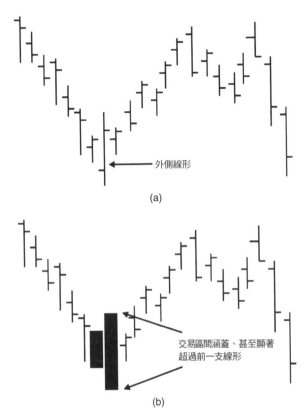

(a)

交易區間涵蓋、甚至顯著
超過前一支線形

(b)

圖7-2　頭部的外側線形

　　圖7-3提供一些案例比較，某些案例代表更有效的外側線形，
有些則否。

　　不論是目前討論的外側線形，或其他單支、兩支線形的型態，
評估過程都需要思考一個重要問題：該線形的價格行為，關於市
場心理狀態究竟透露了什麼？線形涵蓋程度大，先前漲勢或跌勢
顯著，大成交量；這些因素都代表既有情緒趨勢發生重大變動。

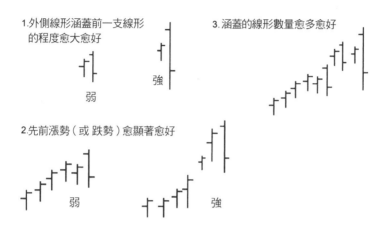

圖7-3　評估外側線形的重要性

走勢圖7-1顯示美林股價走勢圖的外側線形。這就是我所謂5星級的訊號，因為蘊含著反轉的強烈可能性。

走勢圖7-1　美林10分鐘走勢圖，外側線形（資料取自Pring Research）

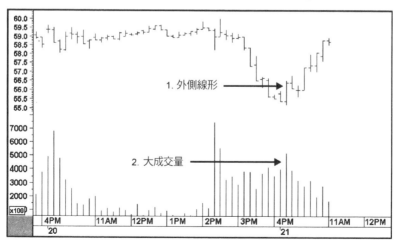

21號的下午出現顯著的價格跌勢。然後，突然出現一支顯著的外側線形，完全吃掉先前兩支線形。該線形的開盤價位在最低價附近，但幾乎以最高價收盤。請注意，這支線形的成交量很大。走勢圖7-2有幾個外側線形的例子。案例A很不錯，先前有顯著的漲勢，外側線形的涵蓋範圍很廣。案例B的訊號失敗，原因：先前的跌勢不夠顯著，外側線形收在最低價，線形涵蓋範圍不夠廣。所以，這個例子雖然符合外側線形的定義，實際上卻沒有透露市場心理轉變的徵兆。

案例C的訊號也稱不上成功，但先前確實出現相當顯著的跌勢，而且涵蓋範圍也不錯，線形收在最高價。我故意引用這個例子，藉以凸顯一個事實：即使是看起來很好的訊號，實際上也未必成功。

走勢圖7-2　S＆P綜合股價 5分鐘走勢圖，外側線形
（資料取自Pring Research）

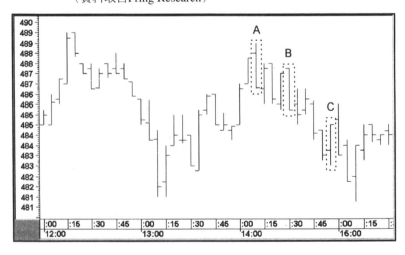

　　走勢圖7-3顯示道瓊工業指數在2001年3月份,出現的兩個外側線形案例。第一個例子代表趨勢向上反轉的訊號。第二個例子代表頭部反轉訊號,發生在急遽漲勢的末端。請注意,第二個外側日涵蓋範圍很廣,而且吃掉先前三支線形,而且也一度向上突破明確的壓力。向上突破訊號的反覆,也加深了這個頭部訊號蘊含的心理變動力量。

走勢圖7-3 道瓊工業指數60分鐘走勢圖,外側線形（資料取自Pring Research）

> **主要技術原則**:單支或兩支線形的型態完成之後,未必都會出現趨勢反轉,有時候可能只是由上升或下降走勢轉變為橫向整理。

內側線形

　　內側線形（inside bar）的情況剛好與外側線形相反,該線形的價格區間完全被前一支線形涵蓋或吃掉。外側線形代表情緒或

市場心理反轉，內側線形則顯示買賣雙方的力量，由一邊倒轉變
為均衡或僵持隨後通常都會造成趨勢反轉。內側線形出現之前，
既有趨勢的發展原本相當明確。然後，內側線形透露原本明確的
趨勢陷入僵持，顯示趨勢可能朝相反方向發展。

　　圖7-4的(a)與(b)說明頭部反轉內側線形，圖7-5的(a)與(b)
說明底部反轉內側線形。

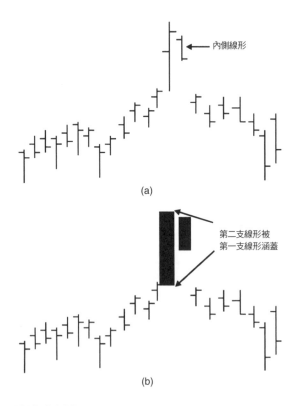

圖7-4　頭部的內側線形

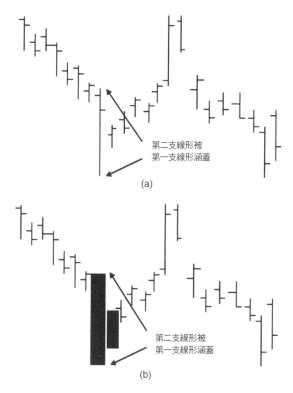

圖7-5　底部的內側線形

關於內側線形代表意義的重要程度，判斷上有些準則可供參考：

- 內側線形發生之前的趨勢愈明確愈好。
- 第一支線形吃掉第二支線形的程度愈大愈好。這讓既有趨勢的動能呈現某種高潮形式。
- 相較於第一支線形，第二支線形愈小愈好，顯示先前明確的趨勢突然凍結，隨後發生趨勢反轉的可能性也愈高。

- 相較於第一支線形，第二支線形的成交量明顯縮小，因為該線形代表僵持或均衡。

走勢圖7-4顯示兩個內側線形的案例。第一個發生在9月～11月份跌勢的末端。請注意第一支線形極長，內側線形本身很短。第一支線形發展過程，成交量很大，價格大跌，清楚顯示市場極度悲觀的氣息。隔天，成交量突然大幅萎縮，價格交易區間更是顯著縮小，顯示買賣雙方的力量彼此均衡。這個內側線形雖然傳遞底部訊號，但市場在短時間內仍呈現橫向走勢。我們發現，內側線形經常會讓既有趨勢的發展告一段落，但不會馬上導致趨勢反轉。

第二個內側線形發生在漲勢中途，隨後呈現橫向整理。漲勢頭部位置出現兩支線形的反轉排列，下一節將討論這個型態。

走勢圖7-4　Oxford Industries，2000～2001。**兩支線形的反轉與內側線形**
（資料取自Pring Research）

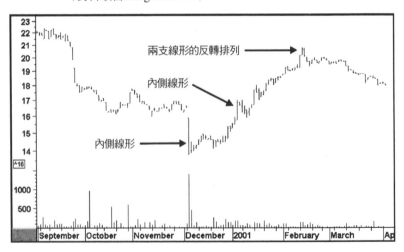

　　走勢圖7-5顯示盤中走勢圖上的幾個內側線形。案例A之後雖然出現顯著的漲勢，但這個訊號本身並不很好，兩支線形長度之間的對照不夠強烈。案例B則完全失敗，因爲價格隨後繼續走高。這個例子顯示既有趨勢如果很強勁，價格型態的預測往往也會失敗。事實上，反轉訊號失敗透露了既有趨勢的強勁力道。

　　案例C很標準，兩支線形的長度對比強烈，內側線形本身很小，開盤價和收盤價非常接近，顯示供需雙方的力量大致相當。

走勢圖7-5　S＆P綜合股價指數5分鐘走勢圖。內側線形
　　　　（資料取自Pring Research）

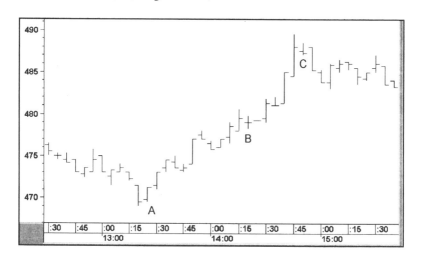

兩支線形的反轉型態

　　兩支線形的反轉排列，是很典型的「氣力放盡」訊號，經常發生在延伸性漲勢或跌勢末端，請參考圖7-6到7-8的圖例。

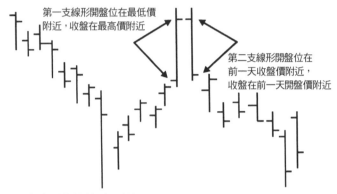

第一支線形開盤位在最低價
附近，收盤在最高價附近

第二支線形開盤位在
前一天收盤價附近，
收盤在前一天開盤價附近

圖7-6 兩支線形的反轉（頭部）

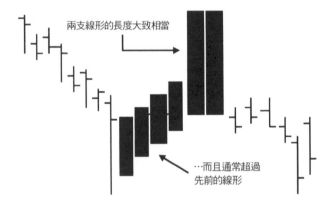

兩支線形的長度大致相當

…而且通常超過
先前的線形

圖7-7 發生在漲勢峰位的兩支線形反轉

　　排列的第一支線形，應該順著既有趨勢方向發展，而且充分反映當時的走勢。對於5顆星的排列來說，頭部反轉的第一支線形，收盤應該位在最高價附近。第二支線形的開盤價大約與前一天收盤價相當。可是，這種排列的最大特質，就是市場心理在前一支線形的順勢端點附近突然產生重大變化。

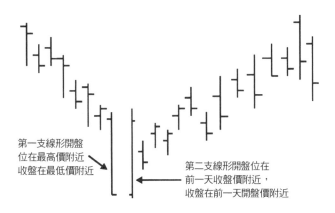

第一支線形開盤
位在最高價附近
收盤在最低價附近

第二支線形開盤位在
前一天收盤價附近，
收盤在前一天開盤價附近

圖7-8　兩支線形的反轉（底部）

　　所以，在第二支線形開盤進場的人，剛好碰到既有趨勢發展的端點，因為人氣已經反轉。真正有效的排列應該呈現高潮現象。換言之，兩支線形反轉排列應該儘可能包含下列現象：

- 先前必須要持續性走勢；走勢愈顯著愈好。
- 相較於先前線形，兩支線形的交易區間需要夠大（請參考圖7-7的頭部反轉例子）。
- 兩支線形的開盤價和收盤價，都應該位在線形端點附近。
- 兩支線形的成交量都很大，凸顯市場心理轉變的事實。

　　走勢圖7-6是2001年6月份黃金期貨發生在3月份的兩支線形底部反轉排列。一般來說，這種型態完成之後，應該會立即出現反向走勢。

　　目前這個例子，漲勢延遲一天，隨後先出現一支內側線形，更透露趨勢反轉的可能性。我發現，這種「雙重」型態經常代表特別有效的反轉訊號。

走勢圖7-6　2001年6月份黃金期貨的兩支線形反轉排列
　　　　　　（資料取自Pring Research）

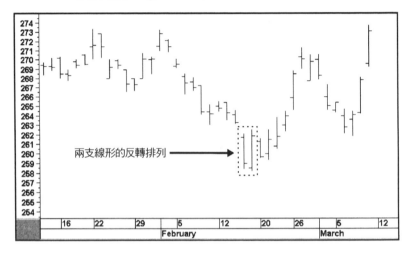

　　另外，請注意兩支線形排列的結構，第二支線形吃掉第一支
線形，所以第二支線形本身也是外側線形。我們知道，根據兩支
線形排列的定義，第二支線形沒有必要是外側線形，所以外側線
形可以更強化人氣反轉的事實。

　　如果想要尋找訊號有效的額外證據，那麼內側線形與外側線
形應該算得上。

　　走勢圖7-7是US Bancorp在2000年秋天的日線圖，其中包括兩
支線形的頭部反轉排列。請注意，排列過程的成交量很大，尤其
是第二支線形，更凸顯賣方取得優勢。

　　由一支或兩支線形構成的價格型態，影響時間通常很短暫；
所以，不適合運用於長期投資。可是，短線交易者如果想尋找明
確的進、出場點，這類排列非常重要。

走勢圖7-7　US Bancorp在2000年秋天的日線圖（資料取自Pring Research）

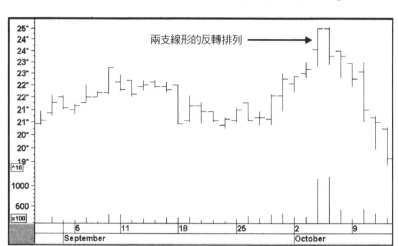

關鍵反轉線形

　　關鍵反轉線形（key reversal bar）是發生在延伸性漲勢或跌勢末端。關鍵反轉線形出現時，當時的趨勢會有明顯加速發展的現象。

　　這種排列具有下列性質：

- 開盤價繼續順著當時趨勢而大幅開高或開低。
- 相較於先前幾支線形，該線形價格涵蓋範圍很大。
- 價格逆著既有趨勢方向收盤，接近或超越前一支線形收盤。
- 成交量很大。

　　圖7-9說明關鍵反轉線形的特質。很多情況下，關鍵反轉線形發生之後，不久會有顯著的折返走勢（請參考圖7-10），尤其是最

初反轉如果很顯著的話，但折返走勢應該不會超越關鍵反轉線形
的端點。圖7-11顯示底部的關鍵反轉排列。

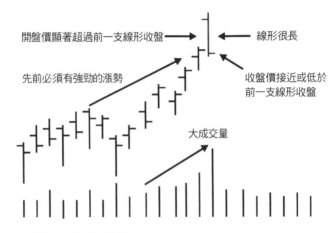

圖7-9　頭部的關鍵反轉線形

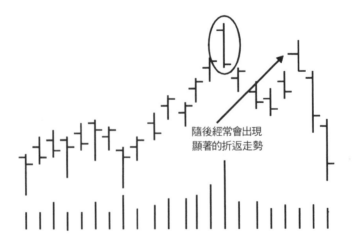

圖7-10　關鍵反轉線形與折返走勢

圖7-11　底部的關鍵反轉線形

　　走勢圖7-8顯示典型的關鍵反轉排列。1999年9月中旬展開的
一波快速漲勢，最終夾著大量呈現關鍵反轉線形。關鍵反轉排列
發生之後，趨勢通常會立即反轉，但幾支線形之後，往往還有折
返走勢。就目前這個例子來說，折返走勢由四支線形構成，最後
是以外側線形告一段落。此處討論的單一線形或兩支線形的反轉
排列，通常雖然只有短期影響力，但經常也代表著主要趨勢反轉
的第一張骨牌。當然，這還要取決於既有趨勢發展的成熟程度，
還有其他技術指標的表現。

　　走勢圖7-8的第二個關鍵反轉排列也不錯，當天爆出大量，線
形很長。可是，排列發生之前，並沒有顯著的價格漲勢；所以，
這個排列不若第一個案例。

　　走勢圖7-9顯示美林股價在1998年形成的底部。請注意，底部
的最低點呈現關鍵反轉線形，成交量相當大。關鍵反轉排列發生

走勢圖7-8　Barrick Gold,1999-2000。關鍵反轉
　　　　（資料取自Pring Research）

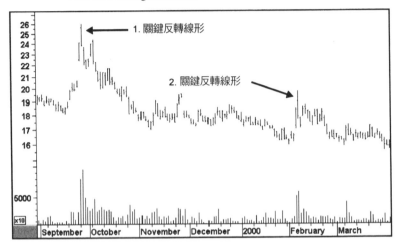

走勢圖7-9　美林證券1998的關鍵反轉
　　　　（資料取自Pring Research）

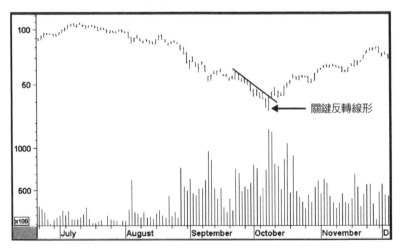

當時，可以繪製一條下降趨勢線，隔天價格向上突破，這可以確
認關鍵反轉的訊號。

　　走勢圖7-10是S&P的5分鐘走勢圖，所標示案例幾乎完全符合
關鍵反轉排列的條件，唯有開盤價僅稍高於前一天收盤。雖說如
此，這支線形也清楚顯示既有趨勢放盡力氣了。我們看到，這支
線形的開盤價雖然不夠高，但盤中價格一度顯著走高，最終卻以
最低價收盤。

走勢圖7-10　S＆P綜合股價指數5分鐘走勢圖
　　　　　（資料取自Pring Research）

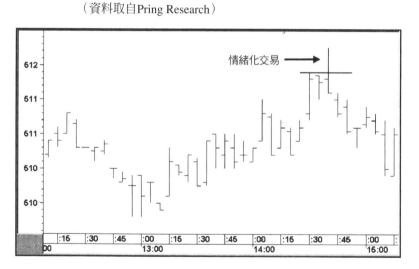

竭盡線形

　　竭盡線形（exhaustion bars）發生在急遽走勢末端，屬於關鍵
反轉的特殊型態，但差異足以讓其自成一格。

竭盡線形具備下列條件：

- 順著既有趨勢方向大幅跳空開盤。
- 相較於先前線形，該線形的交易區間很長。
- 頭部排列的開盤價位在線形上半部，底部排列開盤價位在線形下半部。
- 頭部排列的收盤價位必須低於開盤價，而且位在線形下半部，底部排列的收盤價位必須高於開盤價，而且位在線形上半部。
- 線形完成之後，與前一支線形之間存在跳空缺口。

圖7-12與7-13分別顯示底部和頭部的竭盡線形。請注意，竭盡線形與先前的線形之間存在跳空缺口，但與隨後線形之間並沒有跳空缺口，這點與單支島狀反轉線形不同。圖7-14顯示單支島狀反轉線形。

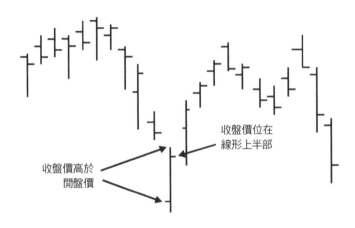

收盤價位在
線形上半部

收盤價高於
開盤價

圖7-12　底部的情緒化線形

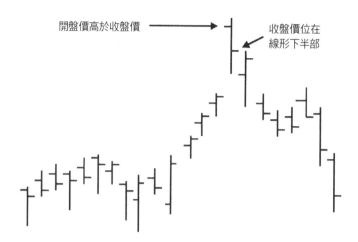

圖7-13　頭部的情緒化線形

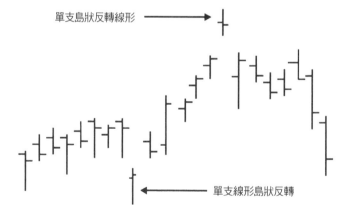

圖7-14　單支島狀反轉線形

　　線形開盤價大幅跳空，繼續延伸既有的顯著趨勢，但最終卻朝相反方向收盤，透露多空氣勢急遽反轉。跳空開盤和長線形，顯示反轉走勢的劇烈程度。

　　走勢圖7-11是Kellwood日線圖上顯示的案例，隨後出現10天
的漲勢，說明了這類單一或兩支線形排列對於短期走勢的影響。

走勢圖7-11　Kellwood日線圖2001年。**竭盡線形**（資料取自Pring Research）

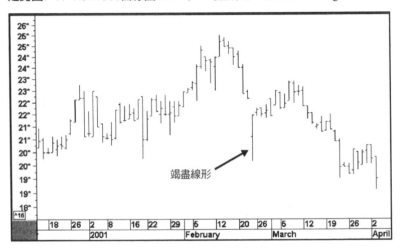

走勢圖7-12　Warnaco日線圖。**竭盡線形**（資料取自Pring Research）

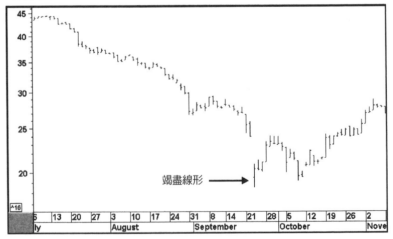

走勢圖7-13　NYSE綜合股價指數5分鐘走勢圖。1997年。竭盡線形
　　　　　（資料取自Pring Research）

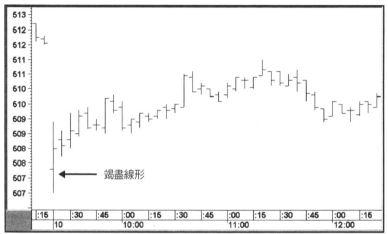

走勢圖7-12的竭盡線形代表眞正的底部。請注意，10月中旬，當價格跌勢重新測試先前竭盡線形的底部時，出現了內側日排列。每天開盤時，盤中走勢圖經常出現跳空缺口，主要是反應隔夜醞釀的人氣變動。所以，竭盡線形比較經常發生在盤中走勢圖。走勢圖7-13顯示NYSE指數的竭盡線形，隨後緊跟著出現內側線形，更確認了底部反轉訊號。

小木偶線形

竭盡線形的前半段，隨後可能演變爲性質全然不同的排列。我稱此爲「小木偶線形」（Pinocchio bars，或皮諾丘線形），因爲這種排列剛開始會試著欺騙我們。這種線形有一大部分的交易區

間，是反映先前趨勢的突破。可是，小木偶的鼻子會愈來愈長，再也不能掩飾其真正意圖。對於下降走勢的小木偶線形來說，高於開盤、收盤的盤中價格部分，代表長鼻子，顯示該線形最終可能是假突破。圖7-15和7-16各有一個發生在下降走勢的例子，盤中價格雖然穿越趨勢線，但價格最終沒有辦法收在趨勢線之上，透露了氣力放盡的徵兆。

走勢圖7-14和7-15顯示小木偶線形的實際案例。第一個案例是交易區間的假突破，收盤價確認突破無效。第二個例子是向下的假突破。如同多數假突破的情況一樣，價格最終朝假突破的相反方向發展。

關於這類「氣力放盡」的走勢，排列端點經常是重要的支撐或壓力，所以停損可以設定在小木偶線形的端點，但前提當然是風險-報酬關係必須合理。

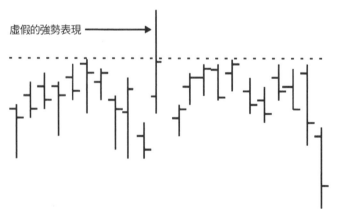

虛假的強勢表現

圖7-15 小木偶線形

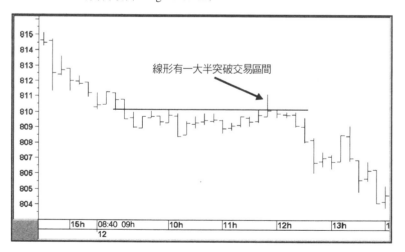

圖7-16　小木偶線形與下降趨勢線

走勢圖7-14　S&P綜合股價指數10分鐘走勢圖1997年，小木偶線形
　　　　　　（資料取自Pring Research）

走勢圖7-15　S&P綜合股價指數10分鐘走勢圖1997年，小木偶線形
（資料取自Pring Research）

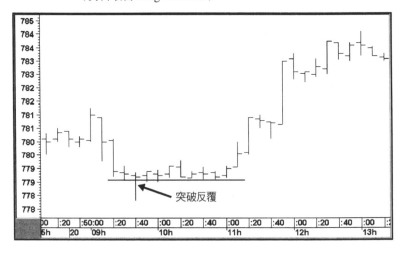

彙總

- 顯示既有趨勢氣力放盡的單一或兩支線形排列，代表變動的訊號，通常會導致趨勢反轉。

- 這類排列必須發生在一段顯著走勢之後；換言之，反轉必須有反轉的對象。

- 趨勢反轉只有短期的重要性。至於「短期」的期間長度究竟如何，則取決於線形的時間架構。日線圖或週線圖上的反轉排列，重要程度顯然超過10分鐘走勢圖。

- 反轉線形具備的條件愈充分，訊號愈明確。

　　隨意瀏覽價格走勢圖，不難發現價格經常呈現趨勢發展。上升走勢不斷墊高的底部，經常可以經由一條直線銜接；同樣地，下降走勢不斷下滑的頭部，經常可以透過一條直線銜接。這些直線稱為「趨勢線」（trendline），結構雖然簡單，卻是技術分析的重要工具，請參考圖8-1的 (a) 和 (b)。

(a)　　　　　　　　　　(b)

圖8-1 上升和下降趨勢線

如何繪製趨勢線？

　　趨勢線銜接兩個或以上的峰位或谷底；憑空繪製的趨勢線，沒有意義。我經常看到人們繪製的趨勢線，只接觸到一個轉折

點，例如圖8-2的情況。當我們繪製或解釋趨勢線時，務必要瞭解
趨勢線所代表的是根本趨勢。直線如果只接觸到一個轉折點，就
不能稱為趨勢線。

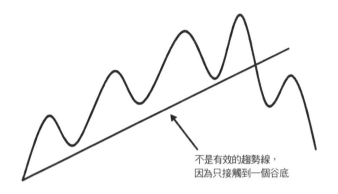

不是有效的趨勢線，
因為只接觸到一個谷底

圖8-2　非趨勢線

　　理想的情況下，上升趨勢線應該銜接最後低點與第一個底
部，請參考圖8-3的A-D線。就主要趨勢來說，這是銜接空頭市場
低點與第一個中期底部，反之亦然。由於第一個低點和最後底部
的價位很接近，所以趨勢線相當平坦。可是，由於漲勢相當顯
著，所以當價格跌破趨勢線的時候，峰位已經出現很久了。這種
情況下，最好重新繪製趨勢線，讓趨勢線變得更陡峭一些。請參
考圖8-3的B-C線，這似乎更能適當反映根本趨勢。下降趨勢線也
採用相同方法繪製。

主要技術原則：繪製趨勢線需要根據常識判斷，不要墨守成規。

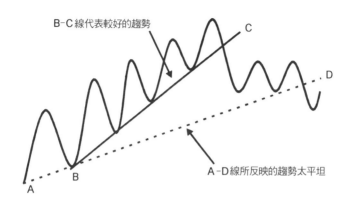

圖8-3　趨勢線常識

長條圖vs曲線圖的趨勢線

　　讀者或許已經注意到，先前各章的走勢圖，有些採用長條圖，有些則是只有收盤價的曲線圖。因此，當我們繪製趨勢線或進行趨勢分析時，究竟應該採用哪種圖形呢？多數情況下，不論是峰位-谷底演變、價格型態完成、趨勢線突破……等方面的判斷，長條圖通常都可以更迅速提供訊號。可是，對於技術分析來說，為了爭取速度，通常都需要付出代價，此處的代價是「訊號反覆」。請注意，對於傳統的日線圖或週線圖，收盤價非常重要，因為收盤價代表人們願意帶回家的隔夜或隔週價格。所以，相較於開盤、最高或最低價，收盤價更為重要。

　　另外，整天的交易過程經常充斥著各種消息，所以盤中的最高價和最低價往往代表太多隨機成分。基於這個緣故，繪製趨勢線的時候，往往比較適合採用收盤價曲線圖；當然，情況未必始

終如此，根據長條圖繪製的趨勢線有時候可能更重要。總之，常識判斷優於技術成規。

趨勢線突破可能代表反轉或整理

　　某些價格趨勢可能朝橫向發展，所以趨勢線也可能呈現水平狀。頭肩排列的頸線，或矩形排列的上、下限，實際上也是趨勢線。這些水平狀趨勢線遭到突破時，也代表趨勢變動，就如同上升或下降趨勢線遭到突破一樣。事實上，水平趨勢線代表支撐（上升趨勢線）或壓力（下降趨勢線）。

　　矩形排列完成之後，有兩種可能的後續發展：(1)價格繼續朝原先的趨勢方向發展，(2)價格發展方向與原先趨勢相反。對於第(1)種狀況，矩形排列屬於連續型態；對於第(2)種狀況，矩形排列屬於反轉型態。同理，趨勢線遭到突破之後，既有（原先）趨勢可能繼續發展，也可能反轉為新趨勢。請參考圖8-4的(a)和(b)。

　　小圖 (a) 的趨勢線，是銜接一系列持續墊高的谷底，這條上升趨勢線最終被向下突破。就這份圖形觀察，第4個峰位是多頭市場的最高價，價格跌破趨勢線之後，進入空頭市場。請參考8-4的(b)，當價格跌破趨勢線的時候，情況與小圖(a)相同，但隨後發展卻大異其趣，因為價格跌破趨勢線，只代表價格將繼續依循較緩和步調上漲（虛線繪製的趨勢線），根本方向並沒有改變。

> **主要技術原則**：一般來說，趨勢線愈陡峭，遭到突破之後，趨勢持續發展的可能性愈高。

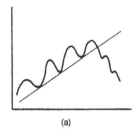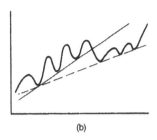

圖8-4　突破之後的趨勢反轉與趨勢連續

　　不幸地，當價格突破趨勢線的時候，我們無法預知後續發展
將如何。雖說如此，但我們可以藉由其他技術指標，協助評估整
體市場當時的技術架構（參考本書下冊第II篇～第IV篇的相關討
論）。第5章討論的技巧，在這方面也有幫助。舉例來說，上升趨
勢線遭到突破的時候，當時可能剛好有某種反轉型態完成，請參
考圖8-5與走勢圖8-1。對於圖8-5的(a)來說，上升趨勢線銜接一
系列不斷墊高的谷底，最後三波浪走勢構成頭肩頂型態。小圖
(b)和(c)分別代表矩形和擴散頂排列。

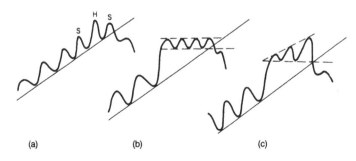

圖8-5　趨勢線與頭部反轉型態同時遭到突破

走勢圖8-1 Invesco Energy Fund，趨勢線與價格型態同時遭到突破。這份圖形包含兩個案例，兩者的趨勢線遭到突破時，當時都剛好有某種價格型態完成。1990年底，當價格跌破上升趨勢線之後不久，直角擴張排列也告完成。同樣地，1993年初，當價格突破下降趨勢線之後，頭肩底排列也隨之完成。（資料取自Pring Research）

圖8-6是由下降趨勢線的角度，解釋類似的現象。如果趨勢線突破發生在反轉型態完成當時或完成之後，兩者的效果可以互相強化。可是，某些情況下，例如圖8-7顯示的例子，趨勢線突破是發生在價格型態完成之前。

若是如此，趨勢線突破應該被視為既有趨勢中斷，而不是趨勢反轉，因為既有趨勢必須假定繼續存在，直到有足夠證據顯示趨勢反轉為止。

對於圖8-7而言，唯有當價格型態完成，才確認趨勢反轉。上升趨勢發展過程，如果價格跌破先前的谷底，可以確認趨勢向下

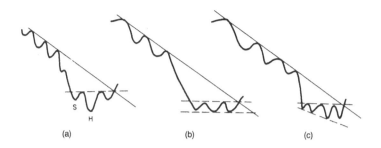

圖8-6 趨勢線與底部反轉型態同時遭到突破

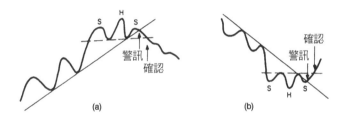

圖8-7 頭部和底部的價格型態突破遞延

反轉，請參考圖8-7(a)。圖8-7(b)顯示下降趨勢的相同情況。另外，價格跌破趨勢線的重要性，也可以根據當時的成交量變化做判斷，相關討論請參考第5、6、7與22章。

　　舉例來說，假定漲勢呈現一系列不斷墊高的峰位和谷底，但成交量持續萎縮（換言之，價漲量縮），這顯示當時的價格漲勢已經喪失動能。趨勢線如果是在這種情況下遭到跌破，效力當然大於「價漲量增」的對應情況。請注意，價格跌破趨勢線雖然未必需要夾著大量，但大量突破更能凸顯空頭氣勢，因為這代表供需變化明顯有利於賣方。

延伸趨勢線

趨勢線一旦遭到突破之後，有些人就忘了該趨勢線，認為該趨勢線再也不重要了。這種觀念是錯誤的，延伸趨勢線的重要性，可能不下於先前遭到突破的趨勢線。

> **主要技術原則**：延伸趨勢線提供的支撐／壓力功能翻轉。

價格型態突破之後，經常會有折返的走勢；當趨勢線遭到突破之後，往往也會發生類似的走勢，稱為「拉回」（throwback）。請參考圖 8-8(a)，上升趨勢線遭到跌破之後，改變其原先提供的支撐功能，對於後續走勢來說，該趨勢線代表上檔壓力。圖8-8(b)顯示下降趨勢線被穿越的對應情況。

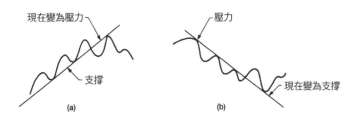

圖8-8　頭部和底部的延伸趨勢線

走勢圖8-2顯示MSCI東歐股價指數的走勢，原本的上升趨勢線遭到跌破之後，成為後續走勢的上檔壓力，兩度壓回漲勢。

走勢圖8-3顯示的情況也相仿，原本的下降趨勢線，在2000年5月底遭到突破之後，就成為後續走勢的下檔支撐；後者在7月底被跌破之後，又轉為後續走勢的上檔壓力。

走勢圖8-2　MSCI東歐股價指數，延伸趨勢線的重要性
　　　　　　（資料取自www.pring.com）

走勢圖8-3　歐元外匯走勢圖的支撐／壓力（資料取自www.pring.com）

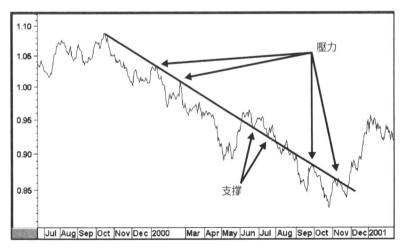

對數刻度vs算術刻度

　　本書第5章曾經討論價格走勢圖，採用對數刻度座標和算術刻度座標的差異。有關趨勢線分析，價格座標刻度單位的選擇很重要，關係著判斷的精確性和時效性，因爲在主要趨勢即將結束之前，價格通常會加速發展；換言之，在多頭或空頭行情的末端，每單位時間上漲或下跌的點數都會有增加的趨勢，請參考圖8-9(a)和(b)。多頭行情剛發動的時候，價格上升速度相對緩和，然後速度逐漸加快，到了最後峰位附近，走勢會變得相當陡峭。

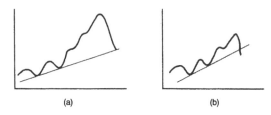

(a)　　　　　　　　　　(b)

圖8-9 頭部走勢突破趨勢線：對數vs算術刻度

　　走勢圖8-4顯示Athens General在1999年底的爆發性走勢；當時，如果價格座標採用算術刻度，走勢將顯著偏離趨勢線，所以價格要下跌很長一段距離，才會跌破趨勢線。相較之下，如果價格座標採用對數刻度，趨勢線跌破的時間會提早（請參考圖形的箭頭標示）。另外，請注意走勢圖的最右端：價格向上突破算術刻度趨勢線，但沒有突破對數刻度趨勢線。

　　一般來說，採用對數刻度的趨勢線突破分析，精準度高於算術刻度。

走勢圖8-4　Athens General，對數刻度和算術刻度的差別
（資料取自www.pring.com）

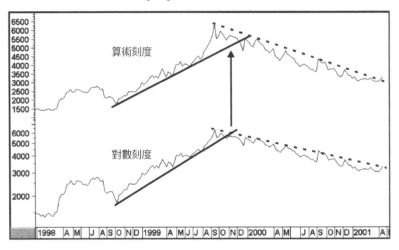

趨勢線的重要性

趨勢線突破可能代表趨勢反轉，也可能代表既有趨勢發展的
步調減緩。我們雖然未必絕對能夠判斷後續發展必定如何，但還
是應該瞭解趨勢線突破所代表的重要性；以下討論將有助於這方
面的評估。

趨勢線長度

趨勢線涵蓋期間的長度，其重要性和型態排列涵蓋長度一
樣。如果既有趨勢線涵蓋的價格上升走勢只有3、4個星期，則該
趨勢線突破的重要性不大。反之，如果趨勢線涵蓋的價格趨勢發
展期間長達1～3年，則突破的意義就很重大了。

趨勢線銜接的重要轉折個數

　　趨勢線的可靠性，可以藉由其銜接點數來反映；換言之，趨勢線銜接的點數愈多，該趨勢線愈重要。這是因為趨勢線代表的是支撐／壓力的重要區域，所銜接的點數愈多，代表相關支撐／壓力接受「測試」的次數愈多，當然也就愈能代表根本趨勢。

趨勢線傾斜的角度

　　趨勢線愈陡峭，愈難以維持，即使是橫向走勢也可能造成突破，請參考圖8-10。所有的趨勢線最終都會被突破，但趨勢線愈陡峭，愈容易被突破。陡峭趨勢線被突破時，重要性往往不如平坦的趨勢線，因為前者往往只代表短期修正走勢，趨勢方向仍然不變，只是發展步調變得更緩和一些。原則上，陡峭趨勢線的突破，更可能屬於連續走勢，而非趨勢反轉。

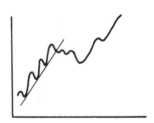

圖8-10　陡峭的趨勢線

衡量意涵

　　如同價格型態一樣，趨勢線突破之後，也可以衡量目標價位。請參考圖8-11。當趨勢線被突破之後，計算上升趨勢價格峰

位A_1到趨勢線之間的垂直距離,然後由趨勢線突破點A_2向下衡量相同距離。

　　「目標價位」一詞很容易造成誤解。唯有當趨勢線突破代表趨勢反轉的時候,才有所謂的目標價格。另外,反轉走勢實際能夠到達的價位,通常會超過衡量目標(價格型態完成的目標衡量也是如此),所以目標價位只代表最低預期。請參考圖8-12,當價格顯著穿越衡量目標之後,衡量目標往往成為後續漲勢的上檔壓力。圖8-13說明向上突破的情況,目標價位一旦完成之後,往往成為後續走勢的下檔支撐。

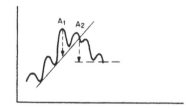

圖 8-11　趨勢線衡量意涵

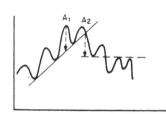

圖8-12　向下突破的衡量目標

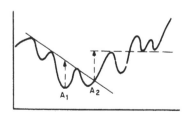

圖8-13　向上突破的衡量目標

　　一般來說，這些目標價位都代表重要的壓力或支撐水準。不幸地，我們無法預先判斷在這些區域所發生的實際轉折點將是漲勢或跌勢。這凸顯出我們先前所做的評論：沒有可靠方法可以判定價格走勢持續的期間。我們只可以猜測價格在某特定區域發生重要轉折的可能性。

扇形理論

　　行情剛步入主要多頭市場，最初的中期漲勢往往很凌厲，上漲速度快而不能持久。這是因為最初漲勢代表長期下跌之後的第一波上漲，其中蘊含著技術性調整（譬如：空頭回補）。所以，由多頭市場的起漲點，銜接到第1波中期折返走勢低點的趨勢線，傾斜程度往往過於陡峭，很容易跌破。

　　請參考圖8-14，第一條趨勢線是以AA表示。然後，根據第2波中期折返走勢的低點，可以再繪製一條斜率較平坦的新趨勢線AB。重複上述程序，可以再繪製第3條趨勢線AC。這3條趨勢線，稱為扇形線（fan lines）。根據「扇形理論」（fan principle），當第3條趨勢線遭到跌破時，就可確認多頭市場已經結束。

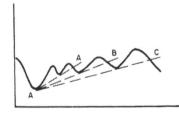

圖8-14　修正的扇形原則

　　由某個角度來說，這3條趨勢線對應的是多頭市場或空頭市場的3個階段（請參考第3章的說明）。扇形理論也適用於空頭行情，而且也可以根據短期走勢的扇形線，判斷中期走勢的結束。

趨勢通道

　　截至目前為止，我們所繪製趨勢線都是銜接上漲走勢的底部或下跌走勢的頭部。除此之外，我們還可以繪製跟這些「基本」趨勢線相互平行的折返趨勢線（return trendline），請參考圖8-15。上升趨勢發展過程，折返趨勢線是銜接價格走勢峰位的直線，請參考圖8-15(a)的AA；同理，下降趨勢發展過程，折返趨勢線是銜接價格走勢谷底的直線，請參考圖8-15(c)的BB。兩條趨勢線所夾的區間，稱為趨勢通道（trend channel），圖8-15(b)的例子是水平狀的趨勢通道。

　　我們可以從兩個角度運用折返趨勢線。第一，它代表上升趨勢的壓力，或下降趨勢的支撐。第二，也是比較重要的運用，當

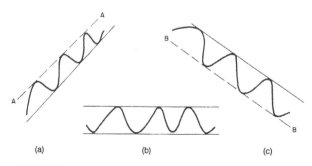

(a)　　　　　　　(b)　　　　　　(c)

圖8-15　趨勢通道

價格突破折返趨勢線，代表兩種可能發展，一是價格趨勢將變得更陡峭，另一是基本趨勢可能反轉，至少是暫時反轉。

請參考圖8-16的(a)，價格突破折返趨勢線，代表價格趨勢開始加速。圖8-16(b)代表向下突破的相同概念。對於小圖(a)，趨勢通道實際上是上升矩形排列，價格穿越折返趨勢線，等於是價格突破矩形上限。

另一方面，如果趨勢通道很陡峭，譬如圖8-17(a)的例子，價格突破折返趨勢線，代表漲勢竭盡的走勢。等到價格無法繼續維持在折返趨勢線之上，即代表趨勢反轉的訊號。如果成交量配合放大，情況更是如此。

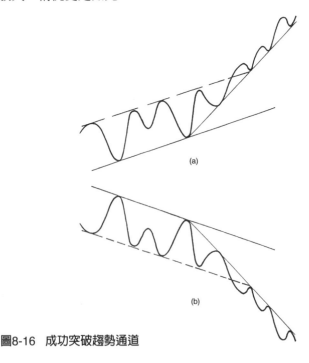

(a)

(b)

圖8-16　成功突破趨勢通道

　　這就如同人們在鋸一段很粗的木材。剛開始的時候，會小心
慢慢地鋸；過了一陣子，他發現這可能要花上一些時間，於是變
得不耐煩，開始加快速度。最後，經過一陣子加速之後，終於耗
盡力氣，需要稍做休息。圖8-17(b)顯示下降趨勢的竭盡走勢。就
這個例子來說，成交量在價格低點放大，代表賣壓高潮。一般來
說，趨勢通道愈陡峭，突破折返趨勢線愈可能演變為竭盡走勢。

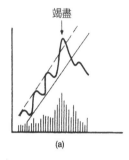
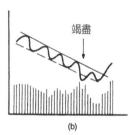

圖8-17　竭盡假突破（反覆）

竭盡走勢

　　既有趨勢經過短暫休息，往往意味著可以走更長遠的路；價
格型態的反覆假突破也應該如此看待。這方面考量或許會讓趨勢
線繪製陷入兩難。請參考圖8-18，下降趨勢線AB出現一個向上的
假突破。碰到這種情況，我們是否應該放棄原來的趨勢線AB，重
新根據假突破的高點繪製另一條趨勢線？這基本上應該取決於常
識判斷。

　　乍看之下，我們似乎應該運用最新的資料繪製趨勢線，但普

> **主要技術原則**：當價格暫時突破上升或下降趨勢線，但不能有效守住突破，代表該突破是竭盡假突破。

通常識卻建議原有的**趨勢線**更能代表根本**趨勢**。假突破發生當時，AB趨勢線是銜接4個點；如果我們根據假突破高點繪製AC趨勢線，只能銜接2個點。由某個角度來看，假突破沒有辦法守住，反而確認了原來趨勢線的效力。

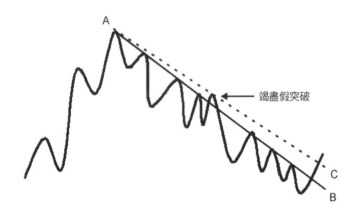

圖8-18 下降趨勢的竭盡假突破

彙總

- 趨勢線可能是最容易瞭解的技術分析工具，但需要經過許多練習和實驗，才能真正精通。

- 趨勢線突破可能代表既有趨勢反轉，但也可能只代表趨勢暫時停頓。判斷上必須參考其他技術分析證據，請參考走勢圖8-5。

- 趨勢線的重要程度，取決於其所涵蓋期間長度、所銜接的點數，以及上升或下降的角度。
- 一條理想的趨勢線，可以有效反應根本趨勢，透露重要的支撐和壓力水準。
- 趨勢線的延伸，是一種不可忽略的重要概念，請參考走勢圖 8-6。
- 竭盡假突破經常有不錯的預測功能。

走勢圖8-5 價值線綜合股價指數，1989～1990。這個例子顯示趨勢線突破和價格型態完成彼此確認。此處顯示的價格型態，是趨勢線稍微向上傾斜的擴散排列。事實上，這個排列並不完全符合擴散排列的定義，不論是直角或正統擴散型態，但影響還是相同的。（資料取自www.pring.com）

走勢圖8-6　　S&P綜合股價指數，1966～1989。這份走勢圖顯示竭盡假突破的案例。這條趨勢線銜接1974年低點和1978年高點，由1978年以來一直構成重要的壓力線。1987年，價格一度向上假突破，但其突破失敗緊跟著發生了大崩盤。當然，不是所有的竭盡假突破都會導致如此重大的後果，但其潛在警訊畢竟不該忽略。（資料取自www.pring.com）

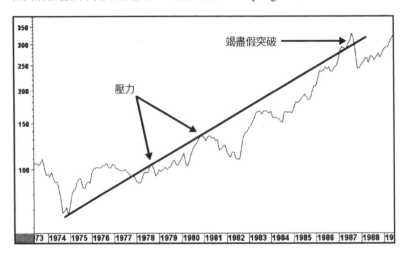

第9章　移動平均

　　股票價格波動往往很劇烈，很難掌握其趨勢。解決這個問題的方法之一，就是採用移動平均（moving average，簡稱MA）。移動平均可以緩和股價波動，減少異常的扭曲，藉由平滑化曲線反映價格的根本趨勢。移動平均有三種常見的類型：簡單（simple）移動平均、加權（weighted）移動平均和指數（exponential）移動平均。這些移動平均的結構與運用各自不同，我們將分別討論。

簡單移動平均

　　簡單移動平均是運用最普遍的類型，先加總一組資料的總和，再除以該資料的項數，如此得到的數據稱為「平均數」（average或mean average）。所謂「移動」（moving），是每加入一個新的資料，就剔除原先第一個資料。新的總和再除以資料的項數，並持續重複整個程序。

　　表9-1說明10週移動平均的計算程序。3月12日，截至當週為止的10週總和為966，把966除以項數10，結果是96.6。到了3月19日，加入該週的新資料90，剔除原先最早的資料101（1月8日），

當時的10週總和為955，除以10，結果是95.5。假定希望計算13週
移動平均，則需要加總13週的資料，再除以13。整個計算過程不
斷重複，使平均值得以「移動」。走勢圖9-1上側圖形的虛線部
分，即是13週移動平均。MA（移動平均）上升代表力量轉強，下
降代表力量轉弱。

對於走勢圖9-1，比較價格指數與其移動平均將發現，移動平
均的峰位和谷底都發生在價格指數對應的峰位和谷底之後，所
以移動平均在時間上有「落後」的現象。這是因為移動平均是
繪製在第13週位置，雖然該平均數應該標示在13週期間的中點
（換言之，第7週）。所以，移動平均如果想正確反映根本趨勢，最
近計算的移動平均應該繪製在期間的中點，請參考走勢圖9-1下側
圖形。

如果移動平均採用置中的繪圖方法，則需要在等6週才知道當
時的移動平均，這也是為何走勢圖9-1末端留白6週資料的原因。

表9-1 簡單移動平均相關計算

日期		指數	10週總和	MA
1月	8	101		
	15	100		
	22	103		
	29	99		
2月	5	96		
	12	99		
	19	95		
	26	91		
3月	5	93		
	12	89	966	96.6
	19	90	955	95.5
	26	95	950	95.0
4月	2	103	950	95.0

走勢圖9-1 現貨小麥移動平均：置中vs非置中（資料取自www.pring.com）

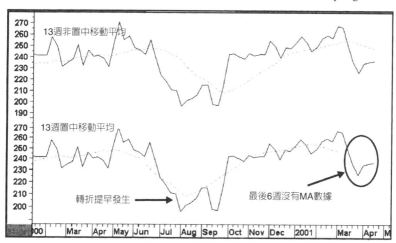

　　如果分析對象是經濟資料的時間序列，這類的時間落後雖然有所妨礙，但還不算太嚴重。可是，金融市場價格瞬息萬變，時間就是一切，訊號的時間落後會造成獲利潛能嚴重損失。所以，為了判斷趨勢反轉，技術分析者認為，移動平均還是應該標示在最近資料發生的位置（換言之，採用走勢圖9-1上側的移動平均）。

　　辨識價格趨勢變動時，是觀察價格穿越移動平均為訊號。價格由上往下貫穿移動平均，代表行情由漲勢轉變為跌勢；反之，價格由下往上穿越移動平均，代表多頭訊號。由於移動平均提供的買賣訊號明確，可以協助消除趨勢線繪製和解釋上的主觀判斷問題。

主要技術原則：價格趨勢變動是根據價格穿越MA做判斷，不是根據MA本身的方向改變。

　　移動平均穿越訊號，效果通常很好，是技術分析最可靠的工具之一。訊號的精確程度，基本上取決於如何選擇移動平均，以及證券價格波動程度，這方面問題將於下文詳細討論。移動平均長度也會影響訊號精確程度。大體上來說，移動平均期間愈長，訊號愈可靠。所以，盤中走勢圖的移動平均訊號，可靠性將不如月線圖的對等訊號。現在，讓我們看看移動平均的一些性質。

簡單移動平均的性質

　　此處討論雖然是以簡單移動平均為準，但相關原理也同樣適用於稍後討論的加權移動平均和指數移動平均。移動平均解釋上的重要技術原理如下：

1. **移動平均是一種經過平滑化的趨勢，均線本身便代表支撐與壓力。**上升趨勢發展過程，價格折返走勢經常在移動平均獲得支撐。同理，下降趨勢發展過程，反彈走勢經常在移動平均遭逢壓力。移動平均做為支撐／壓力而接受測試的次數愈多，當價格穿越趨勢線時，其代表的意義也愈重要。

2. **所挑選的移動平均，應該充分反映價格根本趨勢；所以，當移動平均被穿越時，即代表趨勢反轉的警訊。**如果移動平均本身趨於平坦、或已經改變方向，則價格穿越移動平均可以視為趨勢反轉的明顯徵兆。

3. **如果移動平均仍然明顯順著既有趨勢方向發展，價格穿越只能視為趨勢反轉的初步警訊。**進一步確認應該等待移動平均趨於平坦或改變方向，或藉由其他技術指標做判斷。

價格大角度穿越移動平均，其代表的意義，就如同陡峭的
趨勢線遭到穿越一樣。

4. **原則上，移動平均涵蓋的期間愈長，穿越所代表的意義愈
重要**。舉例來說，18個月期移動平均的穿越訊號，其重要
性當然超過30天期移動平均穿越。

5. **移動平均的方向反轉，訊號可靠性通常高於移動平均穿越**。
如果移動平均方向改變發生在市場轉折點，代表非常明確
的訊號。可是，多數情況下，均線反轉會發生在新趨勢開
始之後，所以只適用於確認。

總之，移動平均可以被視爲是「移動的趨勢線」，就如同普通
趨勢線一樣，其重要性取決於長度（涵蓋期間）、遭到觸及的次
數，以及上升或下降的角度。

何謂有效的穿越？

「穿越」是指價格貫穿移動平均。隨意瀏覽那些顯示移動平均
訊號的價格走勢圖，我們不難察覺許多反覆訊號或錯誤訊號。我
們如何判斷有效的穿越訊號呢？不幸地，沒有任何方法絕對可
靠。事實上，很多反覆訊號是無法排除的；所以，這是我們必須
面對的現實。可是，我們還是可以運用過濾技巧來排除某些錯誤
的穿越訊號。這些過濾方法取決於時間長度和個人經驗。

舉例來說，我們可以決定只接受3％或以上的移動平均穿越訊
號；換言之，穿越程度如果不滿移動平均的3％，就忽略該訊號。
這種情況下，如果採用40週移動平均，3％穿越可能代表整波段走
勢的15～20％，所以還算得上是可接受的過濾方法，請參考走勢

圖9-2。可是，相同過濾方法如果運用於10天移動平均，則3％穿越可能就代表整波段的價格走勢了，顯然毫無意義。

　　某些分析者認為，移動平均穿越訊號經常在短時間內反覆，所以相關訊號的判定，至少應該等待一單位期間以上。換言之，就日線圖上的移動平均穿越訊號來說，應該要等到第2天或第3天再做判斷。所以，關於穿越訊號的判斷，比較合理的辦法，應該是綜合採用期間和穿越百分率。

> **主要技術原則**：移動平均穿越訊號產生時，如果趨勢線也剛好突破或價格型態剛好完成，這些訊號可以相互強化，減少進一步過濾的必要性。

走勢圖9-2　Eurotop指數40週移動平均與3％帶狀。這份圖形顯示泛歐藍籌股指數走勢圖，以及40週移動平均（虛線）。請注意，虛線上、下的實線，代表移動平均±3％的帶狀；所以，價格只要穿越到帶狀外緣界線，即代表交易訊號。（資料取自www.pring.com）

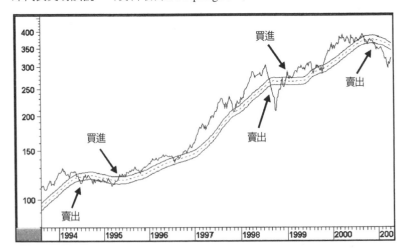

　　請參考走勢圖9-3的費城黃金／白銀類股指數。請注意1994年
8月下旬的情況，價格先向上穿越移動平均，緊跟著又突破下降趨
勢線。另外，10月上旬，價格先跌破移動平均，然後跌破頭肩頂
排列的頸線。走勢圖9-4顯示價格大約同時向上突破移動平均和下
降趨勢線。

　　移動平均通常是根據收盤價計算。相較於其他盤中價格，收
盤價比較可靠，因為這代表投資人願意持有部位過夜的價格，就
週線圖來說，收盤價代表持有部位至隔週的價格。盤中價格相對
容易受到人為操縱，也很容易受到新聞事件的情緒化扭曲。基於
這個緣故，我們在判定穿越訊號時，應該儘可能採用收盤價穿越
為準。如果當日沖銷交易想要採用移動平均穿越訊號，適合採用
盤中高價或低價計算移動平均。

走勢圖 9-3　費城黃金／白銀類股指數。1994年
　　　　（資料取自Martin Pring's Introduciton to Technical Analysis）

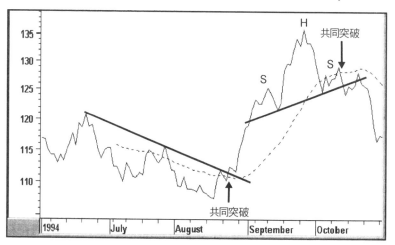

走勢圖9-4　Alberto Culver，價格同時穿越移動平均和趨勢線。 10月下旬，價格同時向上穿越50天移動平均與下降趨勢線；另外，突破過程的成交量顯著放大。（資料取自www.pring.com）

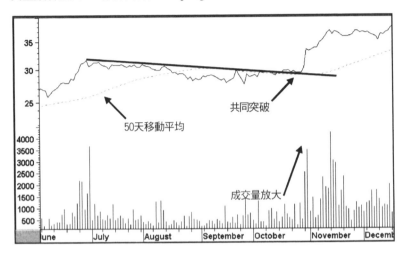

　　請參考走勢圖9-5，虛線部分即是盤中低價的25天移動平均，實線部分則是收盤價的25天移動平均。當盤中價格向下穿越前者，可以視為停損訊號，假訊號發生的機會遠少於使用收盤價移動平均。

選擇期間長度

　　移動平均可以採用任何期間長度，譬如：數天、數週、數個月或數年。對於移動平均來說，期間長度的選擇很重要。舉例來說，假定完整的多、空循環週期為4年。這種情況下，移動平均的計算期間長度如果超過48個月，將完全無法反映價格循環，因為48個以上的移動平均，會把整個期間的價格波動完全平滑化，呈

走勢圖 9-5　加拿大元與2條移動平均（資料取自www.pring.com）

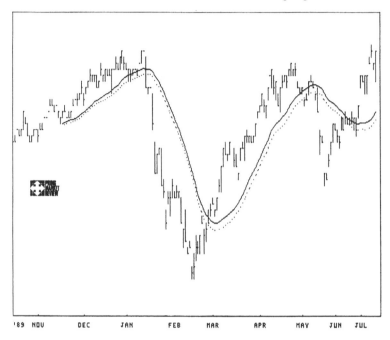

現一條近乎水平狀的直線，穿越價格資料的中心位置。反之，如果計算期間太短，譬如5天期移動平均，則會反映價格循環的每個小走勢，如此也無助於判斷整體循環的實際頭部和谷底。

　　即使把前述48個月期間縮短為24個月，或把5天延長為4週，我們發現（請參考圖9-1），24個月移動平均穿越訊號在趨勢變動的認定上，顯然嚴重落後實際價格反轉，4週移動平均則太過於敏感，不斷發出假訊號。所以，移動平均選擇的期間太長，會有時間落後的問題，期間如果設定得太短，則會有過於敏感的問題；想要在時間落後和太過敏感之間取得平衡，需要挑選適當期間長

度的移動平均來反映價格循環走勢，譬如說，圖9-1(b)的10週移動平均。究竟如何挑選移動平均的期間長度？基本上取決於我們想要觀察的市場趨勢。換言之，對象是短期、中期或長期趨勢。不同的市場，具有不同的性質，相同的市場，可能呈現不同的循環階段，所以沒有所謂完美的移動平均。

近年來，電腦科技進步神速，許多研究試圖尋找最佳化的移動平均長度。根據各方面的研究結果顯示，並不存在完美的期間長度。某特定期間內，適用於某市場的移動平均，不太可能適用於相同市場的未來行情或其他不同市場。當我們想要設定移動平均的期間長度時，實際上是想要尋找一種最適用於某特定時間架構——換言之，短期、中期或長期——的移動平均。

一般來說，長期移動平均比較不容易受到人為操縱或消息面隨機情緒的影響。因此，長期移動平均的測試結果往往最理想。

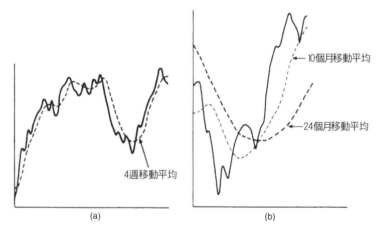

圖9-1 (a) 4週移動平均 (b)10個月vs.24個月移動平均

走勢圖9-6顯示40週移動平均。另外，研究資料也顯示，簡單移動平均的表現，通常優於加權或指數移動平均。在這些限制之下，表9-2建議一些移動平均的計算期間長度。

　　請記住，有關趨勢反轉的辨識，我們建議採用一整套的技術分析方法，移動平均只是其中一種工具而已。

簡單移動平均延後標示

　　移動平均延後標示是一種未被普遍運用的方法，相當具有發展潛力。就25天移動平均為例，該天均值並不標示在第25天，而

走勢圖9-6　S&P股價指數、日圓和MSCI世界股價指數走勢圖和40週移動平均。本圖顯示40週移動平均運用於3個不同市場的情況。雖然偶爾還是會出現穿越的假訊號，但這些訊號基本上還是蠻可靠的。請留意，40週移動平均始終具備支撐／壓力的性質。（資料取自www.pring.com）

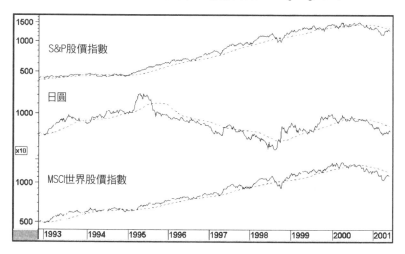

表9-2　時間架構建議

短期	中期	長期
10天	30天	200天/40週/9月*
15天	10週(50天)	45天†
20天	13週(65天)	
25天	20週	12月‡
30天	26週	18月
	200天	24月

* Willaim Gordon在《股票市場指標》一書內的建議，請參考《The Stock Market Indicators, Investors Press》, Palisades Park, N.J., 1968。

† Robort W. Colby與Thomas A. Meyers在《技術市場指標百科全書》提出的報告，顯示美國股票市場表現最佳移動平均的週線資料部分，請參考The Encyclopedia of Technical Market Indicators, Dow Jones-Irwin, Homewood, Ill., 1988。

‡ 同上，顯示美國股票市場表現最佳移動平均的月線資料部分。

是延後標示在第28天、第30天或其他位置。移動平均延後標示，其穿越訊號也隨之延後，如此可以過濾穿越的假訊號。

　　《股票市場獲利》（Profits in the Stock Market）一書中，作者蓋特利 [1]（H. M. Gartley）藉由1919～1933年期間的資料測試各種均線，該期間幾乎包含各種類型的行情市況。如果採用25天簡單移動平均穿越訊號，獲利為446點（道瓊工業指數），稍優於30天移動平均的433點，遠優於40天移動平均的316點和15天移動平均的216點。可是，如果把25天移動平均標示在第28天位置，穿越訊號的獲利可以由原來的446點提升為677點，增加231點。另外，30天移動平均如果延後天標示，獲利也可以由原來的433點提升為637點，增加204點。

1. 道瓊工業指數和3條移動平均。（H.M. Gartley's《Profits in the Stock Market》, Lambert Gann Publishing, Pomeroy, WA, 1981）

　　走勢圖9-7顯示蓋特利採用的3條移動平均。這些移動平均雖然是按照正常方式標示，但如果把移動平均延後3天標示，可以避開許多假訊號。把25天移動平均延後3天標示，雖然未必是最理想的方式，但這種延後標示的技巧，顯然是一種值得考慮的分析工

走勢圖9-7 道瓊工業指數與3條移動平均（資料取自H. M. Gartley's《Profits in the Stock Market》, Lambert Gann Publishing, Pomeroy, WA, 1981）

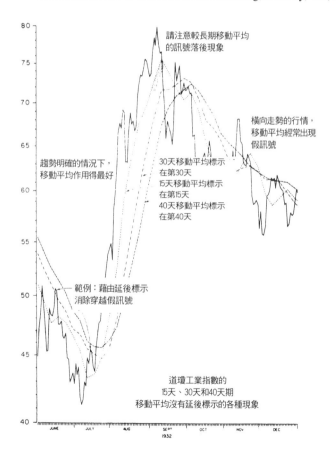

具。當然，我們沒有辦法根據邏輯推演最適當的延後標示時間，
嘗試錯誤或許是唯一的解決辦法。

有人建議 [2]，延後時間長度可以設定爲移動平均長度的平方
根，譬如說，36天移動平均的延後標示時間爲6天（36的平方根爲
6）。請參考走勢圖9-8的西班牙馬德里普通指數。

走勢圖9-8　馬德里普通指數與移動平均延後標示。此處顯示一般的50天移
動平均（虛線），還有該移動平均延後7天標示的情形（實線）。請注意，
延後標示的均線，可以過濾許多訊號反覆。這種處理方式雖然稱不上完
美，但當價格出現急遽走勢時，倒是一種值得參考的方法。（資料取自
www.pring.com）

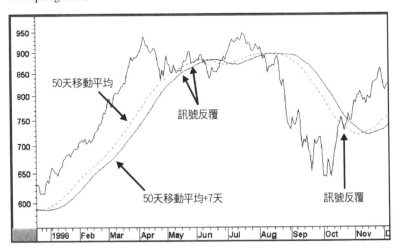

2. Arthur Skarew,《Techniques of a Professional comm.odity Chart Analyst》,
Commodity Research Bureau, New York. 1980.

簡單移動平均收斂

　　行情在爆發劇烈走勢之前，經常會先出現一段逐漸趨於狹幅整理的區間交易。事實上，價格波動減緩，代表買賣雙方雖然呈現巧妙的平衡，但力量不斷蓄積。這種平衡關係一旦被打破，所蓄積的動力便會爆發，展開大幅走勢。價格走勢圖如果同時繪製幾條移動平均，前述情況會讓數條均線產生彼此收斂的現象。走勢圖9-9顯示歐洲日圓現貨在2000年和2001年的市況，其中還包括3條移動平均。請注意，在2000年11月價格即將暴跌之前，移動平均曾經顯著收斂。這種現象顯示暴風雨前的寧靜，買賣雙方勢均力敵，往往是市場即將出現重大走勢的前兆。實際賣出訊號發生在價格跌破上升趨勢線。2001年2月又發生一次類似的收斂情況，不過25天移動平均沒有參與這次的「盛事」。

走勢圖 9-9　歐洲日圓現貨和3條移動平均（資料取自www.pring.com）

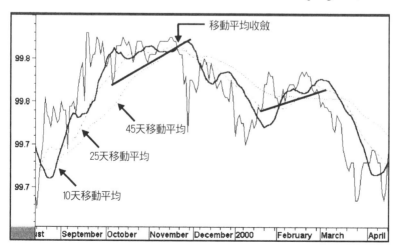

多條移動平均的系統

　　某些趨勢判斷技巧引用兩條或以上的移動平均，藉由移動平均彼此間的穿越做為買賣訊號。這種方法的優點，是價格資料經過2次平滑化，不只可以降低訊號反覆的發生頻率，且可以縮短訊號的時間落後程度，請參考走勢圖9-10。就股票市場的長期趨勢來說，10週和30週移動平均很適合採用這種方法。為了計算便利起見，此處採用每週收盤價計算，而不直接採用每天收盤價。

走勢圖9-10　MSCI世界股價指數與2條移動平均。這個例子顯示10週和30週移動平均穿越系統。1998年初和1999年底，10週均線曾經向下穿越30週均線，但當時的30週均線仍然向上發展，所以沒有顯示賣出訊號。1998年底的市況發展，充分透露這套系統的弱點，中期修正走勢幾乎在行情最低點引發賣出訊號。由於這個底部呈現V型反轉，所以移動平均穿越系統的買進訊號出現得相當遲。隨後，這套交易系統繼續持有多頭部位，直到2000年底最後峰位發生為止。（資料取自www.pring.com）

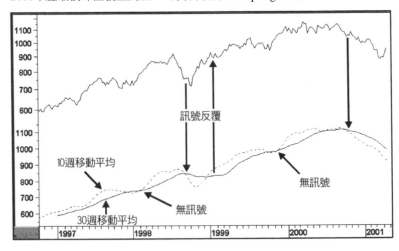

　　10週均線向下穿越30週均線，而且30週均線處於下降狀態，
這代表賣出訊號。同理，10週均線向上穿越30週均線，而且30週
均線處於上升狀態，這代表買進訊號。10週均線向上穿越下降之
中的30週均線，或10週均線向下貫穿上升之中的30週均線，兩者
都不代表有效的訊號。根據定義，移動平均穿越的有效訊號，是
發生在價格峰位或谷底之後，所以只可以用來確認趨勢變化，不
代表價格實際轉折點。

　　實際運用，移動平均應該配合其他技術指標。這是因為市場
價格偶爾會呈現長期的橫向盤整；碰到這種市況，移動平均提供
的訊號經常會有持續反覆的情形。走勢圖9-11顯示美元指數在
1995年，就曾經出現這類持續發生錯誤的穿越訊號。

走勢圖9-11 美元指數1995年走勢。
　　　（資料取自Martin Pring's Introduciton to Technical Analysis）

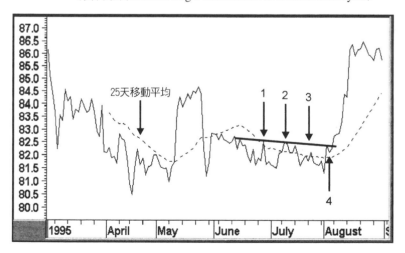

　　一般來說，在這類令人沮喪的橫向走勢之後，往往會出現大行情，後者提供的獲利潛能遠超過先前震盪走勢所造成的損失。

　　當我們發現行情明顯陷入橫向走勢，而不適合採用移動平均——可能要歷經2、3訊號反覆之後——最好不要再理會移動平均，把注意力擺在銜接峰位／谷底的趨勢線，藉由後者觀察買賣訊號，請參考走勢圖9-11和9-12的案例。

走勢圖9-12　Eurotop指數，1993～1995

加權移動平均

　　從統計學的觀點來看，唯有標示在資料期間中點的移動平均，才能正確反映趨勢，但這種處理方式，會使得交易訊號在時間上落後，我們稍早已經解釋其中的理由。解決這個問題的一種辦法，是加重近期資料的權值。按照這種方式計算，加權移動平

均的方向變動會快於簡單移動平均（簡單移動平均每個資料點的權值都相同）。

　　加權計算有很多不同處理方法，最常見者是把第1期資料乘以1，第2期資料乘以2，第3期資料乘以3，依此類推，直到最後一期。然後把所有乘積加總，前述加總和再除以權數的總和。對於6期資料來說，權數的總和為1＋2＋3＋4＋5＋6＝21；所以，6期資料的乘積總和，必須除以21，結果才是平均數。以10週的加權移動平均來說，權數總和是1＋2＋3＋4＋5＋6＋7＋8＋9＋10＝55。表9-3說明相關計算方法。另一種處理方式，是先計算簡單移動平均，但最近資料計算2次。

　　加權移動平均解釋上不同於簡單移動平均，由於這類均線比較敏感。趨勢反轉訊號是以均線方向變動為準，不採用穿越訊號。

指數移動平均

　　加權移動平均雖然有助於判斷趨勢反轉，但計算持續繁瑣，嚴重影響其實用性（除非採用電腦）。指數移動平均（exponential moving average，簡稱EMA）性質類似加權移動平均，但計算程序較簡單。為了計算20週EMA，需要先計算20週簡單移動平均；換言之，計算20週資料的加總，結果除以20。

　　請參考表9-4，20週簡單移動平均（假定數值為99.00）是計算EMA的起點，將其登錄在表9-4的第6欄，成為1月1日的EMA。隔週（1月8日，第21週），將當週收盤價100登錄在第1欄，前一週的EMA重複登錄到第2欄。第1欄減掉第2欄（100－99＝1），差值登

表9-3 加權移動平均計算

日期		指數 (1)	6 x 第1欄 (2)	5 x 第1欄 1週前 (3)	4 x 第1欄 2週前 (4)	3 x 第1欄 3週前 (5)	2 x 第1欄 4週前 (6)	1 x 第1欄 5週前 (7)	各欄加總 2-7	第8欄÷21 (9)
Jan.	8	101								
	15	100								
	22	103								
	29	99								
Feb.	5	96								
	12	99	594	480	396	309	200	101	2080	99.1
	19	95	570	495	384	297	206	100	2052	97.7
	26	91	546	475	396	288	198	103	2006	95.5
Mar.	5	93	558	455	380	297	192	99	1981	94.3
	12	89	534	465	364	285	198	96	1924	92.5

錄到第3欄。把3欄差值乘以第4欄指數（就20週移動平均來說，指數為0.1），乘積登錄在第5欄。第5欄數據加上前一週EMA，即是本週EMA，登錄在第6欄。往後各週的EMA也按照這種方式計算。就目前這個例子來說，第3欄差值乘以指數0.1，結果是0.1。加上前一週EMA99.00，所以本週的EMA為99.10（登錄在第6欄）。

如果第1欄數值小於第2欄數值（換言之，如果當週收盤價小於前一週EMA），則第3欄的差值為負值，往後計算也應該依此處理。指數移動平均的期間長度不同，所使用的指數也不同。表9-5列示正確的指數數值，其中顯示間單位是「週」。可是，對於任何20「期」的EMA，不論所謂「期」是天、週、月或年，指數都是0.1。

表9-4　EMA計算

日期	指數 (1)	前週的 EMA (2)	差值 第1欄－ 第2欄 (3)	指數 (4)	第3欄× 第4欄 (5)	第2欄+ 第5欄 EMA (6)
Jan. 1	. . .	. . .	. . .	. . .	. . .	99.00
8	100.00	99.00	1.00	0.1	+0.10	99.10
15	103.00	99.10	3.90	0.1	+0.39	99.49
22	102.00	99.49	2.51	0.1	+0.25	99.74
29	99.00	99.64	(0.64)	0.1	−0.06	99.68

表9-5　各種期間長度的指數數值

週數	指數
5	0.4
10	0.2
15	0.13
20	0.1
40	0.05
80	0.25

如果想使用的EMA長度沒有列示在表9-5，也很容易自行推算。舉例來說，5週EMA的敏感程度應該是10週EMA的2倍，所以5週指數0.4也應該是10週指數0.2的2倍。反之，20週EMA的敏感程度應該是10週EMA的一半，所以20週指數0.1也應該是10週指數0.2的一半。

對於某特定走勢來說，所使用的EMA如果太敏感，可以使用更長期的EMA，或者取EMA的EMA（譯按：把表9-4的第6欄數據當作價格資料，然後重新計算）。當然，這種取EMA的EMA程序，可以重複進行3次、4次或更多次，所得到的EMA也會愈來愈平滑，因此也愈來愈不敏感。請記住，所有的移動平均都是如此，如果希望移動平均更及時反映價格變動（更具時效性），移動平均也會變得更敏感（更容易產生訊號反覆）；反之，如果要降低移動平均的敏感性，也必須犧牲時效性。所以，我們使用的移動平均，必須在時效性與敏感性之間取得折衷。

根據定義，EMA的穿越與反轉會同時發生，因此所產生的買賣訊號與簡單移動平均穿越訊號相同。

在《技術市場指標百科全書》一書中 [3]，兩位作者以1968年到1987年的美國股票市場資料，測試1週～75週的每種EMA。結果，他們發現42週EMA的表現最理想，獲利為97＋點，但仍然不如45週簡單移動平均，後者的獲利為111＋點。走勢圖9-13顯示65週EMA。

※ 譯按：一般使用公式為：指數數值＝2/n，其中n是EMA期數。

3. Robert W. Colby and Thomas A. Meyers,《The Encyclopedia of technical Market Indicators》, Dow Jones-Irwin, Homewood, Ill., 1988.

走勢圖9-13　Albertson案例：**移動平均穿越與價格型態完成**。我個人很喜歡使用65週EMA。就這份走勢圖來看，頭肩頂排列完成於1999年底。請注意，EMA和頭肩頂頸線突破，幾乎是同時發生。這類現象可以強化突破的有效性。（資料取自www.pring.com）

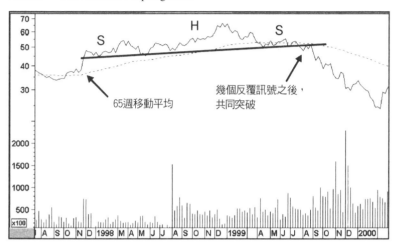

包絡

　　前文曾經談到，移動平均具有支撐／壓力的重要功能。就這方面來說，移動平均計算的期間愈長，重要性愈高。這種支撐／壓力概念可以進一步延伸，以移動平均為中心而在兩側繪製對稱的曲線，稱其為「包絡」（envelopes），請參考圖9-2。這種技巧事件夠在一種基本現象上：股價會在循環性趨勢的上下兩側做大致對稱的波動。因為移動平均本身代表趨勢，所以價格會在其上下兩側波動。我們可以把移動平均視為趨勢的中心，包絡便是由趨勢中心的最大和最小價格偏離構成。

關於包絡的設定，並沒有明確的方法，需要根據價格的波動
程度和移動平均時間長度做各種嘗試，甚至可以取2個或以上的包
絡，根據2個比率而在移動平均的上下2側，各取2組對稱曲線，請
參考圖9-3。

舉例來說，我們可以取10％的包絡；所以，如果移動平均為
100，包絡的位置分別為90與110。請參考走勢圖9-14的例子。

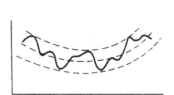

圖9-2　單一包絡

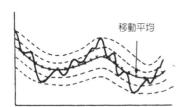

圖9-3　多重包絡

走勢圖9-14　Masco，1998～2001，10天簡單移動平均±15％的包絡

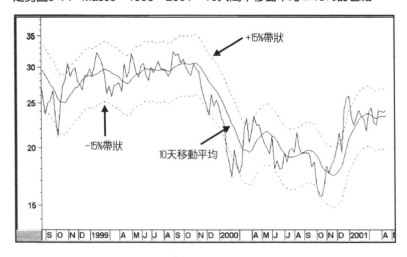

包寧傑帶狀

　　包寧傑（John Bollinger）設計一種新的包絡分析方法[4]，他不採用固定的比率，而根據收盤價標準差（standard deviations）設定包絡寬度。包寧傑帶狀的寬度，會隨著行情波動劇烈程度而自動縮放。

解釋法則

　　包寧傑帶狀的偏離（標準差）程度，將決定帶狀偏離中心的距離。走勢圖9-15顯示的包寧傑帶狀，中心為20，標準差設定為6；本節其他走勢圖的參數為20×2。就目前這個例子來說，帶狀設定得太寬，沒有太大意義，因為價格從來沒有觸及。反之，帶狀如果設定得太窄，訊號將會太多，但訊號經常反覆。

　　包寧傑帶狀解釋上的一些法則：

- 當帶狀寬度縮小時，價格波動會減少，呈現橫向走勢的發展，買賣雙方的供需狀況處於巧妙均衡。所謂帶狀寬度縮小，是針對最近而言，這也是包寧傑帶狀圖形在視覺判斷上呈現的長處之一。當帶狀寬度開始放大時，往往也代表行情即將突破。走勢圖9-16顯示2個例子，繪製趨勢線也有助於判斷價格突破。

- 價格穿越帶狀，既有趨勢應該會持續發展。換言之，當價格穿越到帶狀之外，意味著價格上漲動能很強，足以繼續支撐價格

---

4. John Bollinger, Bollinger Capital Management, P.O. Box 3358, Manhattan Beach, CA90266 (www.Bollingerbands.com).

走勢圖9-15　Northern States與包寧傑帶狀（20×6）。
（資料取自www.pring.com）

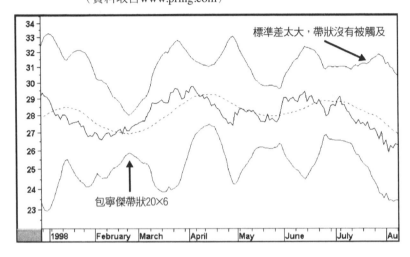

走高。請觀察走勢圖9-16的2個案例，突破之後不久，價格就穿越到帶狀之外。包寧傑帶狀穿越，通常意味著短期走勢放盡力氣，價格很快就會向帶狀中心折返。可是，這通常只是暫時的停頓，既有趨勢稍後還會繼續發展。在價格真正反轉之前，通常會數度穿越帶狀。所以，關鍵問題是：什麼情況下的帶狀穿越，將是趨勢反轉之前的最後一次穿越？換言之，我們如何藉由包寧傑帶狀判斷行情頭部與底部？答案請參考下文解說。

• 當價格由外往內穿越帶狀之後，如果形成價格反轉排列，趨勢很可能發生反轉。請參考走勢圖9-17的2個例子，1個在4月份，另1個在6月份。這兩個案例之中，價格完成反轉型態之前，都數度嘗試穿越帶狀而沒有成功。

走勢圖9-16　Oneok包寧傑帶狀縮小（資料取自www.pring.com）

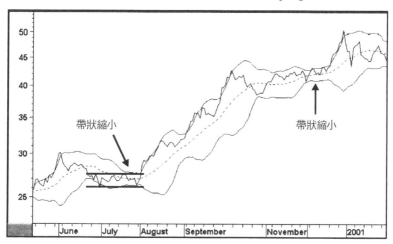

走勢圖 9-17　Northern States包寧傑帶狀（20×2）
　　　　　　（資料取自www.pring.com）

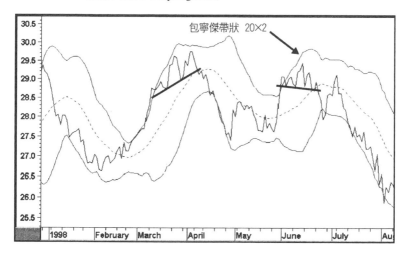

彙總

- 技術分析的根本假設是：股票價格呈現趨勢發展。由於主要趨勢會夾著許多小幅波動，移動平均可以把價格波動平滑化，藉以凸顯根本趨勢。

- 就理論上來說，簡單移動平均應該標示在期間長度的中點位置（這種程序稱為「置中」，centering），但如此會造成時間上的落後，如果價格在這段期間內出現快速走勢，訊號落後將錯失獲利機會，所以我們還是把移動平均標示在計算期間的末端。

- 為了克服前述缺點，可以採用移動平均穿越訊號，或採用加權移動平均與指數移動平均，前者可以提供趨勢反轉的警訊，後者對於既有趨勢變動很敏感，因為最近資料對於移動平均的影響較大（權數較大）。

- 沒有所謂絕對完美的移動平均。選擇計算期間時，永遠必須面對1個兩難問題：時效性（訊號及時掌握趨勢變動）與敏感性（反應太快，導致訊號不可靠）。如果想要及時掌握趨勢變動，勢必要挑選較短期的均線，但短期均線對於價格變動太過敏感，其訊號很容易反覆；反之，如果移動平均想要強調訊號可靠性，勢必要採用比較長期的均線，但這又會導致訊號不夠及時。對於短期趨勢，我們建議採用25天或40天的期間，對於較長期的趨勢，則採用40週或45週的期間。月份資料則可以考慮採用6、9、12、18與24個月的期間。

第10章 動能原理

截至目前為止，我們是運用趨勢線、價格型態和移動平均等工具，研究價格本身的走勢。這些技巧雖然很有用，但都是分析趨勢已經發生變動之後的現象。

本章將討論動能在解釋上的原理，這些原理在某種程度上適用於所有的動能指標。變動率（rate of change，簡稱ROC）將做為此處的研究案例。後續兩章將討論個別動能指標。

導論

此處將舉例說明向上動能（upward momentum）的概念。用力把一個球往上投擲到空中，球最初會以很快的速度前進；換言之，它擁有強勁的動能。可是，過了不了多久，球雖然繼續上升，但上升速度會逐漸下降；最後，甚至會出現暫時停頓的現象。然後，地心引力會開始作用而導致球下降。這種速度降低的程序，稱為「上升動能喪失」（loss of upward momentum），也會發生在金融市場。球的運動相當於價格走勢，在價格還沒有發展到峰位之前，上漲速度往往會先明顯降低。

> **主要技術原則**：動能指標通常可以在趨勢最後轉折點發生之前，預先顯示指標或價格根本力量的強弱變化。

　　另一方面，如果我們是在房間裡擲球，當上升動能還在增加時，球可能已經觸及天花板，於是動能與球都會折回。不幸地，金融市場的動能指標也會出現類似情況。有些時候，動能與價格會同時出現峰位，這可能是因為價格漲勢遭逢壓力，或因為買盤力道暫時耗盡。這種情況下，我們評估趨勢時，必須同時考慮動能的水準（level）和方向（direction）。

　　關於向下的動能，我們將引用另一個例子來說明。車子翻越山頂，然後聽任汽車順著下坡滑行。由於坡度的關係，汽車最初是加速行進；可是，當汽車到達下坡端點而邁入平坦地面時，車子的速率（speed）達到最大。隨後，車子雖然在平坦路面上繼續前進，但速率已經開始下降，最後會完全停頓。市場價格也有類似行為：價格下跌時，速度（velocity）谷底經常發生在價格谷底之前。

　　可是，情況也未必始終如此，因為當價格遭遇主要支撐時，動能與價格可能同時出現谷底。雖說如此，動能領先價格的程度，通常讓技術分析者足以預先判斷相關指標或大盤指數的可能趨勢反轉。

　　「動能」只是一種統稱。就如同「水果」包含蘋果、橘子、葡萄、……等，動能也包含很多不同指標，例如：變動率（ROC）、相對強弱指數（RSI）、移動平均收斂發散指標（MACD）、寬度擺盪指標（breadth oscillators）和擴散指數（diffusion indexes）。

　　動能指標基本上可以分為兩大類。第一，將價格資料做為分析對象，例如：外匯、商品、個股、大盤指數等，運用統計方法處理這些價格資料，然後繪製為擺盪指標（oscillator）。我稱這類動能指標為價格動能（price momentum）。

　　第二類也是繪製為擺盪指標，但統計上處理的對象是某些市場成分，譬如：紐約證交所掛牌股票之中，股價位於30週移動平均之上的家數百分率，這稱為寬度動能（breadth momentum），細節資料請參考第24章。價格動能可以根據任何價格資料建立，但寬度動能所根據的資料必須能夠劃分為不同成分。

　　本章準備引用ROC為例子，說明動能指標的原理。可是，請記住，這只是價格動能指標的一種類型。本書第11、12、23和24章將分別討論價格和寬度動能的其他擺盪指標。

　　請留意，某類型的趨勢反轉，必須以適當期間的動能指標來分析。一般來說，短期趨勢採用「日」的資料，中期趨勢採用「週」的資料，主要趨勢採用「月」的資料。

　　動能指標運用上有個基本假設：市場或股票會呈現正常的循環波動，價格走勢是由漲勢和跌勢構成。可是，某些情況下，逆循環的折返走勢幾乎不存在。若是如此，價格將呈現線性的上漲或下跌；這是很不正常的現象，一旦發生，動能指標就不適用。所以，下列原則很重要。

主要技術原則：運用上，動能分析必須配合價格本身的某些趨勢反轉訊號。

變動率

　　這是計算證券價格在某單位時間內的變動百分率，也是衡量動能的最簡單方式。舉例來說，如果想計算10週變動率，則是以當週價格除以10週前價格，結果再乘以100。如果當週價格為965，10週前價格為985，則ROC動能指標當週讀數為98.0（＝965÷985×100）隔週的ROC計算方式也相同，把隔週價格除以9週前的價格，結果再乘以100，請參考表10-1。

　　如此計算得到的一系列讀數，將圍繞在某中心參考點的上下擺動。請參考圖10-1，水平均衡線代表當週價格與10週前價格沒有變動的水準。如果價格始終維持不變，則ROC計算結果將是一條位於100的水平直線。

表10-1 10週ROC計算

日期	股價指數(1)	10週前的股價指數	10週變動率(第1欄除以第2欄)(3)
Jan. 1	985		
8	980		
15	972		
22	975		
29	965		
Feb. 5	967		
12	972		
19	965		
26	974		
Mar. 5	980		
12	965	985	98.0
19	960	980	98.0
26	950	972	97.7
Apr. 2	960	975	98.5
9	965	965	100.0
16	970	967	100.3
23	974	972	100.2
30	980	965	101.6
May 7	985	974	101.1

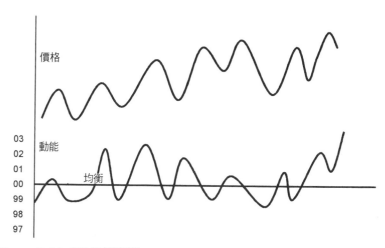

圖10-1 ROC（百分率刻度）

　　ROC指標如果位在均衡參考線上方，意味著當週價格高於10週前價格；ROC如果處於上升狀態，代表當週價格高於10週前價格的差距隨著時間經過而不斷擴大。ROC如果位在均衡參考線上方，但處於下降狀態，意味著當週價格雖然高於10週前價格，但兩者差距隨著時間經過而不斷縮小。ROC位在均衡參考線下方，而且處於下降狀態，代表當週價格低於10週前價格，而且兩者差距隨著時間經過而不斷擴大。ROC位在均衡參考線下方，而且處於上升狀態，代表當週價格低於10週前價格，但兩者差距隨著時間經過而不斷縮小。

　　總之，上升的ROC，代表速度（velocity）增加，下降的ROC，代表動能喪失。上升狀態的動能，具有多頭意義，下降狀態的動能，具有空頭意義。ROC計算也可以採用「減法」（而不是前文說明的「除法」）；換言之，當期價格減掉N期前價格。市面上有些

技術分析套裝軟體稱此為動能指標，實際上是變動率。我個人喜歡採用除法，因為這與座標的百分率刻度同樣代表比率。換言之，就長期圖形來說，除法不會造成扭曲，減法則會。

ROC的繪圖方法有兩種。不論採用哪種方法，都不會影響指標讀數或趨勢的解釋，所以選擇哪種方法並不重要，但我們最好還是稍做解釋，避免發生不必要的困擾。第一種方法，把水平狀的均衡參考線設定為100。舉例來說，如果本週價格為100，10週前價格為99，那麼本週ROC為100除以99，讀數直接標示為101。同理，100除以98為102，100除以102為98，這些讀數都直接標示，請參考圖10-1。

另一種方法，則是把均衡參考線設定為0，上側代表正數，下側代表負數。這種情況下，前一段的ROC讀數101、102和98，將分別標示為＋1、＋2和－2，請參考圖10-2。

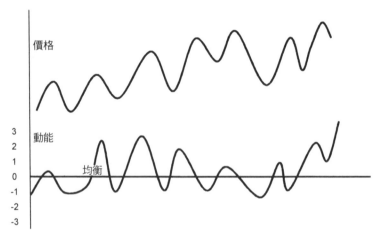

圖10-2　ROC（正負刻度）

時間長度的選擇

　　選擇正確的時間長度很重要。就較長期趨勢來說，12個月或52週的動能通常最可靠，24個月或18個月的期間也頗有用。對於中期趨勢而言，9個月、26週（6個月）或13週（3個月）的動能都不錯。至於較短期的趨勢，可以採用10天、20天、25天或30天的動能。可靠的中／短期走勢，經常反映在45天（9週）與65天（13週）期間的動能指標。某個期間內不明顯的趨勢線、價格型態或背離現象，或許會清楚顯示在其他期間。由不同期間計算出來的幾種技術指標，如果它們都呈現一致性趨勢反轉訊號，顯然可以強化證據的份量，參考走勢圖10-1。

主要技術原則：不論任何情況，由不同時間長度計算的數個動能指標，通常可以提升技術分析的功能。

動能指標的原理與運用

　　以下討論的原理與運用，都普遍適用於各種類型的擺盪指標，不論是價格動能，或是衡量市場內部結構的動能指標（換言之，第24章討論的廣度指標）。

　　相關原理大致上可以劃分為兩大類：

- **處理超買、超賣、背離或其他類似狀況者**。我稱此為動能性質（momentum characteristics）。深入研究動能指標或擺盪指標的話，將發現動能指標具備一些性質，它們與根本價格趨勢的強

走勢圖 10-1　Long's Drugs, 1996-1997, and three ROC. 長期趨勢和3條
ROC（資料取自www.pring.com）

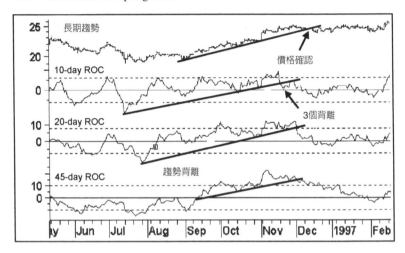

弱之間存在著關連。這有點像打開引擎蓋觀察一樣。多數情況
下，在問題眞正發生之前，你就可以感覺麻煩的存在。動能與
人氣之間存在密切的關係，第26章會詳細討論這方面的問題。

• 判別動能指標本身的趨勢反轉徵兆（動能趨勢反轉技巧）。就這
部分來說，我們採納一個基本假設：動能趨勢一旦反轉，價格
趨勢遲早會跟進。

類似如趨勢線突破、移動平均穿越……等價格趨勢判定技巧，
也同樣可以運用於動能指標。差別——很重要的差別——在於動
能趨勢反轉，只代表動能的反轉。正常情況下，動能與價格會一
起反轉，雖然可能存在時間上的提前或落後，但只因爲擺盪指標
改變方向，未必就代表價格也一定會改變方向。原則上，動能趨
勢反轉能夠用來確認價格趨勢反轉訊號。事實上，對於前文不斷

強調的技術分析「充分證據」來說，動能訊號就是強化「證據」
的因素之一。關於這點，我稍後還要做更深入的說明，但現在想
要重複強調一點：實際買賣訊號只能來自於實際價格的**趨勢反轉**，
不能來自於動能指標。

動能指標之性質的解釋

超買／超賣水準

　　動能在解釋上經常被用來評估超買（overbought）和超賣
（oversold）水準。我們可以就由一個比喻來說明相關概念：某人
牽著一條桀驁不馴的狗散步，這隻狗不斷左右衝撞，試圖掙脫狗
鍊；雖說如此，牠的最大活動範圍也就是狗鍊長度允許的程度。

　　這個比喻也適用於金融市場的動能指標，但市場的「鍊子」
是橡皮鍊，所以特別強勁或疲弱的價格趨勢，也可能越過正常極
限水準，上下2個極限分別稱為超買和超賣水準。這2個區域是繪
製在均衡水準之上和之下的特定距離之外，請參考圖10-3。超買
和超賣水準的實際位置，取決於價格波動程度，以及動能指標的
時間長度。

　　就ROC來說，計算期間愈長，超買和超賣水準通常也會愈往2
個極端延伸。舉例來說，10天期間內，價格很少出現10％的走
勢，但在12個月期間內，價格經常會出現25％或以上的走勢。可
是，某些動能指標（譬如：RSI和隨機指標）在設計上就預先存在
固定的超買／超賣水準。

　　當價格發展到超買／超賣極端區域，趨勢發生反轉的可能性

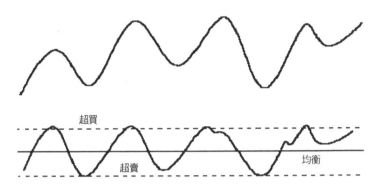

圖10-3　超買和超賣區域

雖然提高，但並不保證會發生。行情發展到超買狀態，應該考慮
賣出，超賣則代表目前技術狀態值得考慮買進。多數情況下，當
價格進入超買狀態，消息面往往都很理想，市場參與者一片樂觀，
想要買進是很自然的反應。不幸地，實際發展往往都剛好相反。
反之，行情超賣狀態總是充斥著利空消息。處在這種情況下，我
們最不想做的，可能就是舉起顫抖的手，打電話給經紀人，讓他
幫我們買進；可是，這往往是最適合買進的時機，前提是其他技
術條件也建議買進。

　　類似ROC之類的擺盪指標，沒有明確的法則可以決定超買／
超賣水準，必須根據歷史資料和市場或個股特質決定。這2個極端
水準的設定，必須具備樞紐的性質，當擺盪指標處及或稍微超越
極端水準，價格通常在短期內便會折返。如果價格突然出現大幅
走勢，這兩個關鍵水準可能會全然失效。不幸地，這正是市場的
特性之一，但我們大體上還是可以設定對於價格相當敏感的超買
／超賣水準。可是，市場的鍊子是橡皮材質，行情可能長時間逗

留在超買／超賣區域。所以，採取重大行動之前，務必要取得價格本身的趨勢反轉確認訊號。

主要多頭和空頭市場的擺盪指標性質

　　稍早曾經提過，擺盪指標的性質會隨著價格環境而改變。處在多頭市場，擺盪指標很容易就進入超買區域，而且逗留很長時間。反之，處在空頭市場，擺盪指標可能長時間逗留在超賣區域。

　　事實上，擺盪指標有點像北半球的候鳥一樣。請參考圖10-4，該圖由左往右顯示空頭市場-多頭市場-空頭市場的循環。處於空頭市場，擺盪指標就如同北半球的候鳥往南遷徙避冬一樣，超買／超賣區域也會往南（下）移動。行情一旦進入多頭市場，擺盪指標的超買／超賣區域就往北（上）遷徙；然後，再隨著空頭市場來臨而往南移動。這方面的資訊很有用，我們可以根據這種方式繪製超買／超賣水準，協助判斷市場所屬多、空循環的階段。

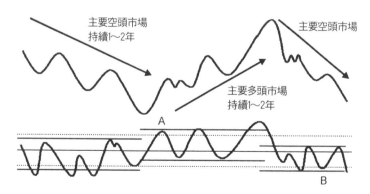

圖10-4　擺盪指標在多、空頭市場的性質變動

> **主要技術原則**：擺盪指標在不同環境下有不同行為，取決於市場的
> 主要趨勢方向。

其次，對於主要趨勢的發展方向如果存在特定看法，可以預期動能指標將在超買或超賣區域發生反轉。處在多頭市場，價格對於超賣狀況非常敏感。換言之，如果夠幸運的話，你可以看到動能指標的某種訊號（譬如：動能指標穿越趨勢線），確認價格即將上漲。這方面的敏感反應之所以存在，是因為超賣讀數會反映市場參與者的短期心理情緒。市場群眾都把注意力擺在最近的利空消息上，將此做為賣出的藉口。由於當時處在多頭市場，投資人實際上應該留意正面的長期基本面因素，把修正走勢做為低價買進的機會。

空頭市場的情況也一樣。交易者把注意力完全擺在利空消息上而導致價格下跌。然後，某種意外的利多消息傳出，價格顯著反彈。可是，隔了一陣子之後，多數人察覺些許的利多消息並沒有改變整體狀況，於是價格又恢復跌勢。所以，空頭市場反彈的頭部，往往都發生在動能指標的超買區域。

由相反角度來看，多頭市場對於超買狀況比較不敏感。動能指標即使進入圖10-4的A點以上超買區域，價格可能只會稍微下跌，甚至只是橫向整理。所以，處在多頭市場之下，不要期待短期超買狀況會引發重大跌勢，因為這類事件發生的可能性不高。

最後，人們經常認為行情超賣是價格上漲的理由。各位可能在報紙財經專欄上看到這類的評論，譬如：「分析家指出，市場已經嚴重超賣，價格隨時可能大幅反彈。」這種評論是否可靠，

完全取決於當時的大環境。如果當時處在多頭市場之下，這種說法確實言之成理，但專欄作家在這種情況下的說法，更可能是：「短期超賣狀況雖然嚴重，但分析家預期價格還會繼續走低，因為……。」沒錯，專欄作家會列舉一大堆理由來支持他的論點。總之，媒體所反映的是市場群眾的集體看法，他們的判斷在重要轉折點通常都是錯的，沒有辦法正確預測後市發展，尤其是引用專家看法的時候更是如此。

　　反之，處在空頭行情之下，不論是整體市場或個別股票，對於動能指標的超賣讀數都很遲鈍動能指標即使進入圖10-4的B點以下超賣區域，價格仍然無力反彈，或許只能橫向整理。

　　不論是主要或中期趨勢，其發展成熟程度會影響擺盪指標在超買／超賣區域的行為。舉例來說，在多頭市場的初期階段，擺盪指標比較容易快速上升到超買區域，並長時間維持偏高讀數。這種情況下，超買讀數所顯示的賣出訊號通常會過早。多頭循環的初期階段，市場具備強勁的動能，超賣讀數和價格反轉之間保持著較敏感的相關性，所以超賣訊號比較可靠。唯有在多頭市場末期階段，或在空頭市場裡，超買讀數才能被視為有效警訊，代表價格漲勢即將告一段落。事實上，動能指標無法到達或無法長期維持在超買區域，這種現象本身便代表漲勢喪失上升動能。空頭市場的情況剛好相反。

超買／超賣界線穿越

　　多數情況下，當動能指標進入超買（超賣）區域，然後再反向穿越界線，往往代表理想的賣出（買進）訊號，請參考圖10-5

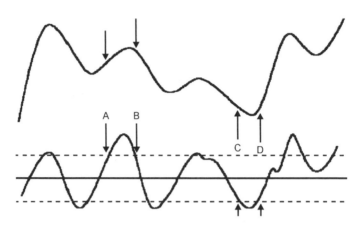

圖10-5　超買／超賣反向再穿越

的B點與D點。這種方法可以過濾正向穿越可能產生的過早訊號；可是，請注意，務必要等待價格本身的反轉訊號，才能實際採取行動。

極端超買／極端超賣

　　如同本書第26章將談到的，市場人氣指標和擺盪指標的性質之間，存在密切的關連。處在多頭行情或空頭行情裡，市場參與者的心理狀態截然不同，這種心理狀態的擺動，偶爾會造成動能指標的性質變動。觀察短期擺動指標的性質變動，往往能夠讓我們及早判斷主要趨勢反轉。

　　如同先前幾章談到的，我稱這些現象為極端超買（mega-over-boughts）與極端超賣（mega-oversolds）。極端超買是發生在空頭市場低點之後，反映多頭市場最初向上衝刺的過程。這種極端超買讀數，顯示動能指標已經超越了先前多、空市場的正常範圍，

衝上往後多年之內再也難得一見的偏高水準。這種情況通常代表
多頭市場剛開始發展，充滿無限勁道。事實上，擺盪指標能夠飆
升到如此極端的讀數，如果再配合趨勢反轉的其他證據，就足以
顯示新的多頭市場已經開始。這代表買賣雙方勢均力敵的局面，
已經毫無疑問地由買方取得上風。不妨設想一種情況：某個人費
盡力氣想要撞開一扇鎖住的門，想要撞開門，需要相當大的勁
道；可是，門一旦被撞開，整個力道也會突然釋放。同樣地，極
端超買代表的買方力道，衝開空頭市場的限制，開創多頭市場的
新局面，請參考圖10-6。

　　超買區域通常不適合建立新的多頭部位，極端超買可能是唯
一的例外，但也只適用於長期投資人。這是因為擺盪指標如果進
入極端超買狀況，價格隨後幾乎都一定會持續上揚，但後續漲勢
發動之前，可能會先出現短期回檔整理的情形。一旦碰到短期回
檔，信用高度擴張的交易者，未必承受得了財務上的壓力，長期

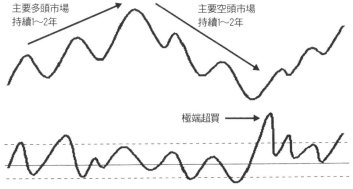

圖10-6　極端超買現象

投資人則沒有這方面的顧慮。事實上，極端超買之後的行情修正，經常是橫向整理，但價格畢竟還是有下跌的可能性，所以信用高度擴張的交易者，不宜在這種情況下建立新多頭部位。

由於極端超買狀況通常都代表多頭市場的第一波漲勢，所以通常值得觀察成交量是否也有擴大的現象。如果相關個股爆出罕見的天量，訊號應該很明確了，因為在長期空頭市場之後，價格夾著天量上漲，通常可以視為新多頭市場的可靠徵兆。成交量顯著擴大幾乎算得上是必要條件，因為買方已經取得控制權，心理狀態已經全然扭轉。

可是，請注意，極端超買現象發生之後，趨勢雖然會改變，但未必會反轉。換言之，先前的空頭市場，可能轉變為長達數年的橫向整理，而不是真正的多頭市場。不過，關鍵是——極端超買發生之前的行情低點，通常在多年之內都不會被跌破。

同樣概念也適用於極端超賣的情況。當行情由多頭市場高點急轉而下，動能指標創多年的極端偏低水準，遠超過先前多、空市場的任何讀數，這代表賣方已經取得控制權。動能指標會出現這種暴挫走勢，其本身就代表市場性質已經發生變化。一旦出現這種現象，我們起碼應該要質疑多頭市場是否持續存在，留意新空頭市場的徵兆。後續漲勢的成交量情況如何？相較於先前的漲勢，目前漲勢的成交量是否有相對萎縮的傾向？

動能指標出現極端超賣讀數，可能代表空頭市場的第一波跌勢。可是，隨後發生的，也可能不是真正的空頭市場，而是長達數年的橫向走勢。圖10-7顯示極端超賣的情況。想要觀察極端超買／超賣現象，最好採用10天到30天之間的短期動能指標。另

外，某些擺盪指標，其讀數被限制在0到100之間，譬如RSI或隨機
指標，則不會呈現極端超買／超賣的現象。走勢圖10-2顯示極端
超買和極端超賣的案例。

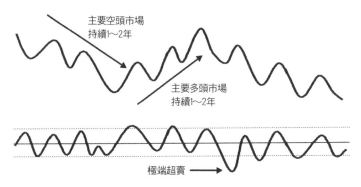

圖10-7　極端超賣現象

走勢圖10-2　Beckon Dickenson，1981～1985。**極端超買與極端超賣案例**
　　　　　（資料取自www.pring.com）

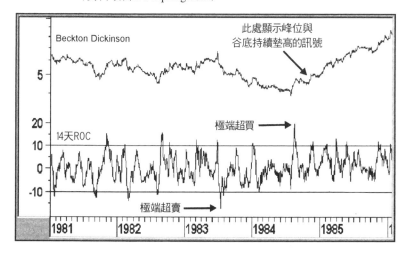

極端擺動

　　動能指標的極端擺動，代表心理狀態徹底反轉。這種極端擺動，反映市場由多頭行情峰位突然急轉而下，往往代表空頭市場的第一個徵兆。當然，這類極端擺動也可能代表行情由主要空頭轉變主要多頭市場。動能指標之所以能夠產生如此極端的擺動，市場必須先存在延伸性的漲勢或跌勢。如同圖10-8顯示的，動能指標首先是順著既有趨勢方向強勁發展，然後突然朝相反方向大幅擺動。

　　請參考圖10-8，我們看到多頭市場呈現氣力放盡的爆發性漲勢，擺盪指標也隨之呈現極端超買現象。可是，隨之而來的價格跌勢，卻讓擺盪指標下降到另一極端。這類兩極狀態的演變，顯示市場參與者的心理出現重大變動，由極度樂觀演變為極度悲觀。

　　對於這類的極端演變，第一個擺動必須代表幾年之內的最強勁走勢，當然是先前空頭市場以來的最強勁衝刺，實際上也是多

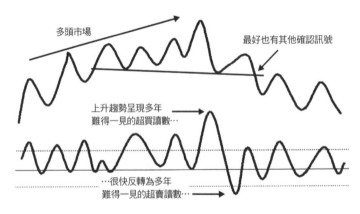

圖10-8　空頭極端擺動

頭市場的買進高潮。第二個向下擺動將讓動能指標進入極端超賣狀態，或起碼也是嚴重超賣狀態。

　　第一個大幅擺動順著既有趨勢方向發展，使得某些市場參與者受到鼓舞，也讓另一群參與者澈底失望。就多頭市場來說，最後一波買進高潮會有軋空的效果，所以等到趨勢朝相反方向發展時，幾乎沒有投機客還保有空頭部位得以回補。激烈的漲勢讓買盤相信價格只可能朝單一方向發展：向上。所以，買方的決策變得草率，完全沒有考慮行情可能朝其他方向發展。因此，當行情真的朝其他方向發展時，買方措手不及，很多人只能不計代價離場。由於想要買進的人，都已經買進，空頭也都已經回補，所以價格跌勢幾乎毫無支撐。

　　極端擺動也可能由空翻多，請參考圖10-9。在持續性下降走勢過程，最後一波恐慌性殺盤導致價格暴跌，使得持股者澈底失望，市場上幾乎沒有多頭容身之處，也幾乎沒有浮動籌碼了。

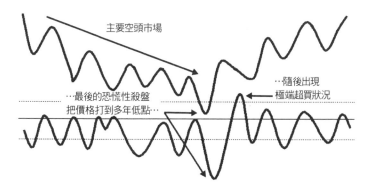

圖10-9　多頭極端擺動

　　然後，等到價格開始回升，空頭被迫回補，基本面因素也可能促使新的買盤進場。由於當時市場已經沒有浮動籌碼，上檔幾乎全然沒有壓力，所以價格得以快速上漲，擺盪指標也隨之呈現極端超買現象。當然，這類極端擺動非常罕見，但如果能夠遇上的話，千萬不要輕易錯過機會，因為隨後幾乎一定會產生新趨勢。走勢圖10-3顯示這類的例子。

背離

　　本章稍早提到的擲球比喻，我們知道球速最快的時候，是當球剛離手之後不久。金融市場的價格走勢也經常是如此，動能峰位往往出現在價格峰位之前。請參考圖10-10，動能峰位在A點。

走勢圖10-3　VF Corp.，1989～1993。多頭極端擺動
　　　　　　（資料取自www.pring.com）

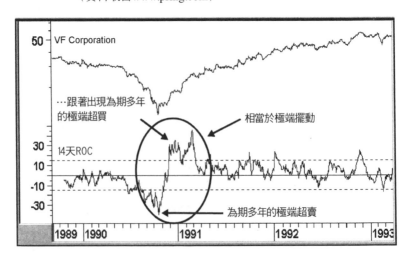

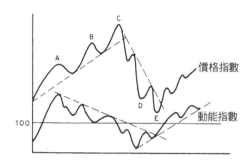

圖10-10　動能與背離

當價格創新高時，如果動能指數能夠確認（換言之，也跟著創新高），就不會有技術面轉弱之虞。反之，如果動能未能提供確認（例如圖10-10的B點，動能高點下滑而不能創新高），動能與價格之間將產生負面背離（negative divergence）現象，這是技術面轉弱的徵兆。

　　這類背離現象代表價格即將修正。所謂修正，可能是橫向整理，但更可能是向下折返。可是，如圖10-10顯示，這個時候價格繼續攀升，再創新高峰位，但動能高點繼續下滑（C點），使得價格與動能指標之間的背離愈來愈嚴重。某些情況下，動能的第三個峰位可能高於第二個峰位，不過仍然低於第一個峰位。不論哪種情況，我們都要很小心，因為技術面強烈顯示價格很可能大幅拉回，或起碼陷入長期盤整。

主要技術原則：務必記住，背離現象只代表技術面轉強或轉弱，並不代表實際的買進或賣出訊號。

圖10-10也顯示正面背離（positive divergence）的情況：當價格在E點創新低，擺盪指標的對應低點並沒有創新低。擺盪指標的眞正低點，對應著D點的價格。

每當價格與動能指標之間產生背離的現象，務必等待價格本身出現趨勢反轉的確認訊號。確認訊號可以來自：(1)價格突破趨勢線，例如圖10-10顯示者；(2)移動平均穿越；(3)價格型態完成；(4)一系列峰位到谷底演進的反轉。

這是值得採行的保險措施，因爲很多情況下，動能指標雖然呈現起伏走勢，但證券價格本身卻始終保持在長期循環的上升（或下降）趨勢內，譬如1990年代美國股票市場的大多頭行情，以及1982～1990年的日本股票市場。

走勢圖10-4是個相當典型的案例（日經指數），13週ROC與股價指數之間不斷產生背離現象，日經指數終於在1990年初跌破3$\frac{1}{2}$年以來的中期趨勢線，代表明確的賣出訊號。事實上，最後一波價格漲勢幾乎沒有辦法帶動擺盪指標上揚。請注意，絕對不該把先前的背離現象視爲賣出訊號，股價指數本身跌破趨勢線，才是眞正的（也是及時的）賣出訊號。

請參考圖10-11的C點，當價格顯著創新高，但對應的動能峰位卻只能勉強維持在均衡線之上。這種程度的負面背離，如果再配合價格本身出現趨勢突破，絕對要非常謹慎因應，因爲這是技術面非常疲弱的徵兆，幾乎總是會發生嚴重的價格跌勢。圖10-12顯示空頭市場發生之正面背離的對應情況，這種現象特別值得留意，尤其是價格本身夾著大量向上突破趨勢的話。成交量愈大，訊號愈可靠。

走勢圖10-4　日經指數，1985～1990，負面背離。截至1990年股價頭部發生為止，日經指數與13週ROC之間出現多次背離現象。股價最終跌破1986～1990年的上升趨勢線，隨後又跌破65週EMA。負面背離的現象長達3年，終於導致日經指數邁入長期空頭市場（資料取自www.pring.com）

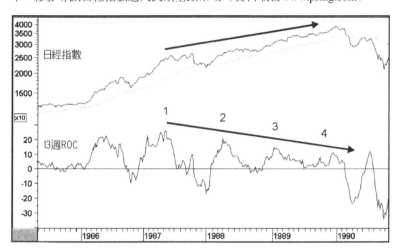

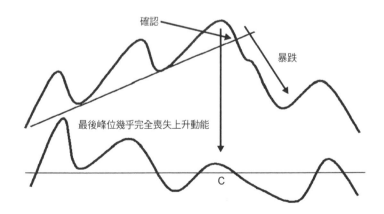

圖10-11　極端負面的背離

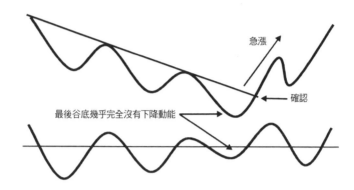

急漲

確認

最後谷底幾乎完全沒有下降動能

圖10-12　極端正面的背離

> **主要技術原則**：動能指標的背離非常接近均衡水準，價格隨後通常會出現顯著的走勢。

　　從某種角度來說，動能背離與價格確認，就如同烏雲和驟雨之間的關係一樣。天空烏雲密集，可以判定下雨的機會很高，但實際下雨之前，畢竟還是不能確定。換言之，烏雲（背離）代表天氣（技術面）惡化，但唯有第一滴雨水（價格本身出現趨勢反轉訊號）才代表真正下雨（趨勢反轉）。這個比喻或許可以更進一步延伸：烏雲愈密集（背離次數愈多），雨勢（價格跌勢）愈大。

價格不配合的背離

　　動能指標如果明確地朝某個方向移動，但價格沒有出現該有

> **主要技術原則**：負面背離發生的次數愈多，根本技術結構愈疲弱。

的對應發展，通常可以顯示技術面的微妙變化。這種現象顯示，
雖然擺盪指標展現強勁的動力，價格步調卻意態蹣跚，請參考圖
10-13和圖10-14。

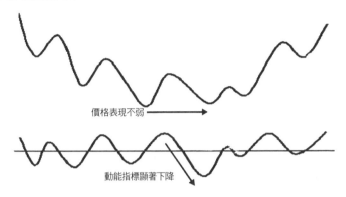

價格表現不弱 →

動能指標顯著下降 →

圖10-13　價格不配合的背離：正面狀況

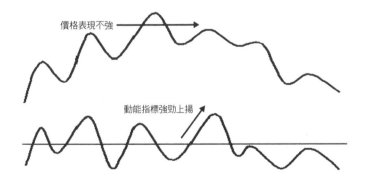

價格表現不強 →

動能指標強勁上揚 ↗

圖10-14　價格不配合的背離：負面狀況

※ 譯按：前文討論的背離，是價格創新高（新低），但動能指標沒有創新高（新
　低），因此而產生背離。此處的情況剛好相反：動能創新高（新低）而價格沒
　有創新高（新低）。

複雜的背離

價格走勢同時受到幾個不同循環的影響，單一動能指標只能反映其中某個循環，所以應該採用多種不同期間的動能指標。

兩個不同期間的動能指標，可以並列在同一份走勢圖內，請參考圖10-15。由於兩個不同動能指標是要反映不同的價格循環，所以期間長度要有明顯差異。舉例來說，12週與13週ROC之間的比較沒有太大意義，兩者的行為應該很相近。反之，如果比較13週與26週的ROC，則可以清楚反映兩個不同的循環。

多數情況下，兩個動能指標的行為大體上會相互一致；若是如此，這方面的比較不能帶來更多資訊。反之，如果長期動能指標創新高，但短期指標的對應峰位沒有創新高，請參考圖10-15的

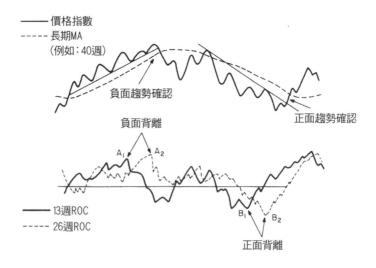

圖10-15 複雜的背離

A₂點，這通常──但不必然是代表價格趨勢將發生反轉，而且是相當顯著的反轉。

　　雖說如此，這類背離現象還是應該等待價格本身的反轉訊號做爲確認。就圖10-15的情況來說，價格隨後確實發生趨勢反轉，但圖10-16的例子則非如此。

　　複雜背離也可能發生正面的背離，請參考圖10-15的B₂，但這也同樣要等待價格本身的反轉訊號做爲確認。

　　走勢圖10-5並列20天與45天ROC。1995年1月，45天ROC見底，但20天ROC當時已經回升到均衡水準附近。不久，價格向上突破短期壓力，確認了先前動能的正面背離。

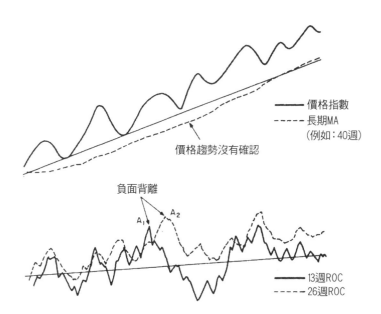

圖10-16　複雜的背離：未經確認

走勢圖10-5　Lowe's，1994～1995，複雜背離（資料取自www.pring.com）

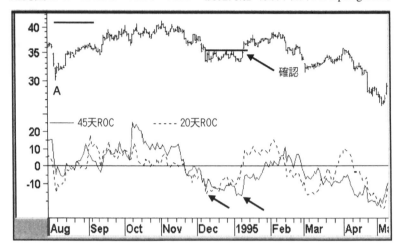

動能趨勢反轉分析

趨勢線穿越

　　動能指標偶爾會和價格同時出現峰位（谷底），請參考圖10-17。這種情況下，動能指標無法就價格走勢提出預先警告。雖說如此，動能指標穿越其本身的趨勢線，也是技術面轉變的徵兆。

　　繪製動能指標的趨勢線，以及其所代表的意義，也是依循本書第8章討論的原理。這類訊號只能視為警訊，唯有當價格本身出現確認訊號時，才可以實際採取行動。就圖10-17的AA點為例，動能指標跌破趨勢線，強化了價格突破趨勢線的有效性。

　　圖10-18顯示動能指標向上突破趨勢線的情況。動能突破可能領先價格突破一段時間，這通常並不妨礙其效力。

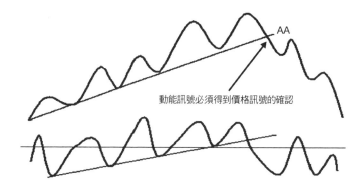

圖10-17　動能指標跌破趨勢線

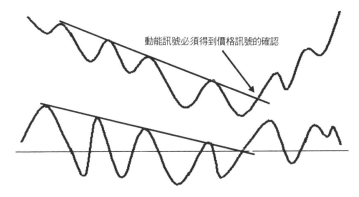

圖10-18　動能指標向上突破趨勢線

主要技術原則：擺盪指標與價格如果同時穿越其趨勢線，訊號通常更強烈。

　　請注意，動能指標穿越趨勢線的訊號，雖然需要經過價格本身訊號的確認，但所謂價格訊號則可以是任何趨勢反轉訊號，譬

如：移動平均穿越、價格型態完成、一系列峰位與谷底之演變的中斷……等。有關擺盪指標訊號的各種解釋之中，動能與價格共同穿越趨勢線的現象，可能是最單純、最有效的訊號。

動能的「價格」型態

　　動能指標也可以形成「價格」型態。動能向上反轉的訊號，其領先價格走勢的時間通常較短暫，所以動能如果完成承接型態，而價格趨勢本身又向上反轉，通常是很可靠的訊號，代表價格可能出現相當大的漲勢，請參考圖10-19和走勢圖10-6。

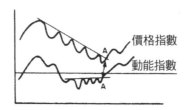

圖10-19　動能指標完成價格型態

　　關於動能指標的價格型態，解釋上需要運用一些常識。就圖10-20為例，動能指標在超買區域內完成頭肩底型態。這種訊號雖然不能被斷定為絕對無效，但我們有理由相信該型態完成之後，應該不會造成持續性的價格漲勢。請記住，技術分析所取得的結論，只能是機率的結論；就目前這個例子來看，出現價格漲勢的機率很低。

走勢圖10-6　Alcoa，1999～2000，**動能的價格型態**。這份走勢圖顯示Alcoa的價格和10天ROC。請注意，10月底到11月初之間，當10天ROC完成頭肩底排列之後不久，價格也向上突破下降趨勢線，而且價格幾乎同時穿越到移動平均之上。接著，由11月上旬到隔年1月中旬，10天ROC形成頭肩頂排列。當動能指標突破頭肩頂排列時，價格本身不久也跌破上升趨勢線。（資料取自www.pring.com）

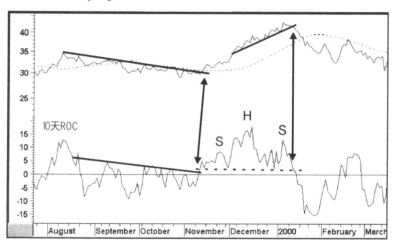

均衡線穿越

　　某些技術分析者設計的動能指標，可以藉由穿越均衡線（零線）產生買賣訊號。許多市場不適合採用這類指標（方法）；所以，特定市場是否適合採用某種動能指標，基本上還是要經過實際嘗試。可是，無論如何，即使是採用這類穿越均衡線產生訊號的動能指標，仍然必須藉由價格本身的訊號做確認。走勢圖10-7顯示《經濟學人雜誌》的商品指數與12個月移動平均的穿越訊號，以及12個月ROC穿越零線的訊號。

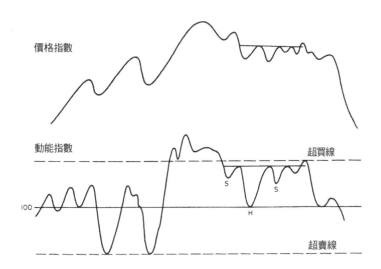

圖10-20 動能指標完成價格型態

走勢圖10-7 《經濟學人雜誌》商品指數，1968～2001，ROC零線穿越訊號
（資料取自www.pring.com）

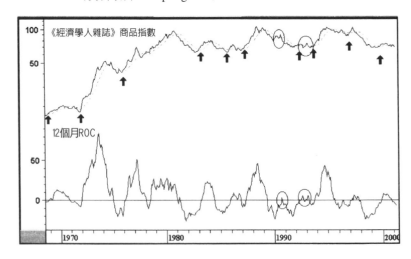

動能與移動平均

　　所有適用於價格的技術分析技巧，大概都同樣適用於動能指標。按照先前說明，動能在解釋上存在濃厚的主觀色彩。為了降低判斷上的主觀成分，可以利用移動平均方法把動能指標平滑化，並藉由動能指標與其移動平均之間的穿越做為反轉訊號，請參考圖10-21。

　　這種方法也有困擾，因為動能指標的波動程度遠甚於價格，所以很容易產生假訊號。為了克服訊號反覆的問題，可以採用兩條移動平均的穿越訊號，請參考10-22。短期均線由下往上（由上往下）穿越長期均線，代表買進（賣出）警訊。

　　下一章會更詳細解釋這方面的概念，因為經過平滑化的動能指標，是構成趨勢偏離指標和MACD指標的基礎。

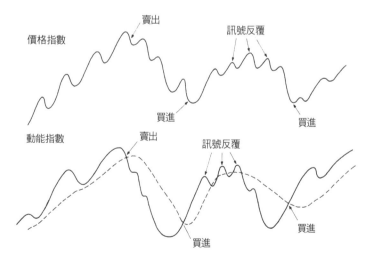

圖10-21　移動平均穿越

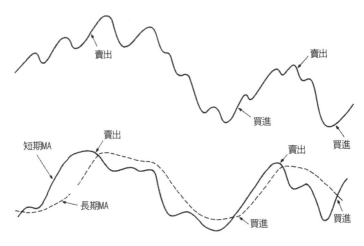

圖10-22　經過平滑的移動平均穿越

經過平滑的動能指標

　　把移動平均概念運用於動能分析，還可以考慮另一種方法：藉由長期移動平均，把動能指標平滑化。所謂「長期」是就我們觀察的趨勢類型而言。舉例來說，20天或30天的移動平均，適合運用於短期價格走勢；6個月、9個月或12個月的平滑，比較適合運用於主要趨勢。

　　動能指標經過適當的平滑化之後，本身的反轉便可代表價格趨勢的可能反轉，請參考圖10-23(a)；或者，經過平滑化之後的指標，如果穿越特定的超買／超賣水準，也代表可能的價格反轉，請參考圖10-23(b)。至於超買／超賣水準的設定，可以參考價格與動能之間的歷史關係，然後藉由嘗試錯誤程序進行調整。

　　經過平滑化之後的動能曲線，其波動程度如果還是很嚴重，可以改用較長期的移動平均進行平滑化，或者重複進行移動平均

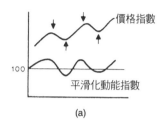
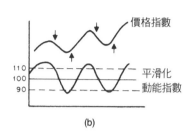

圖10-23　(a) 平滑化動能移動平均的方向變動。
　　　　　(b) 平滑化動能移動平均穿越超買／超賣水準

的平滑化程序。建構動能指數的方法還有另一種可能性，譬如說，我們可以取3、4種ROC的加權移動平均，以期間長度做爲權數，本書第12章會詳細討論這方面的內容。

走勢圖10-8是把兩個經過平滑化的ROC指標，結合成爲單一的動能指數（卡帕克指標，Coppock Indicator）。這個例子是先取S&P綜合股價指數每個月收盤價的11個月和14個月ROC，然後再取前述兩個ROCs的10個月期加權移動平均。由於這項指標只有在市場底部才適用，所以唯有動能曲線跌破零線之後向上翻升時，才代表有效的買進訊號。

圖形標示的箭頭，顯示1960～2000期間特別及時的多頭市場訊號。藉由橢圓標示的訊號，雖然動能指標沒有跌破零線，但訊號相當及時。我追蹤這項指標的歷史績效，時間可以回溯到1990年，發現訊號反覆的情況相當罕見。

如果要進一步排除訊號反覆，可以等待價格本身穿越12個月期移動平均做爲確認。這項指標的歷史績效確實很棒（這套方法是由卡帕克提出，E.S.C. Coppock）。

走勢圖10-8　S&P綜合股價指數與卡帕克指標，1960～2001
（資料取自www.pring.com）

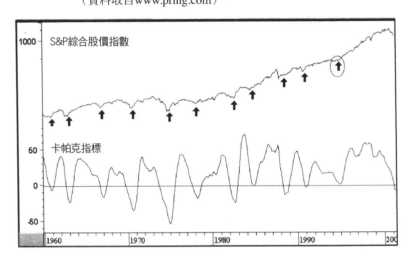

　　另一種可能性，是先取價格的移動平均，然後再取移動平均
的動能（譬如ROC）。所以，這個程序與前一段描述的方法剛好相
反：一是先取ROC，其次取ROC的移動平均；另一是先針對價格
計算移動平均，隨後才取價格移動平均的ROC。

彙總

* 動能是一種概括名稱，包括許多不同類型的擺盪指標。
* 動能是衡量價格上升或下降的速度，能夠反映價格趨勢的潛在
  強弱力量。這是因為價格在達到峰位之前，上漲速度早已經達
  到最快（換言之，動能峰位顯著領先價格峰位），價格在到達最

終低點之前，下跌速度通常已經達到最大（換言之，動能谷底
通常領先價格谷底）。

- 由於行情上漲的期間，通常都長於下跌期間，所以動能峰位領
  先價格峰位的程度，通常會大於谷底的領先程度。
- 擺盪指標反映市場人氣，所以在主要多頭市場和空頭市場，動
  能指標各有不同的性質。
- 關於動能指標的解釋，基本上有兩種方法：動能性質和動能趨
  勢反轉。
- 動能訊號永遠應該配合實際價格的趨勢反轉訊號運用。

第11章 個別動能指標 I

　　本章與下一章，將討論幾種個別的動能指標。我們建議讀者應該學習所有這些指標，然後挑選3、4種最有信心、直覺上最自然的指標。採用過多的技術指標，往往反而會造成困擾。

相對強弱指數（RSI）

計算公式

　　相對強弱指數（relative strength index，簡稱RSI）是韋達（Wells Wilder）發明的[1]。這種動能指標（或擺盪指標）是衡量股票或整體市場本身之內部結構的相對強度。請注意，還有另一種類似指標，是比較兩種不同資產之相對強度；所以，千萬不要混淆。RSI計算公式如下：

$$RSI = 100 - \frac{100}{1+RS}$$

$$RSI = \frac{X天內平均上漲點數}{X天內平均下跌點數}$$

---

1. 請參考Wells Wilder,《New Concepts in Technical Trading Systems》, Trend Research, Greensboro, NC, 1978。

　　其中RS＝「X天內平均上漲點數」除以「X天內平均下跌點數」。這個公式可以克服一般動能指標的兩個問題：(1)波動劇烈(2)指標處於特定數值區間內，方便比較。指標讀數波動劇烈，是因為價格本身巨幅跳動；就20天ROC為例說明，如果第20天前的價格曾經大漲或大跌，將會造成今、明兩天的ROC讀數大幅跳動，即使這兩天的價格本身並沒有顯著變化，也是如此。RSI可以將這類的扭曲平滑化。

　　RSI不僅具有平滑化的功能，而且所算出的數值會處於0與100之間。韋達本人建議採用14天期的RSI，因為14天是陰曆28天循環的一半長度。

RSI可以在不同證券之間作比較

　　RSI具備的性質，使得不同證券可以擺在一起做精確的比較。請參考走勢圖11-1，其中顯示兩種指數之間的比較，道瓊公用事業指數和費城黃金／白銀指數。上側小圖是比較兩種價格指數的45天ROCs，下側小圖是比較兩種價格指數的45天RSIs。

　　就ROC的比較來說，我們發現相對困難，因為黃金／白銀指數的ROC指標波動程度，明顯超過公用事業指數的ROC。反之，對於RSI的比較，兩種價格指數之RSI之間的波動背離程度遠較為小。基於這個緣故，RSI比較容易找到某種共通的基準，用以衡量各種證券的超買／超賣程度。

　　就韋達建議採用的14天RSI來說，傳統上是以70和30分別代表超買和超賣水準。

走勢圖11-1　RSI vs. ROC（資料取自www.pring.com）

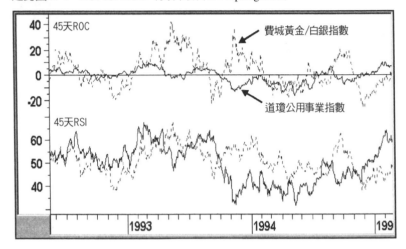

建構超買／超賣線

　　韋達建議採用14天期的RSI。這種情況下，超買和超賣水準的讀數通常是設定在70和30。Peter W. Aan在其論文「RSI行為」（How RSI Behaves）指出 [2]，RSI的頭部和底部平均發生在72和32的水準。根據這份研究資料，韋達建議的70和30應該再往外稍做延伸，才能更精確反映超買和超賣的平均水準。

　　請注意，就指標計算期間長度和指標波動程度之間的關係來說，RSI與多數其他動能指標不同。譬如說ROC的計算期間愈長，其讀數的波動範圍通常愈大。RSI的情況則剛好相反。對於RSI，均衡是落在讀數可能範圍的中點位置(50)；因此，超買和超賣水準習慣上是由均衡線向兩側衡量某等距離。

---

2. 請參考1985年1月份的《期貨雜誌》（Futures）。

　　請記住，計算期間愈長，RSI的擺動愈淺，反之亦然。因此，計算長度如果顯著不同於14天的話，70和30的水準就不適用。舉例來說，請參考走勢圖11-2，歐洲美元的9天期RSI，其超買和超賣水準分別設定於80和20，而不是預設14天RSI的70和30。這是因為計算期間愈短，RSI的擺動程度愈大。請參考下側小圖的65天期RSI，由於RSI的擺動程度會變小，所以超買和超賣水準設定在65和35會更適當一些。

　　計算期間長或短，是就資料類型的相對考量而言。舉例來

走勢圖11-2　**歐洲美元**，1994～1997。RSI超買／超賣線
　　　　　　（資料取自www.pring.com）

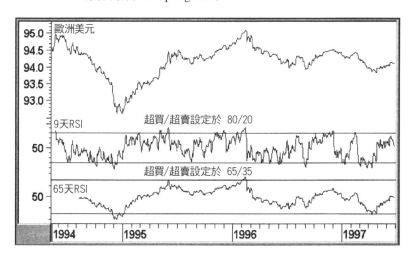

主要技術原則：計算期間愈長，RSI的超買和超賣水準就愈往中心點靠攏。

說，60天期的RSI對於日線資料來說相當長，但對於月線資料而言（2個月）則很短。所以，當我們挑選RSI的期間長度時，也要考慮這方面的因素。請參考走勢圖11-3，其中比較兩個不同期間長度的RSIs，一是60天，另一是3個月（90天）。90天當然大於60天，根據前文的說明，計算期間愈長，超買／超賣水準的設定應該愈往中心點靠攏；可是，此處顯示的情況顯然不是如此，較長期的RSI，超買／超賣讀數反而更往外延伸（80／20 vs. 60／40），主要是因為60天RSI是根據日線資料計算，3個月RSI是根據月線資料計算。

計算期間較短的RSIs，讀數波動比較劇烈，更適合做超買／超賣的判斷。反之，較長期的RSI，走勢比較平穩，更適合做趨勢線與「價格」型態的分析。

走勢圖11-3　RSI期間長度比較（資料取自www.pring.com）

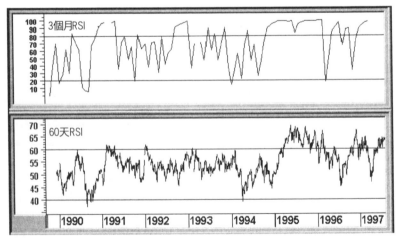

時間長度

我們可以計算任何期間長度的RSI。裴利‧考夫曼（Perry Kaufman）在《商品交易系統新論》（New Commodity Trading Systems）質疑RSI不該只採用14天的計算期間（多數技術分析套裝軟體的RSI預設計算期間都是14期）。考夫曼指出，移動平均期間長度如果剛好等於價格主要循環的一半長度，背離情況最顯著。換言之，假定股票市場是按照4年期經濟循環爲中心而發展，那麼24個月期移動平均的峰位和谷底之背離程度會最大。同理，對於28天期的循環，選擇14天計算期間是正確的；可是，除了陰曆循環之外，還有很多其他的循環。這種情況下，如果我們考慮的主要循環週期不是28個小時，就不該採用14小時的RSI。週線和月線資料的情況也是如此。

事實上，14天期間的表現很不錯，但只適用於短期分析。除此之外，我也使用9天、25天、30天和45天的期間。至於週線資料，以「季」爲單位的期間很不錯，譬如：13週、26週、39週和52週。至於月線資料，如同ROC一樣，我建議採用9個月、12個月、18個月和24個月。

對於較長期的走勢圖來說（譬如說，涵蓋期間2年的週線資料），8週RSI可以提供相當不錯的中期反轉訊號，26週RSI通常會在相對狹幅區間內波動，適用於趨勢線分析。極長期的走勢圖（10年～20年），12個月RSI的表現很理想。RSI穿越30超賣或70超買界線，通常代表主要的長期買點或賣點。當RSI向外穿越RSI超買／超賣水準，然後又折返而向內重新穿越這兩個水準，經常是主要趨勢即將反轉的徵兆。

尋找長期買點時，務必記住，最好的機會通常是當長期動能
（譬如12個月RSI）處於超賣狀態。如果中期和短期RSI也處在超賣
狀況，則三種趨勢——短、中、長期——全部相互配合，這類訊
號通常很可靠。

RSI的解釋

極端讀數與擺動不足 RSI讀數只要向外超過超買／超賣界
線，就代表價格趨勢反轉的條件成熟。這個訊號究竟有多重要，
則取決於所考量的時間架構。請參考走勢圖11-4與走勢圖11-5，
14天RSI的超買／超賣訊號，其重要性當然不如12個月RSI。超買
／超賣狀態只代表——就機率上來說——反向的修正走勢已經過期
了。這代表買進或賣出的機會，但不是實際買進或賣出的訊號。實

走勢圖11-4　德國長期公債，1995～1996。RSI與趨勢線
（資料取自www.pring.com）

走勢圖11-5　**現貨鎳**，1981～2001。RSI、趨勢線、擺動不足與極端區域穿越（資料取自www.pring.com）

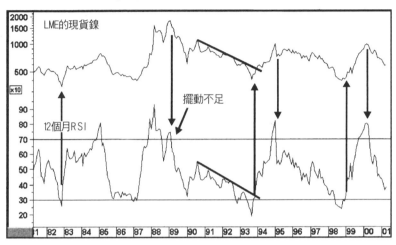

際採取行動的買賣訊號，只能來自於價格本身的趨勢反轉訊號。

　　舉例來說，請參考走勢圖11-6。2000年6月的超買訊號（向下箭頭標示處），得到價格跌破趨勢線的確認；同樣地，稍早在2000年2月份，超賣訊號（向上箭頭標示處）也得到價格突破下降趨勢線的確認。反之，1999年12月，當時的超賣訊號並沒有得到價格訊號的確認，因此也不得視為有效的買進訊號。

　　RSI與價格經常會形成背離的走勢，請參考圖11-1。這種情況下，第二個穿越訊號（A點與B點）通常代表理想的賣出和買進機會。這種背離現象，經常稱為擺動不足（failure swings）。走勢圖

※ 譯按：當RSI上升到超買區域，某個峰位低於前一個峰位，稱為「頭部擺動不足」；反之，當RSI下降到超賣區域，某個谷底高於前一個谷底，稱為「底部擺動不足」。

走勢圖11-6　Centura Banks，1999～2000。RSI、趨勢線與價格型態
　　　　　（資料取自www.pring.com）

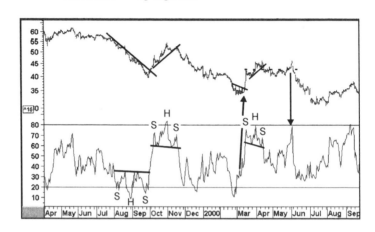

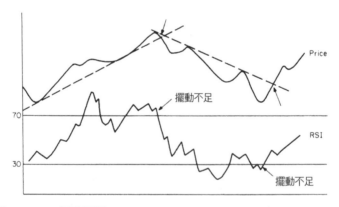

圖11-1　RSI擺動不足

11-7顯示底部擺動不足的案例，發生在2000年10月；走勢圖11-5則
顯示較長期走勢的頭部擺動不足案例。

　　趨勢線突破與型態完成　RSI也適用趨勢線突破的分析方法。

一般來說，不論是日線、週線或月線的資料，RSI計算期間愈長，通常也愈適合採用趨勢線分析。當價格與RSI在相隔很短的時間內陸續突破趨勢線，代表重要的買進與賣出訊號，請參考先前的走勢圖11-4。關於RSI的「價格」型態，請參考走勢圖11-6，其中顯示三個頭肩排列。每個頭肩排列都對應著價格的趨勢線突破。請特別注意1999年夏天的RSI頭肩底排列，其中數度出現超賣區穿越的買進假訊號。可是，真正的買進訊號是發生在RSI完成頭肩底排列，而且價格向上突破長達3個月的下降趨勢線。

　　RSI平滑化　RSI也同樣可以透過移動平均進行平滑化。我經

走勢圖11-7　J.P. Morgan，2000～2001，RSI、**趨勢線與擺動不足**。這份圖形顯示14天RSI。請注意，此處標示兩個跌破上升趨勢線的案例，分別發生在2000年9月和2001年1月。另外，2000年10月有個擺動不足的例子。沒錯，價格當時確實向上突破下降趨勢線。可是，這條趨勢線的角度實在太陡峭，這也難怪價格很快在11月底到12月初又重新測試低點，然後才展開顯著的上升走勢。（資料取自www.pring.com）

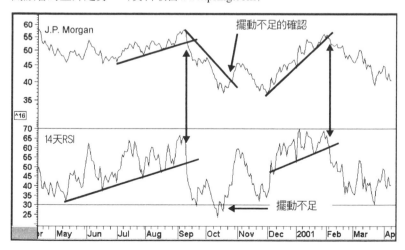

常運用8期移動平均來平滑9天RSI。平滑化之後的資料，波動程度遠低於原始RSI，所以超買／超賣水準可以設定在70／30，而不是我對於9天期RSI通常預設的80／20。

走勢圖11-8就是採用這種平滑化的RSI，對應的價格走勢圖是30年期公債殖利率顛倒繪製。這種平滑化RSI很適合藉由超買／超賣水準穿越訊號顯示趨勢反轉。虛線箭頭標示RSI反轉訊號，但該訊號並沒有得到價格行為的合理確認。實線箭頭標示的RSI反轉訊號，則經過價格趨勢突破的確認。這種解釋方法相當不錯，唯有直線狀的漲勢或跌勢不適用。

一系列峰位與谷底演進的運用

RSI經常呈現一系列持續墊高或持續下滑的峰位和谷底，這種

走勢圖11-8　30年長期公債殖利率，1998～2001。 RSI與超買／超賣穿越（資料取自www.pring.com）

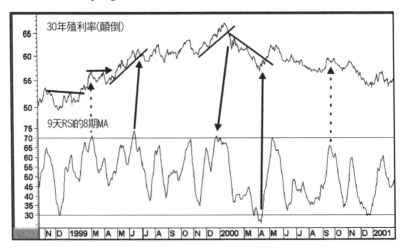

走勢圖11-9　SunTrust Banks，1997年RSI 峰位與谷底演進分析。
（資料取自www.pring.com）

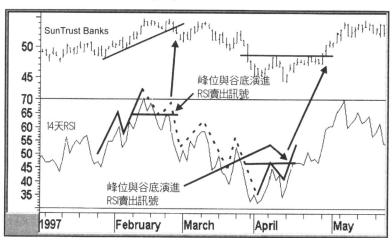

走勢一旦發生反轉，通常代表重要的買進或賣出警訊。走勢圖
11-9顯示14天RSI曾經兩次出現這種峰位與谷底演進的反轉警訊，
而且分別得到價格趨勢突破的確認，請參考箭頭標示。

RSI的兩種變形

錢德動能擺盪指標

　　錢德動能擺盪指標（CMO）是根據其發明者圖沙爾・錢德博士
（Dr. Tushar Chande）命名，是一種RSI的變形指標，具有三種特質：

- 相關計算採用未經平滑的資料。這意味著短期極端走勢不
  會被隱藏，指標讀數比較容易達到超買或超賣水準，但又
  不至於產生過多訊號。

- 指標讀數介於±100之間。所以,零線也就是均衡線。對於RSI來說,均衡水準是50,辨識上有時候不太明顯。把零線視爲樞紐,比較容易辨識讀數爲正值或負值。另外,零線均衡使得不同證券之間的比較更方便。
- 計算公式同時考慮上漲與下跌天數。

解釋

　　請參考走勢圖11-10,其中並列14天RSI與14天CMO。首先,我們看到CMO讀數達到超買/超賣水準的次數多過RSI,譬如:2000年的2月和6月,還有2001年1月。某些情況下,CMO的趨勢線也優於RSI。舉例來說,2000年3月的趨勢線突破,CMO明顯優於RSI。另外,AB與CD趨勢線突破也是如此。可是,對於2000年

走勢圖11-10　FTSE指數,2000～2001,RSI與CMO的比較
　　　　　　　　（資料取自www.pring.com）

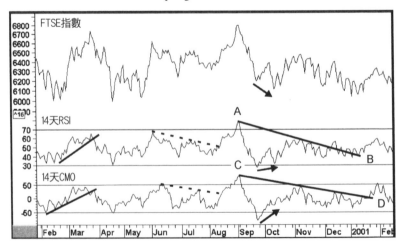

夏天的趨勢線來說（虛線標示），RSI稍優於CMO。請注意2000年
10月份的低點，兩個擺盪指標都出現正面背離，但CMO的背離情
況更突出，因爲CMO的10月份低點讀數，明顯高於9月底的低點
讀數。當然，CMO未必永遠比較好，但我個人偏愛這種指標，一
方面是因爲其超買／超賣訊號較多，另一方面也是因爲CMO採用
±符號，比較容易辨識正數和負數。

　　我發現CMO有種運用方法很好，如同走勢圖11-11顯示的，首
先取14天CMO，然後再取CMO的10天移動平均，繪製爲實線。接
著，取前述CMO的10天簡單移動平均，繪製爲虛線。根據兩條移
動平均之間的穿越，做爲買進與賣出的警訊。可是，請注意，兩
條均線經常穿越，所以需要做適當的過濾，只取超買／超賣區域
內的穿越訊號。

走勢圖11-11　恒生指數，1998～2000，經過平滑的CMO
　　　　　　（資料取自www.pring.com）

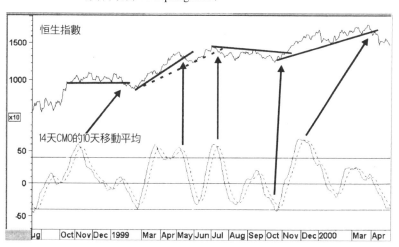

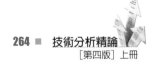

這些訊號還要經過價格本身之反轉訊號的確認,請參考走勢圖11-11的箭頭標示。

相對動能指數

相對動能指數(relative momentum index,簡稱RMI)是RSI的另一種變形指標。RMI的計算,是修改標準RSI公式而納入動能成份。我最初留意到這種指標,是看到羅傑・奧圖曼(Roger Altman)刊載在1993年2月份《股票與商品雜誌》(Stocks and Commodities)的一篇文章。

RMI所做的修改,產生兩方面的效應。第一,指標平滑化;第二,強化波動程度。結果,相關修改使得擺盪指標比較沒有突兀的變動,比較經常進入超買/超賣區域。RMI需要設定兩個參數,計算期間長短和動能因子。

如果把動能因子設定為1,RMI也就是RSI。所以,唯有當動能因子大於1的時候,RMI和RSI之間才有區別。

走勢圖11-12顯示兩組RMI,中間小圖之RMI的計算期間為14天,動能因子為8天,下側小圖的RMI計算期間為45天,動能因子為10天。由於RMI屬於RSI系統的指標,所以計算期間愈長,讀數波動愈緩和。請注意,45天RMI的波動程度明顯小於14天RMI。

原則上,指標計算期間愈長,讀數變動愈緩和,愈容易進行趨勢線分析。走勢圖11-12提供幾個訊號,我尤其喜歡1998年底的向上突破,因為價格同時突破下降趨勢線和200天移動平均。每當價格同時突破趨勢線和可靠的移動平均,相關訊號都值得特別留意,因為兩個突破彼此強化。

走勢圖11-12　AT＆T，兩個RMI（資料取自www.pring.com）

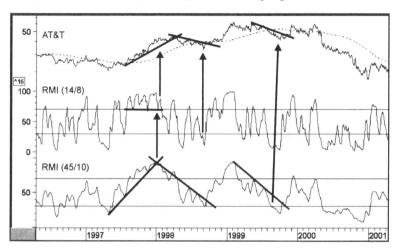

RSI結論

多數情況下，RSI（及其兩種變形）能夠告訴我們的並不多，就如同多數擺盪指標一樣。可是，當RSI出現背離現象完成「價格」型態或突破趨勢線，這些訊號如果獲得價格反轉訊號的確認，通常都代表重要的進出場機會，因為RSI屬於相當可靠的擺盪指標。

趨勢偏離指標（價格擺盪指標）

趨勢偏離指標（trend-deviation indicator）是把證券「價格」除以或減掉某衡量「趨勢」。所謂某衡量趨勢，通常都選擇移動平均。我們也可以透過線性迴歸技巧建立趨勢偏離指標。可是，此處只準備考慮移動平均的方法；某些技術分析套裝軟體稱此為價

格擺盪指標（price oscillator）。計算方法有兩類：除法和減法。除法比較理想，因為如此可以反映走勢的比例。這方面的相關討論，請參考第5章和第8章（比較算術和對數刻度的差別）。

由於移動平均也就代表所衡量的趨勢，這種擺盪指標顯示的是價格相對於趨勢的漲、跌速度。趨勢偏離擺盪指標在觀念上與第9章討論的包絡分析相同，但目前這種圖形表達方式，也透露技術面根本強弱的微妙變動。

圖11-2的(a)和(b)，即是透過兩種不同方法表達相同的指標。小圖(a)顯示的是移動平均與±10%的包絡。小圖(b) 等於是把小圖(a)的移動平均與包絡拉成水平線之後，所呈現的價格走勢。所以，對於小圖(b)，當價格觸及100、110與90時，等於是小圖(a)的價格觸及移動平均、上包絡線和下包絡線。走勢圖11-13顯示S&P綜合股價收盤與其25天移動平均的走勢，下側小圖即是利用收盤價和25天MA計算的趨勢偏離指標。

有關趨勢偏離指標的解釋，原則上也是採用第10章的說明。這種方法很容易辨識背離現象與超買／超賣狀態，但如果配合趨勢線和移動平均穿越一起使用，更能凸顯這套方法的效力。

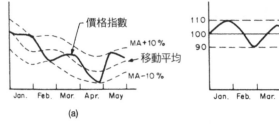

圖11-2　包絡與動能

走勢圖11-13　S＆P綜合股價指數，1996～1997，趨勢偏離指標
（資料取自www.pring.com）

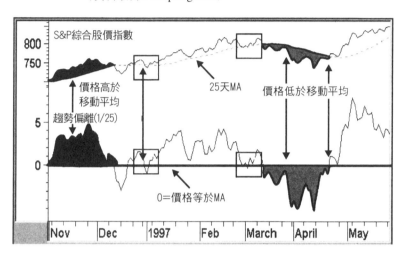

趨勢線建構

　　請參考走勢圖11-14，這是摩根史丹利資本國際（MSCI）匈牙利股價指數，下側並列小圖是根據股票收盤價與其45天移動平均計算的趨勢偏離指標。我們可以針對趨勢偏離指標進行超買／超賣、趨勢線與價格型態等方面的分析。2000年3月，指標完成頭肩頂排列，價格不久也跌破上升趨勢線。稍後，擺盪指標出現雙重底排列，型態完成之後，價格不久也向上突破長達3個月的下降趨勢線，而且同時穿越25天移動平均。這應該是個很好的買進機會，但價格實際上只小幅上漲，然後開始呈現橫向走勢，甚至在幾個月之後再創新低價。

走勢圖11-14　MSCI匈牙利股價指數與趨勢偏離指標，1999～2000
（資料取自www.pring.com）

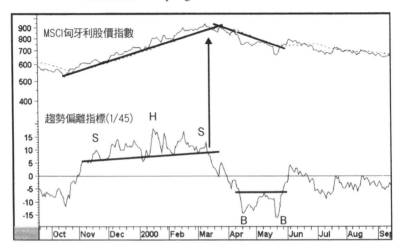

　　就理論上來看，這個向上突破訊號應該很好。不過，由事後
回顧，價格之所以有氣無力，主要是因為市場邁入空頭行情。這
是個很好的例子，說明即使是技術上很完美的訊號，偶爾還是會
失敗：進場之前，就應該防範未然，預先安排出場（認賠）策略。

趨勢偏離指標與移動平均

　　趨勢偏離指標的另一種處理方式，是藉由兩條移動平均把過
份的波動平滑化，如同走勢圖11-15顯示者。實際的趨勢偏離指標，
是取收盤價之26週移動平均除以52週移動平均。至於第二組指
標，則是取前者的10週移動平均。然後，藉由這兩條移動平均之
間的穿越做為買賣訊號，訊號必須得到價格本身的確認。走勢圖
11-15顯示兩個例子，分別發生在頭部與底部（實線箭頭標示）。

走勢圖11-15　S＆P Airlines，1995～2001，平滑化趨勢偏離指標
（資料取自www.pring.com）

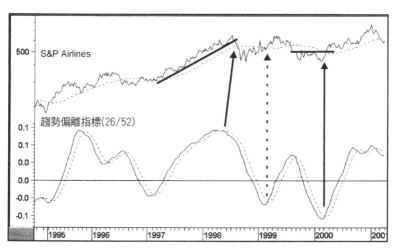

這有點像是游擊隊戰術，因為虛線箭頭標示的買進警訊，幾乎就發生在漲勢頭部。這個例子說明篩選訊號的重要性，只能挑選那些接近價格轉折點的訊號。如果沒有做適當的過濾，那麼在趨勢末端附近採取行動的風險很高。

我們可以透過一種辦法，明顯降低訊號反覆的可能性，但有不至於嚴重影響訊號的及時性。計算趨勢偏離指標的時候，可以取先前10週的52週移動平均。換言之，每週收盤價的除數，是被發生在10週前的52週移動平均。走勢圖11-16的中間小圖就是採用這種方式繪製。

這個例子中，2000年底原本發生的訊號反覆（下側小圖）在中間小圖被過濾掉，因為趨勢偏離指標沒有明確向下穿越其移動平均。這個指標組合的表現很好，雖然這並不是週線圖唯一值得

走勢圖11-16　S＆P Airlines，1995～2001，兩組平滑化趨勢偏離指標
（資料取自www.pring.com）

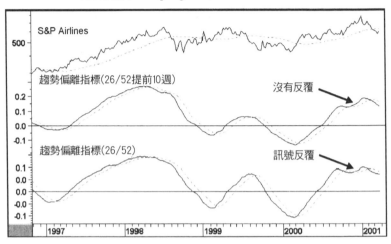

考慮的指標組合。請注意，爲了減少訊號反覆，就勢必要在某種
程度上犧牲訊號的敏感程度（訊號及時性）；因此，相較於沒有
提前的52週移動平均來說，中間小圖的訊號多少都會稍微延遲，
最明顯者莫過於1997年初的買進訊號，中間小圖的進場價格稍微
高些。多數情況下，爲了避免訊號反覆，所犧牲的訊號及時性都
是值得的。

移動平均收斂發散指標

　　移動平均收斂發散指標（moving average convergence diver-
gence，簡稱MACD）是運用兩條移動平均建構的趨勢偏離指標，
由長期均線減去短期均線。兩條移動平均通常都是取指數移動平

均（EMA），讓近期資料有著較大的權數。一般運用上，MACD
都會經由第三條EMA做平滑，這條均線稱爲訊號線（signal line），
與MACD並列，藉由兩者之間的穿越提供買賣訊號。這個指標的
名稱由來，是因爲兩條EMAs經常會彼此收斂，然後發散。MACD
近年來運用得很普及，但這實際上只是另一種版本的趨勢偏離指
標，所以其圖形結構頗類似走勢圖11-13。

　　MACDs涉及的3個EMAs，可以採用多種不同組合。Signalert
公司的吉拉·亞培（Gerald Appel）曾經就此深入做研究[3]，他建
議日線圖買進訊號採用8-17-9的期間組合，但賣出訊號則採用12-
25-9期間組合。另外，MetaStock套裝軟體採用的MACD預設期間
爲12和17，訊號線採用的期間爲9。

　　走勢圖11-17顯示奇異電器的MACD指標。如同稍早提到的，
這項指標經常透過MACD與其訊號線之間的穿越做爲交易訊號。
我認爲，這套方法最大麻煩，就是訊號反覆的現象太頻繁。就圖11-
17來說，訊號反覆的例子很多。比較可靠的運用方法，應該是繪
製超買／超賣線，進行趨勢線、價格型態和背離分析。就目前這
個例子來說，指標在2000年底完成頭肩頂排列，「頭」與「右肩」
當然構成負面背離。請注意，前述「右肩」只勉強維持在零線之
上。結果演變爲正常水準以上的跌勢。另外，MACD完成頭肩頂
排列之後，基本上都處在零線之下，讀數從來沒有進入超賣區，
這是空頭市場的典型現象。MACD經常繪製爲直方圖格式，與訊
號線並列，請參考走勢圖11-18。

---

3. Signalert, 150 Great Neck Road, Great Neck, NY 11021.

走勢圖11-17　General Electric，1999～2000，MACD
（資料取自www.pring.com）

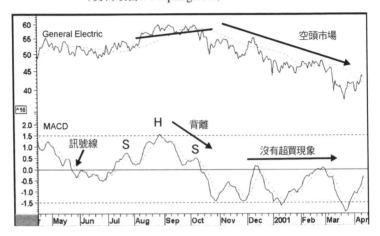

走勢圖11-18　Homestake Mining與MACD直方圖。價格走勢呈現典型的頭肩頂排列。請注意，隨著價格排列進行，直方圖也愈來愈呈現弱勢。（資料取自Telescan）

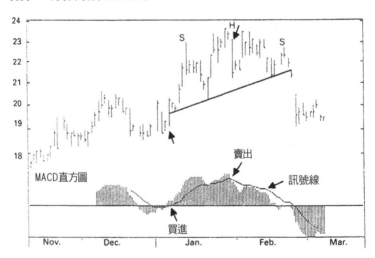

另外，如果採用較長期的移動平均，MACD可以更平滑一些；如此一來，MACD與其訊號線的穿越也會更可靠。舉例來說，小時走勢圖如果採用65/90組合計算MACD，並採用12期的訊號線，表現很理想。日線圖、週線圖或月線圖也適用相同的原理。很奇怪地，日線圖的預設組合（26/12期MACD與9期訊號線）反而更適用於月線圖，因為這組參數可以維持主要趨勢擺動，而且也讓訊號線穿越的反覆現象降到最低。

隨機指標

介紹＆計算公式

隨機指標（stochastic indicator）原本盛行於期貨圈子，所以標準公式使用的計算期間都很短。這項指標是由喬治・雷恩（George Lane）發明 [4]，基本概念如下：上升趨勢發展過程，收盤價經常會集中在交易區間上端；到了上升趨勢發展的末期階段，收盤價會逐漸遠離交易區間的上端；下降趨勢的情況剛好相反。

所以，上升趨勢發展過程，隨機指標試圖衡量收盤價由什麼時候開始傾向於靠近期間低價；同樣地，下降趨勢發展過程，則衡量收盤價由什麼時候開始傾向於靠近期間高價，因為這都代表趨勢即將反轉的徵兆。隨機指標採用兩條曲線，一是％K（快速線），一是％D（慢速線）。主要訊號是由％D線提供，因此也比較重要。

---

4. Investment Educaotrs Incorporated, Des Plaines, IL 60018.

%K計算公式為：

$$\%K = 100 \, [(C-L_5) \, / \, (H_5-L_5)]$$

其中，C代表最近收盤價，L_5是最近5期最低價，H_5為最近5期最高價。

請注意，隨機指標計算上使用的資料與其他動能指標不同，需要相關期間內的收盤價、最高價和最低價。

圖形繪製上，隨機指標與RSI相同。指標讀數始終介於0與100之間，但隨機指標是衡量收盤價落在相關期間交易區間之位置的傾向。指標讀數偏高（大於80）代表收盤價經常落在交易區間的頂端附近，偏低讀數（小於20）代表收盤價經常落在交易區間的底端附近。

將%K平滑化，結果即是隨機指標的慢速線%D，計算公式如下：

$$\%D = 100 \times (H_3 \, / \, L_3)$$

其中，H_3是$C-L_5$的3期總和，L_3是H_5-L_5的3期總和。

透過上述方式計算，結果是介於0和100之間的兩條曲線。%K通常以實線表示，%D則以虛線表示，不妨把前者看成「快速線」，後者為「慢速線」。

隨機指標之所以普遍受到歡迎，無疑是因為其走勢很平滑，在超買和超賣之間順暢地移動，使用者覺得隨機指標較RSI或ROC更能顯示根本趨勢。

運用在週線圖和月線圖上的長期隨機指標，表現遠較運用於

期貨日線圖上的短期隨機標理想。在《技術分析指標百科全書》一書中 [5]，Colby與Meyers曾經測試隨機指標，但發現績效遠不如移動平均穿越或其他動能指標。

　　隨機指標的超買區域通常繪製在上方的75～85％，超賣區域繪製在下方的15～25％之間，實際位置則取決於指標計算期間。當％D進入上方的超買區域時，代表超買情況，實際賣出訊號發生在％K由上往下穿越％D，在超賣區域也是如此。總之，當兩條曲線交叉時，行為非常類似移動平均穿越系統。如果等待穿越的訊號，經常可以避免在強勁漲勢放空，或在強勁跌勢中買進。

指標解釋

　　穿越　　正常情況下，％K的方向變動速度快於％D，所以兩者的交叉，將發生在％D改變方向之前，如同圖11-3(a)顯示者。如果％D領先反轉方向，意味著平穩的方向變動，％D被視為是較可靠的訊號，請參考圖11-3(b)。

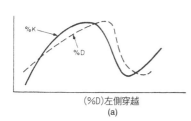
(%D)左側穿越
(a)

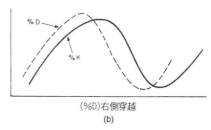
(%D)右側穿越
(b)

圖11-3　隨機指標穿越訊號

5. Robert W. Colby and Thomas A. Meyers,《The Encyclopedia of Technical Market Indicators》, Dow Jones-Irwin, Homewood, IL., 1988.

　　反向穿越失敗　%K穿越%D之後，又回頭重新測試%D，但未能穿越%D（請參考圖11-4），這是趨勢可能發生變動的重要徵兆。

　　逆向背離　某些情況下，%D連續創新低，但價格本身的低點卻墊高（請參考圖11-5），這代表空頭徵兆，通常應該在次個反彈走勢過程結束多頭部位。這種情況經常又稱為空頭陷阱（bear setup）。

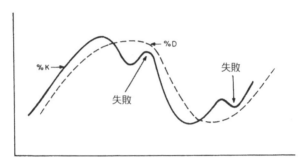

圖11-4　隨機指標反向穿越失敗

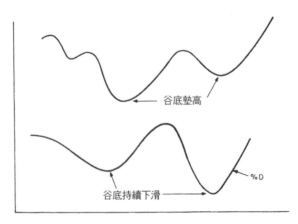

圖11-5　隨機指標逆向背離

　　極端讀數　有些時候，％K會到達100或0的極端讀數。這代表非常強勁的走勢，因為價格持續收盤於相關期間的最高點或最低點附近。在價格折返之後，如果這些極端讀數測試成功，通常代表很好的進場點。

　　臨界　當％K或％D因為走勢速度減緩而趨於平坦化，這種現象稱為「臨界」（hinge），通常代表反轉將發生在次一個期間，請參考圖11-6。

　　背離　如同其他擺盪指標的情況一樣，隨機指標也經常產生正面或負面的背離。圖11-7顯示其中某些情況。背離現象發生之後，％K穿越％D代表買賣訊號。

　　降低速度的隨機指標　根據前述概念，我們可以另外設計速度更緩慢的系統。換言之，我們把先前的慢速線％D，視為新系統的快速線，然後再取其移動平均做為新系統的慢速線。某些技

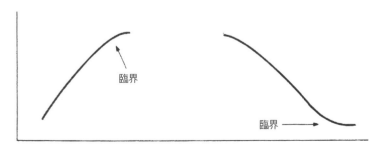

圖11-6　隨機指標的臨界現象

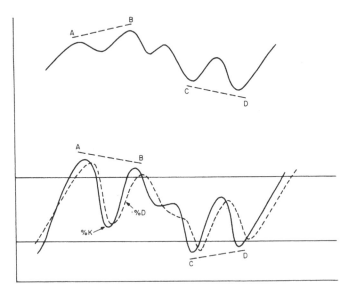

圖11-7 隨機指標的背離現象

術分析者認為，這套降低速度的隨機指標系統，可以提供更精確
的訊號。請參考走勢圖11-19，其隨機指標先取10天期%K，前者
的5期移動平均為%D，該%D再用5期移動平均降低速度，所以標
示為10/5/5。

彙總

- RSI讀數介於0～100之間。指標計算期間愈短，超買／超賣區域
  愈往外延伸。
- 相較於ROC，RSI更方便比較不同證券的動能。
- RSI可以由幾種不同角度運用：超買／超賣區域、背離、價格型

走勢圖11-19　Amex Brokers Index，2000～2001，**隨機指標的幾種解釋**
　　　　　　（資料取自www.pring.com）

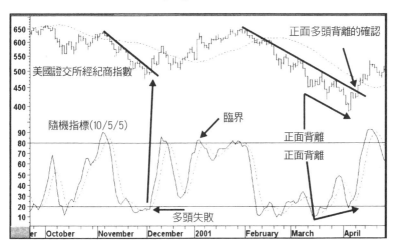

態、趨勢線與平滑技巧。

- 趨勢偏離指標的建構，是把收盤價除以移動平均，或用短期移動平均除以長期移動平均。

- 趨勢偏離指標有幾種不同運用：趨勢線、價格型態與移動平均。另外，該指標也可以做超買／超賣和背離分析。

- MACD是一種趨勢偏離指標。

- 隨機指標的根本概念（假設）是：漲勢即將結束時，價格會收在盤中低價附近；跌勢即將結束時，價格會收在盤中高價附近。

- 隨機指標讀數介於0～100之間，通常是由兩條曲線構成：％K與％D。

- 隨機指標有幾種不同運用：穿越、背離、臨界、極端讀數、逆向背離等，通常繪製慢速版本。

第12章 個別動能指標 II

穩當指標（KST）

長期KST

　　本書第10章曾經解釋ROC的概念，衡量價格在特定期間的上升或下降速率，計算方法是以當期價格，除以第N期之前的價格。計算期間愈長（N愈大），所衡量的趨勢愈重要。舉例來說，10天ROC的重要性，遠不如12個月或24個月的ROC。

　　運用ROC指標，可以協助解釋市場的某些循環走勢，經常可以預先顯示趨勢反轉的徵兆，但ROC採用的期間長度，只能反映某單一週期的循環。如果所反映的循環不明顯，或當時行情主要是受到另一個或數個循環影響，則所使用的ROC將沒有太大價值。

　　這點可以藉由走勢圖12-1說明，該圖顯示三個不同期間長度的ROC：6個月期、12個月期與24個月期。6個月ROC反映的是中

主要技術原則：任何特定時間的市場價格，都是由許多不同週期之循環交互作用而共同決定。任何指標如果能夠考慮這方面的因素，就能提供更及時的訊號，指標不至於犧牲太多敏感性。

期走勢，24個月指標則處理主要趨勢擺動。垂直向上或向下的箭頭，標示著行情的主要轉折點。我們發現，每當新趨勢產生之後，所有三個ROC指標大體上都呈現相同方向的走勢。最重要的例外情況，發生在1984年的底部。

　　請注意，當價格由底部開始向上翻升時，24個月期ROC雖然也同時上揚，但很快又呈現下降走勢；不過，這個時候，9個月與12個月ROC則繼續揚升。所以，在箭頭A涵蓋的期間內，由於三個循環的作用彼此衝突，這段期間的價格漲勢也受到牽制。到了1985年底，所有三個ROC同時朝上發展，也就是箭頭B涵蓋的期間，上升趨勢顯得比較陡峭。

　　事實上，在市場的重要轉折點，通常都有好幾個循環的行為是彼此一致的，使得相關的價格漲勢或跌勢得以加速發展。當

走勢圖12-1　Ｓ＆Ｐ綜合指數，1978～1988。三個不同期間長度的ROCs（資料取自www.pring.com）

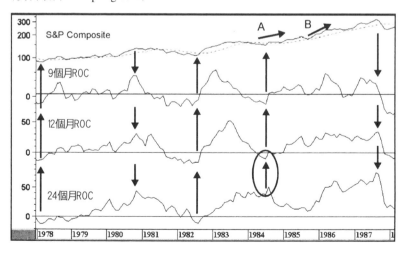

然，目前這個例子還是有相當大的侷限性，因為任何時候都不只
有三個循環在同時運作。

走勢圖12-2顯示S&P綜合股價走勢，涵蓋期間為1974～90，
並列的擺盪指標為24個月期ROC，經過9個月期移動平均平滑化。
這段期間內，這個擺盪指標確實可以反映主要趨勢擺動。可是，
如果把指標改變方向視為訊號的話，仔細觀察將發現還有很多值
得改進的地方。

舉例來說，1984年的價格低點，剛好對應著擺盪指標的高
點。類似情況也發生在1989年，擺盪指標的低點，幾乎對應著價
格漲勢的峰位。我們希望找到某種擺盪指標，既能夠反映主要趨
勢，並且夠敏感而能及時顯示價格轉折。關於這點，我們可以運
用幾個不同期間的ROCs來建構相關指標。

走勢圖12-2　S&P綜合股價指數，1973～1991，經過平滑化的ROC。
　　　　　　（資料取自www.pring.com）

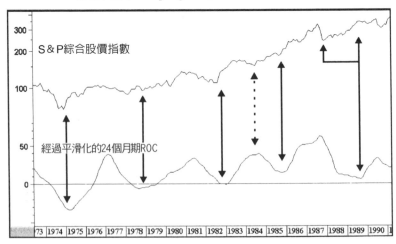

　　較長的計算期間，用以反映主要趨勢擺動，較短的計算期間，則用以加速轉折點。表12-1顯示KST指標的計算公式。

表12-1　時間架構公式

時間長度	平滑		權數
9個月	6-MA	×	1
12個月	6-MA	×	2
18個月	6-MA	×	3
24個月	9-MA	×	4

　　相關擺盪指標的最重要功能，是反映主要趨勢擺動，所以長期ROC佔的權數較大。走勢圖12-3比較平滑化24個月ROC與長期KST指標之間的表現。我們很容易看到，KST反映了主要行情擺動，就如同平滑化的24個月ROC一樣。可是，KST顯示的轉折點較ROC提前一些。向下垂直箭頭標示著ROC的谷底位置，我們看

走勢圖12-3　S＆P綜合股價指數，1973～1991，經過平滑化的ROC與長期KST指標。（資料取自www.pring.com）

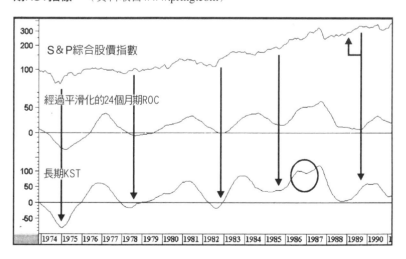

到KST的谷底都提前發生，但每次的領先時間不太一定。請注
意，在1987年的價格底部發生一陣子之後，KST才在1988年由谷
底向上翻升，剛好對應著行情向上啓動的位置。ROC的向上反轉
時間落後一大段，大約在1989年的年中。可是，在1986-1987期間
（圓圈標示處），KST的表現不如ROC，因爲當時KST顯示技術面
轉弱的假訊號，ROC則持續上升。

　　KST的主要期間長度是24個月，剛好是4年期經濟循環週期的
一半。換言之，如果證券價格的漲跌起伏基本上是反映經濟循環
的話，KST的表現會最理想。舉例來說，走勢圖12-4顯示S&P股價
指數在1960年代和1970年代的表現；當時，股價走勢顯然是反映
經濟循環。當KST與其移動平均改變方向時，代表股票市場的承
接／出貨期間。

走勢圖12-4　S＆P綜合股價指數，1963～1979，長期KST指標。
（資料取自www.pring.com）

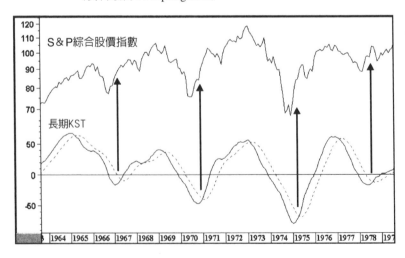

　　事實上，KST有三個不同層級的訊號。首先是KST本身改變方向，其次是KST穿越其移動平均，最後是移動平均改變方向。多數情況下，KST穿越其移動平均的訊號，最能夠兼顧訊號及時性與可靠性；換言之，訊號發生得相當快，但訊號反覆的情況又不常見。當KST的9個月移動平均改變方向時，訊號最可靠，但時間可能遠遠落後實際的價格轉折點。至於最及時、最可靠的訊號，當然是移動平均改變方向的位置，很接近價格轉折點的情況。

　　KST雖然是很可靠的指標，但如同所有技術分析方法一樣，絕對稱不上完美無缺。舉例來說，走勢圖12-5也透過相同方法計算日經股價指數的KST指標。可是，在長期的直線狀上漲過程（1970年代與1980年代的日本股票市場），這種方法顯然不適用，因為經常發生許多錯誤的空頭訊號。

走勢圖12-5　日經指數，1975～1992，長期KST指標。
　　　　　　（資料取自www.pring.com）

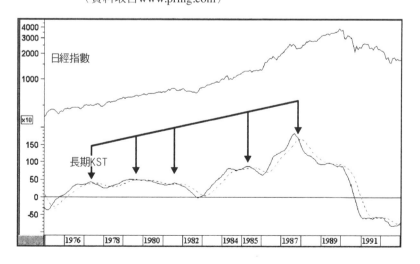

當然，話說回頭，絕大多數情況下，股票市場會充分反映經濟循環，而加權總和的ROC非常適用於這類市場。基於這個緣故，我稱此指標為「穩當」（know sure thing, KST）。一般來說，這個指標是很可靠的，但畢竟不是「穩當」。

短期與中期KSTs

KST指標的概念，最初是根據長期趨勢發展出來的，但把四個不同計算期間之ROC做加權平均的處理方法，也同樣可以運用於中期和短期趨勢，甚至盤中走勢圖。表12-2列舉的參數組合只代表我的建議，各位可以從這裡著手，然後做調整。關於這些參數設定，所追求的目標應該是穩定、可靠，而不是完美，因為技術分析沒有所謂的完美。

走勢圖12-6顯示倫敦現貨銅的中期KST指標。我覺得，這項指標的最大優點之一，是其解釋上的彈性，尤其是運用於短期或

表12-2　KST公式建議*

	ROC	MA	權數	ROC	MA	權數	ROC	MA	權數	ROC	MA	權數
短期[†]	10	10	1	15	10	2	20	10	3	30	15	4
短期[‡]	3	3[¶]	1	4	4[¶]	2	6	6[¶]	3	10	8[¶]	4
中期[‡]	10	10	1	13	13	2	15	15	3	20	20	4
中期[‡]	10	10[¶]	1	13	13[¶]	2	15	15[¶]	3	20	20[¶]	4
長期[§]	9	6	1	12	6	2	18	6	3	24	9	4
長期[§]	39	26[¶]	1	52	26[¶]	2	78	26[¶]	3	104	39[¶]	4

* 很多技術分析套裝軟體都可以納入KST程式。

† 根據日線資料

‡ 根據週線資料

§ 根據月線資料

¶ EMA

中期時間架構。本書第10章討論的所有運用技巧，幾乎都適用於
此。對於走勢圖12-6，1994年底，我們看到KST指標穿越進入超
買區域，這沒有引發任何實際行動，因為價格沒有產生對應的趨
勢反轉訊號。稍後，到了1995年初，我們看到KST出現負面背
離，向下穿越65週EMA，並且由超買區域折返中性區域；到了
1995年底，價格完成頭肩頂排列，跌破移動平均與趨勢線。KST
下滑過程，出現幾個買進假訊號，但下降走勢的頭部構成相當明
確的下降趨勢線。1996年底，KST穿越EMA，然後由超賣區域折
返中性區域，緊跟著突破下降趨勢線；不久，價格也向上突破而
發出買進訊號。1998年初，KST由超賣區域折返中性區域，但價
格並沒有出現對應的趨勢反轉訊號。1999年初，KST出現正向背
離，同時向上穿越EMA，價格也幾乎同時突破下降趨勢線，這是

走勢圖12-6　現貨銅，1993～2001，中期KST指標。
　　　　　　（資料取自www.pring.com）

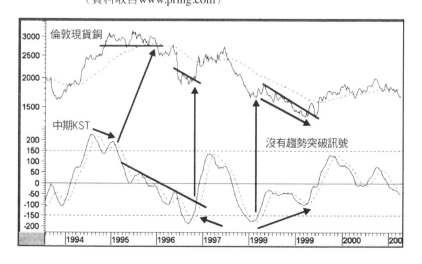

相當不錯的買進訊號。請注意，當價格向上突破之後，該下降趨勢線（延伸部分）成為後續走勢的下檔支撐。

走勢圖12-7與12-8都顯示日線圖資料適用的短期KST指標。首先，在2000年與2001年第一季，孟買證交所股價指數的KST呈現很好的波動。圖形上的箭頭標示KST反轉穿越其10週移動平均的位置。移動平均穿越是KST最常用的訊號之一。不幸地，這類訊號不是絕對有效。

舉例來說，請參考走勢圖12-8的美國證交所經紀商指數與KST。最初，KST出現兩個移動平均穿越假訊號，最後才在1999年春天發生負面背離，價格也跟著跌破上升趨勢線。有些時候，KST會展現平靜、低調的走勢，如同1999年秋天的情況（KST的兩條趨勢線向右收斂）。KST一旦突破這種型態，而且得到價格走勢的確認，通常是相當可靠而強烈的訊號。

走勢圖12-7　孟買證交所股價指數與短期KST（資料取自www.pring.com）

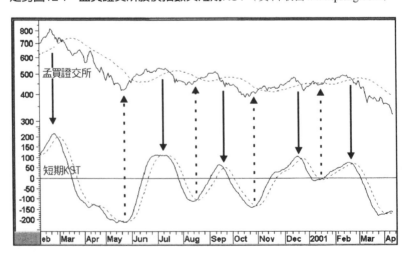

走勢圖12-8　美國證交所證券商股價指數與短期KST，1998～2000。
　　　　　（資料取自www.pring.com）

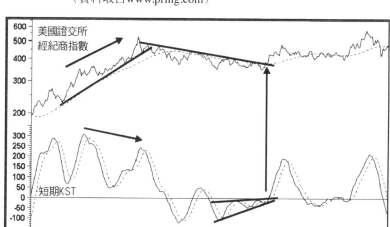

　　走勢圖12-9是蘋果電腦的15分鐘走勢圖，以及盤中交易適用的中期和短期KST。這個例子顯示幾個賣出訊號。一般來說，月線KST的訊號可靠性，應該勝過日線或週線的類似訊號。不同計算期間之指標訊號的有效程度，當然取決於市場本身的*趨勢*。根據KST的結構來說，該指標假定市場主要是反映4年期的經濟循環。經濟循環的週期如果太長或太短，月份KST的表現就會受到影響。

KST指標運用於市場循環模型

　　三種主要趨勢　KST指標的宗旨，是掌握主要的*趨勢*，剔除次要的波動。本書第1章曾經解釋，市場在任何特定期間內，都同時並存數種不同的*趨勢*，包括盤中或小時的*趨勢*，乃至於長達

走勢圖12-9　蘋果電腦與兩種盤中KST指標（資料取自www.pring.com）

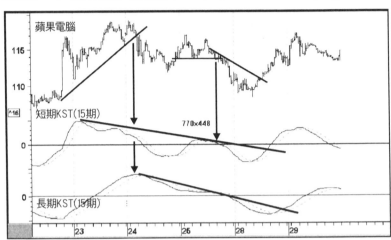

20、30年的大趨勢。就投資而言，趨勢可以劃分為三種：短期、中期與長期。短期趨勢通常採用日線圖進行分析，中期趨勢則採用週線圖，長期趨勢採用月線圖。第1章的圖1-1即代表這三種趨勢的典型情況。

　　由投資角度來看，長期（主要）趨勢方向最重要。長期趨勢讓我們瞭解市場行情當時在整個循環中所處的地位。長期KST指標可以協助我們判斷市場循環的主要轉折。引進短期與中期KST，使我們得以複製對應的市場循環模型。

　　最理想的投資時機，是當主要趨勢處於上升階段，而中期和短期趨勢由谷底翻升。處在空頭行情裡，最理想的賣出機會，是中期和短期趨勢翻越峰位的時候由某種角度來看，在多頭市場的初期或中期階段，任何投資都可以受惠於主要上升趨勢；但在空

頭市場裡，投資人必須非常機警，才能掌握中期上漲走勢。

　　三種趨勢的結合　理想的情況下，我們可以在同一份走勢圖內，並列月線、週線和日線的KST，但繪圖上的限制未必允許如此安排。可是，我們可以根據週線資料，取不同的計算期間，藉以模擬這三種趨勢，請參考走勢圖12-10（芝加哥木材價格）。這種安排可以協助判斷主要趨勢的進行方向與發展階段（圖形最下端的長期KST），並比較短、中期趨勢之間的關係。繪製在價格走勢圖上側的實線與虛線，是根據長期KST穿越其26週EMA而決定的主要趨勢發展方向。請注意，當市場處在多頭行情之中，短期KST很少進入超賣區域；同樣地，當主要趨勢向下發展時，短期KST很少進入超買區域。

走勢圖12-10　木材，1994～2001，3條KSTs（資料取自www.pring.com）

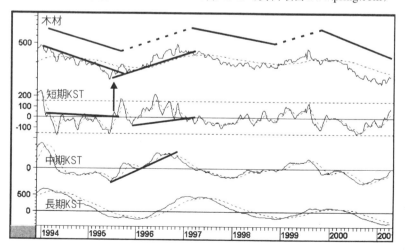

最理想的買進機會應該是當長期KST處於下降階段的末期，或是在上升趨勢還沒有過份延伸的時候。走勢圖12-10的KST指標與先前走勢圖的情況稍有不同，此處是採用EMA做爲平滑工具，不是採用簡單移動平均。實際經驗顯示，目前這種安排比較適合採用EMA。長期指標的計算期間與月線資料相同，只是把12個月改爲52週，以及其他等等。

唯有當指數平滑的KST指標實際穿越其移動平均，才視爲買賣警訊，方向轉變不足爲憑。有時候，長期KST的走勢相當平穩而不改變方向，讓分析者摸不著頭緒，不清楚其意圖究竟如何。碰到這種情況，我們可以根據短期和中期KSTs，配合觀察價格本身的走勢，通常可以歸納出重要的結論。

舉例來說，長期KST在1997年初的走勢相當平穩，但中期KST在1996年底就已經向下穿越EMA，並且跌破趨勢線。短期KST也完成頭部排列，穿越到零線之下。另外，價格本身也跌破非常明確的上升趨勢線。所有這些徵兆都顯示既有的價格上升趨勢將發生變化，起碼也會變成橫向發展。由於動能明顯轉弱，我們有理由根據長期KST判斷行情將趨於下跌。

KST也可以運用於相對強度的分析，這對於研究產業類別或個別股票特別有幫助，因為如果想瞭解經濟循環過程的類股輪替現象，單純研究絕對價格資料的直線狀漲跌走勢，效果恐怕很有限。關於此議題的深入討論，請參考第16章的相對強度、第19章的類股輪替，以及第31章的個股篩選。讀者如果不能透過技術分析套裝軟體繪製KST指標，MACD是很好的替代指標，適合採用長期移動平均做爲平滑工具。

趨向系統

韋達設計的趨向系統（Directional Movement System），其功能在於判斷市場是否呈現明確的趨勢。這方面的判別很重要，因為趨勢明確的市場，適合採用順勢操作指標，譬如移動平均；反之，如果市場沒有明確的趨勢（橫向發展），則比較適合採用擺盪指標。由實務角度來說，除了辨識趨勢變動之外，我並不特別認同趨向系統的這方面功能。可是，由另一方面來看，我們可以透過其他方式運用這項指標。

概念

趨向系統的相關計算涉及複雜的程序，此處不打算做完整的討論，有興趣的讀者可以參考韋達的《技術交易新概念》（New Concepts in Technical Trading）。

簡單說，趨向指標是衡量某單位期間內（天、週、10分鐘或其他）的價格最大變動量，或衡量某期間相較於前一期間收盤價的價格最大變動量。事實上，這套系統想要衡量價格的趨向變動。由於價格有兩種變動方向，所以有兩種趨向指標，分別稱為＋DI與－DI。

按照這種方式計算的原始資料，數值波動相當劇烈，所以會取某期間長度的平均值，然後繪製成為曲線圖。正常情況下，兩個DIs會並列。計算平均值的標準（預設）期間長度為14天。走勢圖12-11的兩條DIs都是取14天的平均值。兩個DIs的穿越代表買賣訊號。

走勢圖12-11　IBM，2000～2001，兩個DIs（資料取自www.pring.com）

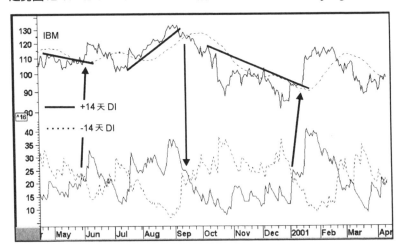

　　這套系統還有另一個重要指標：平均趨向指數（Average
Directional Index，ADX）。ADX就是＋DI與－DI在某特定期間內
的加總平均。事實上，這是取兩個DIs數值的差值（不考慮正負符
號）。換言之，ADX只顯示相關證券價格走勢是否有明確的方向
（不論漲跌）。ADX的預設計算期間也是14天。

　　根據ADX的定義，其讀數永遠介於0～100之間。偏高讀數代
表證券價格走勢呈現明確的趨勢（趨向變動量很大），偏低讀數代
表價格走勢缺乏明確方向（呈現橫向走勢）。不同於其他擺盪指
標，ADX僅嘗試衡量趨勢明確程度，但不能顯示該趨勢為上升或
下降。

　　換言之，分析者必須藉由其他擺盪指標來判斷所謂的明確趨
勢，究竟是明確的上升或下降趨勢。

兩個DIs

　　走勢圖12-11顯示IBM的價格和兩個DIs的走勢，DI計算期間為14天。當＋DI向上穿越－DI，代表買進警訊，反之亦然。就目前這個例子來看，DI指標提供的訊號，很多都得到價格穿越趨勢線的確認。關於價格提供的確認，當然也可以是移動平均穿越或突破價格型態等。

　　這個例子的指標穿越訊號都不錯，沒有看到訊號反覆。可是，情況顯然不是始終如此。這也是爲何指標訊號需要經過價格行爲確認的理由。另一個辦法是取經過平滑的DIs，請參考走勢圖12-12。如此當然可以減少訊號反覆的機會，但也要因此付出代價，訊號會落後。

走勢圖12-12　Alcoa，1999～20001，經過平滑的兩個DIs與ADX
　　　　　　（資料取自www.pring.com）

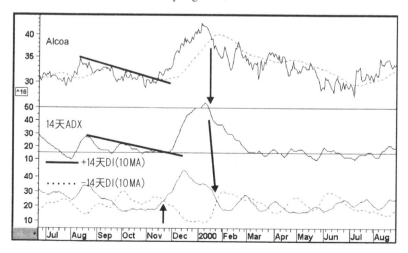

ADX指標

ADX偏高讀數並不代表市場超買而價格將下跌。請注意，趨勢變動不同於趨勢反轉，因為趨勢變動可能由上升變為下降，但也可能由上升變為橫向走勢。同理，下降趨勢可能變為上升，但也可能變為橫向走勢。

走勢圖12-13並列Alcoa的價格和14天ADX指標。關於ADX，圖形另外標示超賣／超買水準於15／50。由於每種證券的價格波動程度都不一致，所以超賣／超買水準設定需要參考個別證券的歷史價格資料，然後再按照實際運用情況做調整。這個例子中，我們看到ADX曾經三度呈現超賣讀數，顯示當時有明確的方向性走勢。這些警訊代表市場趨勢或方向性走勢已經反轉。第一個訊號顯示既有上升趨勢轉變為橫向走勢，第二個訊號顯示上升趨勢向下反轉，第三個訊號則顯示下降趨勢向上反轉。

走勢圖12-13　Alcoa，1999～2001，ADX指標（資料取自www.pring.com）

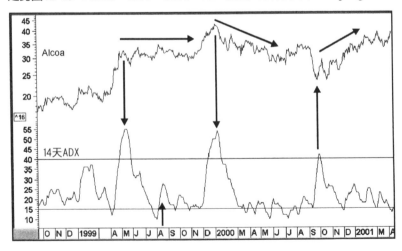

> **主要技術原則**：當ADX呈現偏高讀數，而且開始下降，意味著既有價格趨勢很可能發生變動。

　　任何技術指標都很難找到完美的計算期間長度。可是，對於ADX來說，14期似乎已經很接近理想狀態。走勢圖12-14顯示兩種極端期間長度：6天與30天。計算期間太短，ADX會顯得波動太過劇烈，計算期間太長，又會呈現階梯狀走勢。

　　6天期ADX標示的箭頭顯示，指標方向反轉並不必然代表價格趨勢變動。就目前這個例子來說，ADX下降精確預測趨勢反轉。不幸地，ADX下降並不是價格趨勢變動的必然結果，而只代表既有趨勢的發展速度變慢。還好，這類情況只是例外，不是常態。

走勢圖12-14 AT＆T，1998～2001，兩條ADXs（資料取自www.pring.com）

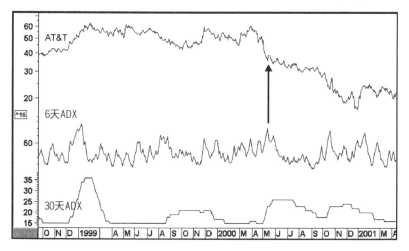

走勢圖12-12顯示這類情況,不過還另外包含14天期±DI的10天移動平均。這些例子試圖說明ADX反轉的含意。就目前這個例子來說,ADX向上穿越50(請注意,這個超買讀數與走勢圖12-13不同)之後,緊跟著出現+DI向下穿越−DI。這意味著ADX反轉之後,經常會出現跌勢。

ADX讀數偏低,代表價格缺乏方向性走勢,這也有助於我們判斷趨勢變動。考慮1999年11月份的情況(走勢圖12-12)。ADX處於偏低水準狹幅盤整,然後向上突破。這意味著價格可能展開比較明確的走勢,但究竟是向上或向下呢?想要回答這個問題,觀察重點在兩條經過平滑的DIs與價格本身。就目前這個例子來說,+DI向上穿越−DI,這個買進警訊也得到價格向上突破的確認。記住,ADX上升並不代表價格將上漲,而只代表價格趨向變得更明確,如果−DI向下穿越+DI,而且價格也出現向下突破的訊號,則ADX讀數上升代表價格向下反轉。

拋物線指標

概念

拋物線系統是由韋達提出的概念,並不是動能指標,所以嚴格說來——這套系統原本不該納入本章討論。可是,此處還是會做簡單說明,因為這畢竟是運用相當普及的系統,藉以提供停損訊號。

順勢操作系統最常受到的批評之一,就是價格實際轉折與趨勢反轉訊號之間存在顯著的時間落差。拋物線系統的主要功能在

於停損設定；換言之，隨著部位價格獲利提高，停損的設定速度
會加快。就概念上來說，時間是敵人，除非部位的獲利速度能夠
持續提升，否則就應該做了結。由於拋物線系統屬於停損反轉系
統（結束某部位而同時建立反向部位），所以只要藉由該系統建立
部位之後，就能搭配任何動能指標運用。另外，這套系統採用
追蹤型的停損設定，所以停損只能順著部位方向做調整；換言
之，多頭部位的停損只能往上調整，空頭部位的停損只能往下調
整。

　　部位剛建立的時候，允許活動的範圍相對較大。然後，隨著
時間經過而價格朝預期方向發展，停損設定將愈來愈緊密。所謂
的「拋物線」，是指停損設定在走勢圖上畫出的軌跡而言。對於多
頭部位來說，停損軌跡將持續走高；空頭部位的停損曲線將隨著
時間經過而下降。

運作方式

　　請參考走勢圖12-15，如果把停損設定繪製為曲線而與價格並
列，停損曲線將呈現拋物線狀，處在價格之上或之下。該停損曲
線經常標示為SAR，代表停損反轉系統（stop and reversal system）
的意思。相關停損一旦被引發，不僅用於結束既有部位，也同時
建立反向的新部位。所以，根據這套系統，一旦結束多頭部位，
將同時建立空頭部位，反之亦然。

　　就我個人來說，我會運用其他方式建立部位，然後藉由拋物
線系統設定停損；換言之，不把拋物線系統視為部位反轉系統。
記住，交易之所以發生虧損，多數是因為逆著主要趨勢發展方向

走勢圖12-15　通用汽車與拋物線指標，2000～2001
（資料取自www.pring.com）

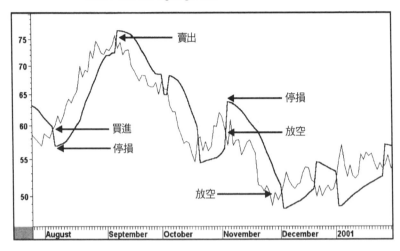

建立部位——嚴格執行拋物線反轉系統，顯然違背這個觀察的含意。因此我把拋物線系統視為停損系統，不是停損而反轉的系統。

純粹的拋物線系統，會在價格向上穿越拋物線的時候買進，停損低於當時買進價格。剛建立部位的時候，停損代表相當嚴重的風險。可是，隨著拋物線系統慢慢發揮功能，部位風險將下降。請參考走勢圖12-15，賣出訊號相當接近漲勢峰位。11月份的放空訊號很不錯。

如同多數技術指標的情況一樣，對於橫向發展的行情，拋物線系統也不太適用，因為市場不能醞釀足夠的動能來降低風險。請參考走勢圖12-16，其中總共進行5筆交易，3筆買進（標示為實線箭頭），2筆放空（虛線箭頭）。沒有任何交易賺大錢，成功的次數稍多（3次對2次）。

走勢圖12-16   Hewlett-Packard，一條拋物線 （資料取自www.pring.com）

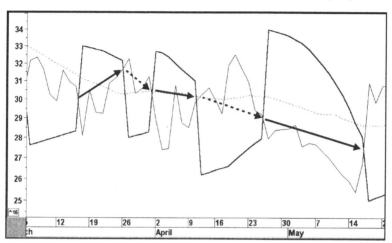

參數設定

關於拋物線系統，大多技術分析套裝軟體可以設定兩種參數：加速因子與加速因子極大值。行情每當創部位建立以來的新高（多頭部位）或新低（空頭部位），加速因子將決定停損的調整程度。加速因子極大值限制加速因子的最大數值。舉例來說，加速因子可以設定為0.2，加速因子極大值設定為0.8。這種情況下，等到價格創多頭部位建立以來的4次新高價，加速因子就累積到0.8的極大值；由此開始，加速因子都保持為0.8，直到停損引發為止。

關於移動平均計算時間長度的選擇，總是不能兼顧訊號及時性與可靠性。短期均線的訊號比較及時，但也因此更容易產生訊號反覆；反之，長期均線的訊號雖然比較可靠，但訊號發生時間

與價格反轉位置之間會有更大的時間落差。拋物線系統的情況也是如此：加速因子愈小，訊號愈可靠，但時間落後也愈嚴重，加速因子愈大，訊號愈及時，但訊號反覆也愈嚴重。

請參考走勢圖12-17，其中顯示兩條拋物線，上側走勢圖採用的加速因子為0.01，極大值為0.2，下側走勢圖採用較積極的加速因子，參數設定為0.2，極大值也是0.2。兩者的差別很清楚。相較於下側圖形，上側走勢圖的加速因子較小，訊號比較可靠，反覆的情況比較少見，但訊號的及時性也較差。

至於應該如何設定最理想的加速因子，基本上是一種嘗試錯誤程序，就如同決定移動平均的計算長度一樣。按照韋達本人的建議，以及多數套裝軟體採用的預設值：加速因子為0.02，極大值為0.2。

走勢圖12-17　Hewlett-Packard，兩條拋物線（資料取自www.pring.com）

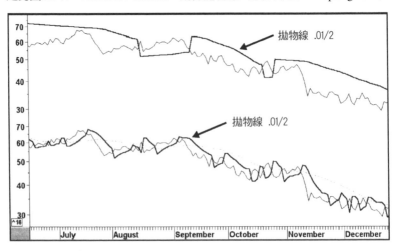

實務運用

　　拋物線系統的運用方式很多。我個人經常藉由移動平均穿越系統建立部位，然後根據反向穿越結束部位。可是，持有部位期間，如果拋物線穿越價格移動平均而出現停損訊號，則應該結束部位。相關案例請參考走勢圖12-18。至於更詳細的解釋，請參考我寫的動能指標專書。

走勢圖12-18　通用汽車，拋物線vs.移動平均穿越
　　　　　　　（資料取自www.pring.com）

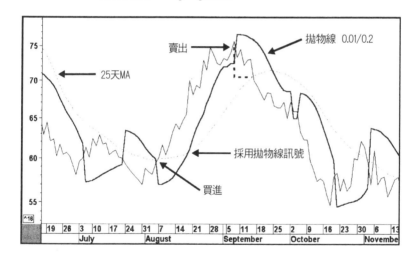

彙總

- KST可以運用於任何時間架構，包括盤中走勢，乃至於主要趨勢。

- KST是由4個不同時間長度之ROC構成的平滑指標，4者的權數根據時間長度決定。
- 同一份走勢圖可以並列長期、中期與短期KST，藉以反映市場循環模型。
- KST可以運用動能指標的各種不同解釋技巧，也能夠做相對強度分析。
- ＋DI與－DI分別衡量正值和負值的短期趨向。
- 原始或平滑化±DI彼此穿越時，代表買進／賣出動能警訊。
- ADX衡量趨勢強度。
- ADX數值上升，代表價格趨向變得明確。
- ADX改變方向而由偏高讀數下降，代表既有趨勢可能發生變化。
- 拋物線系統屬於停損系統。
- 拋物線系統當初設計為停損-反轉系統。可是，這套系統最好只做為停損系統，因為根據此系統建立的部位，起始風險較大。

第13章　陰陽線

陰陽線結構

　　陰陽線起源於日本，已經有好幾百年的歷史，近年來則受到其他國家普遍引用。這套系統運用另一套方法繪製價格資料，有別於我們（美國）熟悉的長條圖（bar chart）。陰陽線可以判定價格型態，也適合做趨勢線分析。陰陽線使用的價格資料包括：特定時段（月、週、日、小時等）的開盤價、最高價、最低價和收盤價。

　　我們慣用的長條圖，每支線形是透過垂直線段表示特定交易時段的價格區間，左、右各有一個小橫畫，分別代表開盤價和收盤價。至於陰陽線，每支線形是由垂直狀矩形表示，上、下影線分別代表最高價和最低價。長條圖對於所有價格資料的重要性，大體上都等同視之，但陰陽線比較重視開盤價和收盤價，而且圖形顏色會顯示何者較高。

　　陰陽線只適用於提供開盤價資料的市場。這套繪圖系統的支持者認為，陰陽線不僅提供了長條圖顯示的所有價格資料，而且還能提供其本身特有的資訊。請注意，陰陽線只是一種技術分析

方法，絕對不是萬靈的「聖杯」。本章是以「日線」爲準做說明，因爲這是使用最普遍的時間單位，不過陰陽線可以根據任何時間單位繪製與分析。

典型的陰陽線是由兩部分構成：實體部分（矩形的本身）與影線部分（矩形上、下延伸的垂直線段）。實體（矩形）的兩端分別代表當天開盤價和收盤價。如果收盤價高於開盤價，實體繪製爲白色或紅色（陽線）；反之，如果收盤價低於開盤價，實體繪製爲黑色（陰線），請參考圖13-1(a)與(b)。陰線的實體上端代表開盤價，下端代表收盤價。陽線的實體上端代表收盤價，下端代表開盤價。

由實體延伸出來的上、下影線，代表當天的最高價與最低價，因爲開盤價與收盤價可能相等，最高價與最低價也可能相等，所以陰陽線結構有幾種可能性，圖13-1列示某些可能狀況。

陰陽線提供的資訊，基本上與長條圖相同，但在視覺上可以凸顯技術分析方面的某些有用特質。長條圖的某些價格排列，往

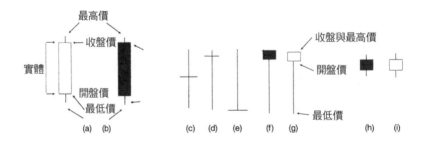

圖13-1 單支陰陽線

往被冠上專有的名詞，譬如：「關鍵反轉日」或「島狀反轉」。陰陽線的情況也是如此，但因為其單支或多支線形構成的排列很複雜，所以也有各式各樣的名稱。圖13-1顯示一些常見的單支陰陽線形狀。

　　圖13-1(a)是「長陽線」，實體部分很長，顏色為白色（收盤價高於開盤價），影線很短，屬於多頭線形。

　　圖13-1(b)是「長陰線」，實體部分也很長，但顏色為黑色（收盤價低於開盤價），屬於空頭線形。

　　圖13-1(c)～(e)都是「十字線」，開盤價等於收盤價，這些線形基本上顯示多、空雙方勢均力敵，但實際解釋必須對照先前的價格走勢。

　　圖13-1(f)與(g)屬於「傘狀線」，實體部分很短，沒有上影線，下影線很長。傘狀線出現在頭部，具有空頭意義，出現在底部，則具有多頭意義。

　　圖13-1(h)與(i)稱為「紡錘」，實體部分很小。紡錘線本身沒有太大意義，但如果出現在某些價格排列之中，則很重要（請參考下文）。

　　如同長條圖的情況一樣，陰陽線也有反轉和連續型態。以下列舉一些陰陽線排列的例子，請參考走勢圖13-1～13-4。有關短期反轉或連續排列的辨識，陰陽線確實有其特別之處。

走勢圖13-1 金融時報100種股價現貨指數，1990
（資料取自www.pring.com）

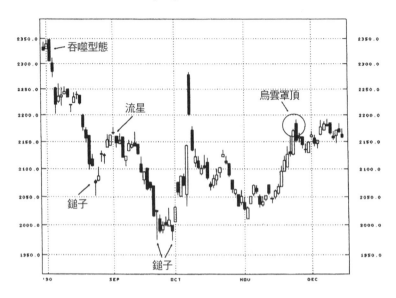

反轉型態

鎚子與吊人（Takuri 與 Kubitsuri）

　　圖13-1(f)與(g)可能是最負盛名的陰陽線型態，因為名字挺嚇人的。「吊人」是發生在一段漲勢之後的「傘狀線」，整個排列結構就如同某人被吊在高處，代表空頭意涵。「吊人」如果發生在延伸性漲勢末端，應該受到重視，尤其是以跳空方式形成。有效的「吊人」線形，下影線的長度至少必須是實體的兩倍；實體顏色不重要。

走勢圖13-2　紐約輕原油3個月期永續契約，1989～90
　　　　　　（資料取自www.pring.com）

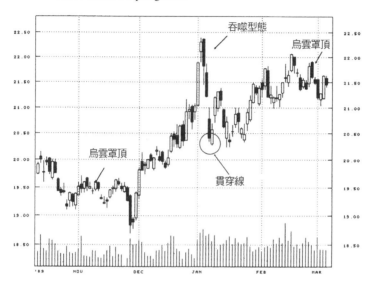

走勢圖13-3　微軟，2000～2001，量化陰陽線（資料取自www.pring.com）

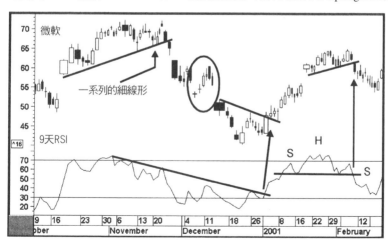

走勢圖13-4　美國長期公債，1990（資料取自www.pring.com）

　　「鎚子」的形狀與「吊人」完全相同，但發生在一段跌勢末
端，代表多頭的意義。當天的交易可能因為停損遭到引發而出現
短暫暴跌走勢，但技術結構相當理想，所以買盤隨即進場而推高
價格，甚至可能以高於開盤價的價位做收。

烏雲罩頂（Kabuse）

　　日常生活裡，「烏雲罩頂」（請參考圖13-2）代表可能下雨；
對於陰陽線來說，這種價格排列意味著價格很可能下跌。發生在
上升趨勢或密集交易區上端，空頭意味最濃。這是一種關鍵反轉
的型態，因為當天開盤價格向上跳空，但收盤下跌。烏雲罩頂是

由兩支線形構成，第一天是支強勁的陽線，第二天是陰線，其收
盤價處於第一支陽線實體的下半部。

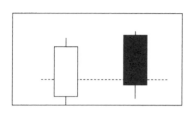

圖13-2　烏雲罩頂

貫穿線（Kirikorni）

　　這種型態（請參考圖13-3）或許應該稱為「陽光普照」，因為
該排列與「烏雲罩頂」相反，屬於多頭型態。請留意，第二支陽
線的收盤價必須深入前一支陰線實體部分的一半以上，否則「貫
穿線」代表的多頭氣勢便稍弱。

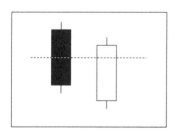

圖13-3　貫穿線

吞噬型態（Tsutsumi）

　　這種排列（請參考圖13-4）發生在延伸性走勢末端才有意義，
是由兩支實線構成，第二支實線完全「吃掉」第一支實線。下降
走勢發展過程，如果第二支陽線吃掉第一支陰線，則排列屬於多
頭反轉型態；反之，上升走勢發展過程，如果第二支陰線吃掉第

一支陽線，則排列屬於空頭反轉型態。

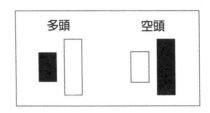

圖13-4　吞噬型態

星形（Hoshi）

　　星形（請參考圖13-5）是陰陽線走勢圖常看到的線形，大體上可以歸納爲四大類。晨星是向上的反轉型態，由三支線形構成，第一支是長陰線，第二支是紡錘，第三支是長陽線。

　　所謂的星形，是指第二支紡錘線而言，該線形與前一支線形之間存在跳空缺口。第三支陽線的收盤價必須深入先前第一支陰線實體部分的一半以上。夜星代表長夜即將來臨，其排列結構剛好與晨星相反。

　　星形十字是發生在延伸性漲勢末端的排列，由一支長陽線與一支跳空的十字線構成，屬於空頭反轉型態。流星屬於短期頭部排列，由兩支線形構成，第二支線形向上跳空收黑，上影線很長（相對於實體而言）。

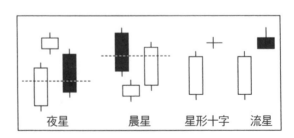

圖13-5　星形

雙鴉躍空（Narabi Kuro）

　　這是由三支線形構成的空頭排列（請參考圖13-6），第一天是長陽線，隨後出現兩支陰線。第一支陰線向上跳空，第二支陰線吃掉第一支陰線，並且填補先前的跳空缺口。

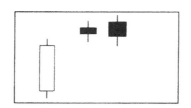

圖13-6　雙鴉躍空

三黑鴉（Sanba Garasu）

　　三黑鴉發生在顯著漲勢末端，是由連續下降的三支陰線構成（請參考圖13-7），意味著價格即將下跌。

　　排列內的第二、三支線形，其開盤價都必須落在先前黑線實體內，收盤價則落在最低價或其附近（請參考圖13-8）。

　　如同圖13-9顯示的，每支線形都沒有下影線，開盤價也都落在先前線形實體內。

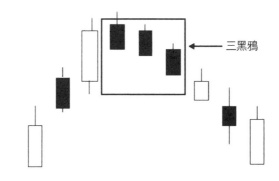

圖13-7　三黑鴉

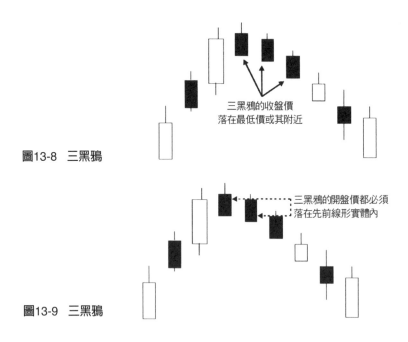

圖13-8　三黑鴉

圖13-9　三黑鴉

鑷頂與鑷底（Kenuki）

　　一把鑷子不論正著看或顛倒看，都會發現鑷子的兩個尖頭是完全對稱的（請參考圖13-10）。如果鑷子的兩個尖頭朝上，就稱為「鑷頂」，屬於頭部反轉型態；如果尖頭朝下，則是底部反轉型態的「鑷底」。事實上，價格相同的鑷子端點，可以不只兩個。請注意此處談論的「鑷子端點」，是指影線端點而言，如果沒有影線，則是實體的端點。「鑷頂」屬於短期空頭排列，因為第一支線形的最高價扮演壓力的角色；第二天價格沒辦法向上突破，意味著向上動能喪失。就圖13-10的例子來看，「鑷頂」也是「吞噬」型態。這點相當值得注意，因為「鑷頂」也經常包含其他價格型態。

　　「鑷底」是發生在延伸性跌勢末端的多頭反轉排列，同樣是由

兩支線形構成，兩天的最低價相等。這種型態顯示下降動能喪失，第二支線形沒有跌破第一支線形低價的支撐。就圖13-10的例子來看，第二支線形也是多頭意義的「鎚子」，所以更強化「鑷底」的氣勢。

　　關於鑷子排列的意義，也需要考慮其他額外的線形結構。舉例來說，「鑷頂」的第二支線形如果也是「吊人」（請參考圖13-11），那等於有兩個徵兆顯示趨勢即將向下反轉：鑷頂與吊人。鑷子排列的第二支線形也可以是十字線，使得該排列也是「母子十字」（參考圖13-20）；第二支線形也可以是「流星」。「鑷底」也有同樣的情況，排列可能涉及晨星、母子、鎚子…等。

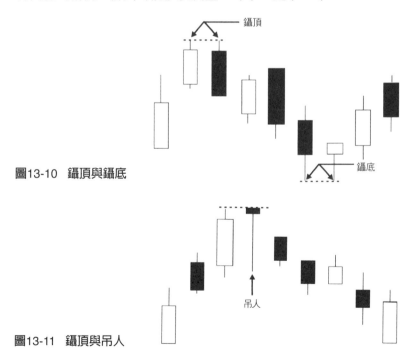

圖13-10　**鑷頂與鑷底**

圖13-11　**鑷頂與吊人**

執帶（Yorikiri）

「執帶」是單一線形的排列（請參考圖13-12），實體很長，開盤價位在最低價附近，盤中價格走高。收盤價最終不必收在最高價，但實體愈長，愈能顯示強勢。

另外，走勢圖上最近如果很少出現這種價格排列，則罕見的執帶更具意義。換言之，如果最近都是一些實體很短的小線形，那麼執帶的長線形將別具意義。

譬如說，群眾原本都低聲細語，一旦突然出現大聲喊話，顯然意味著說話的人希望被聽到。所以，這是意義表達很清楚的單一線形排列：「注意聽我說，短期趨勢即將改變。」

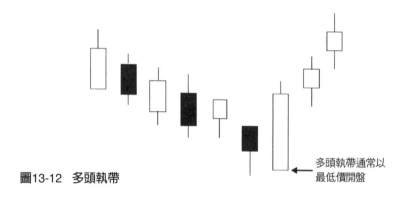

圖13-12　多頭執帶

多頭執帶通常以最低價開盤

空頭執帶的情況剛好相反（請參考圖13-13）：一支長黑線，開盤為最高價，盤中價格逐漸下滑。執帶通常代表關鍵日，因為其開盤價（最高價或最低價）往往扮演後續走勢的壓力或支撐。執帶實體的中點價位也值得留意，因為後續的價格擺動往往在此反轉。

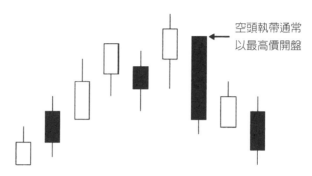

圖13-13 空頭執帶

反攻線 / 遭遇線（Deai Sen / Gyakushu Sen）

　　多頭反攻線發生在跌勢末端（請參考圖13-14），首先出現一支黑線，隔天則出現陽線，兩支線形的收盤價相同（這也是「遭遇線」的名稱由來）。所以，反攻線是由兩支線形構成，第一支線形通常是長黑線，第二支線形開盤大幅向下跳空，讓交易者普遍認為價格將繼續下跌。可是，盤中價格開始「反攻」，使得當天收盤價與前一天收盤相同。因此，反攻線顯示下降走勢已經喪失動能，價格即將向上反轉。

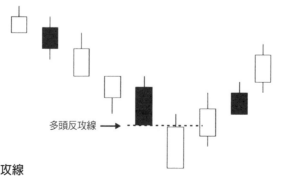

多頭反攻線 →

圖13-14　多頭反攻線

空頭反攻線發生在漲勢末端（請參考圖13-15），首先出現一支陽線，隔天則出現黑線，兩支線形的收盤價相同。這種排列反映的市場群眾心理相當明顯。第二支線形開盤大幅向上跳空，多頭陶醉在新的獲利之中。可是，收盤價最終維持不變，使得多頭空歡喜一場

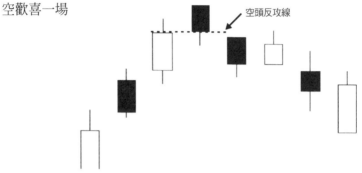

圖13-15　空頭反攻線

有關反攻線的更明確辨識法則如下：

- 反攻線由兩支線形構成，第一支線形的顏色反映既有趨勢，第二支線形的顏色與既有趨勢相反；換言之，空頭反攻線為紅線-黑線，多頭反攻線為黑線-紅線。
- 兩支線形的實體都很長。
- 兩支線形的收盤價相同。

連續排列

上肩帶缺口（Tasuki）

上肩帶缺口出現在漲勢末端（請參考圖13-16），由三支線形

構成，第二支線形為陽線，與第一支線形之間存在跳空缺口，第
三支線形為黑線，其收盤並未完全填補先前的跳空缺口。在這種
型態發生之後，價格往往會繼續走高（連續型態）；然而，缺口如
果被第三支黑線完全填補，則形成單鴉向上跳空，流失向上動能。

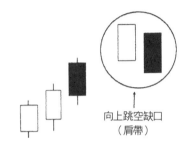

圖13-16　上肩帶缺口

上升三法與下降三法（Uwa and Shita Banare Sanpoo Ohdatekomi）

　　這種型態在觀念上和旗形排列很接近（請參考圖13-17），但
在短短幾天之內完成。上升三法是多頭連續排列，首先出現一支
長陽線，接著出現三、四支小黑線。黑線發展過程內，成交量應
該明顯縮小。排列的最後是一支長陽線，收盤價創整個排列的新
高價，而且成交量明顯放大。下降三法屬於空頭連續型態，結構
與上升三法剛好相反，但最後一支長黑線的成交量並不重要。

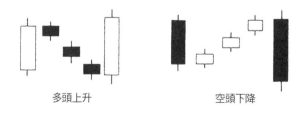

圖13-17　上升三法與下降三法

窗口（Ku）

日本技術分析者把缺口稱爲「窗口」（請參考圖13-18）。在長條圖內，我們說「塡補」缺口，陰陽線則稱「封閉」窗口。所以，窗口的意義與缺口完全相同（請參考第7章）。

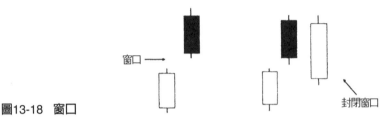

圖13-18　窗口

母子（Yose）

第8章曾經提到，價格走勢圖破趨勢線時，隨後經常會產生趨勢反轉或整理走勢。母子排列類似趨勢線突破之後的整理（請參考圖13-19），代表既有趨勢的動能喪失。可是，母子排列的特色是整理期間很短，在2天之內便完成。第二支線形完全被第一支線形涵蓋，而且兩支線形的顏色相反（換言之，一爲陽線，一爲陰線）。如果第二支線形是十字線，則稱爲「母子十字」，請參考圖13-20。發生在急遽的漲勢或跌勢末端，這種排列顯示多空雙方轉爲勢均力敵。所以，母子排列代表趨勢可能反轉的警訊，或由明確的方向性走勢轉爲橫向整理。

圖13-19　母子

圖13-20　母子十字

陰陽線與西方技術分析

　　有些技術分析者僅單獨根據陰陽線做判斷。我個人比較偏向採用前文談到的「充分證據」概念；換言之，陰陽線應該結合西方的技術分析技巧，譬如：價格型態、趨勢線、擺盪指標……等。

　　請參考走勢圖13-5，微軟股價在2000年11月完成頭肩頂排列。請注意，「右肩」呈現三黑鴉排列下跌。稍後，12月底雙重底排列完成當時，出現多頭執帶排列，後者本身也顯示價格將上漲。這個雙重底型態也對應著RSI的頭肩底排列。另外，RSI在2001年初形成的頭肩頂排列，完成當時也得到母子排列的確認。

　　關於趨勢線的繪製，有個相當重要的問題：趨勢線應該根據影線端點或實體端點繪製，或兩者兼顧？這個問題應該藉由普通

走勢圖13-5　微軟，2000～2001，陰陽線與RSI
　　　　（資料取自www.pring.com）

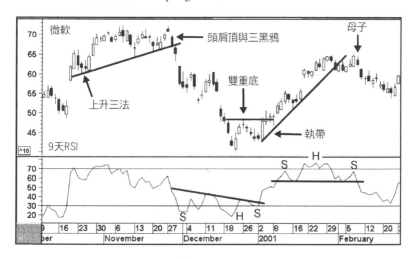

常識解決。開盤和收盤價格的重要性，當然超過盤中最高價和最低價；所以，假設其他條件相同，根據實體端點繪製的趨勢線，當然更具參考價值。可是，如果根據影線端點繪製的趨勢線，涵蓋期間更長、受到成功測試的次數更多，其重要性也就超過對應的實體端點趨勢線。

量化陰陽線

　　量化陰陽線（candle volume chart）與普通陰陽線的結構大體一樣，唯一差別是藉由線形實體寬度來反映成交量大小。換言之，線形涵蓋時段內的成交量愈大，陰陽線實體就愈寬，反之亦然。這是一種值得參考的表達方式，因為如此不僅可以保留傳統陰陽線提供的資訊，而且可以藉由實體寬度立即掌握成交量的狀況。本書第22、23章會深入討論成交量的相關議題，包括量化（equivolume）的概念。

　　走勢圖13-6是沃瑪特的量化陰陽線。請注意11月初的情況，多頭吞噬型態之前的跳空缺口，很快就被回檔整理走勢填補，但折返走勢的線形都很細（成交量很小），顯示價跌量縮現象。如果拉回走勢的成交量很大，意味著價格之所以下跌，是因為賣壓很重而不是買盤不積極。

　　先前漲勢的線形太細，代表漲勢缺乏成交量推動。這違背正常的「價漲量增」現象。線形太細，所以上漲走勢無法持續延伸。11月底到12月初的漲勢，線形明顯較寬，這是好現象。可是，到了12月4日開始的星期，價格線形變細而呈現橫向走勢，買

走勢圖13-6　沃瑪特，2000～2001，量化陰陽線（資料取自www.pring.com）

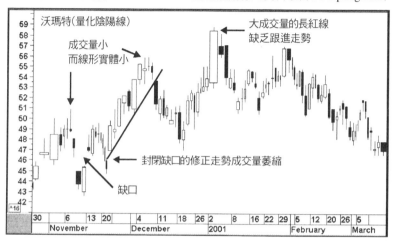

盤力道轉弱，多空雙方進入僵持階段。頭部最高價附近的十字線，也顯示多空力道均衡。這種情況經常演變為趨勢反轉，尤其是價格下跌過程爆出大量的話。目前例子展現的，就是這種情況，價格跌破趨勢線，線形變粗。

12月底的長紅線，當時看起來很不錯，線形很寬，代表價格夾著大量上攻。可是，隨後沒有跟進的走勢，顯示這支長紅線代表的是買進高潮。隔天出現的母子型態可以確認這點，緊跟著又出現一支長黑線，幾乎完全勾消了先前長紅線的表現。

走勢圖13-7與先前討論的走勢圖13-5相同，差別只在於一為量化陰陽線，一為傳統陰陽線。請注意11月30日開始的線形都很細，成交量很小。唯一稍粗的線形為黑線，代表潛在賣壓。最後，頭肩頂右肩的漲勢，線形都很細。12月份的空頭反彈走勢，線形都很細；價格上漲而成交量沒有配合放大，代表價格上漲是因為

走勢圖13-7　微軟，2000～2001，量化陰陽線（資料取自www.pring.com）

沒有賣壓，而不是買盤力道很強。在反彈走勢的高點出現相對粗的黑線，意味著賣壓開始轉強，漲勢即將結束。

　　2月份，當價格跌破趨勢線，出現一支相對粗的執帶，RSI也跌破趨勢線。另外，請注意RSI變動與成交量變化之間的關係，線形愈粗，價格走勢雖然比較慢，但較有意義。細線形的情況剛好相反。

　　走勢圖13-8顯示波音公司的走勢圖。10月份出現一支貫穿線，但這支陽線有點太細。一般來說，底部型態應該夾著大量，氣勢才會更強一些。1月份的吞噬型態，線形頗粗，價格夾著大量下殺，呈現更濃的空頭意味。最後，請注意價格如何突破三角形排列，RSI也同時完成底部型態。

走勢圖13-8　波音公司，2000～2001，量化陰陽線
　　　　　（資料取自www.pring.com）

彙總

- 市場必須提供開盤價資訊，才能繪製陰陽線；所以，有些市場不能採用陰陽線。
- 陰陽線具有長條圖或收盤價曲線圖不能提供的特殊視覺效果。
- 陰陽線型態也分為反轉和連續排列。
- 陰陽線也可以配合採用西方技術分析方法，效果很理想。
- 量化陰陽線可以同時提供成交量方面的資訊。

第14章 圈叉圖

圈叉圖vs.長條圖

圈叉圖（point and figure chart，簡稱OX圖）與長條圖之間的差異主要有二。第一，長條圖是每單位期間都要繪製，不論價格有無變化都是如此。OX圖則否，唯有價格出現某特定程度以上的變動，才需要繪圖。所以，OX圖只考慮價格，長條圖則同時衡量價格（座標縱軸）與時間（座標橫軸）。

第二，長條圖是衡量單位時間內發生的任何價格變動，但OX圖則不顯示小幅價格波動。譬如說，OX圖的每格單位如果代表道瓊指數的5點，那麼唯有超過5點的價格變動，才會顯示在OX圖上；換言之，不足5點的價格變動將被忽略。

建構OX圖

OX圖是由「O」與「X」構成，X代表價格上漲，O代表價格下跌。備妥繪圖使用的價格資料之後，首先必須做兩項決策。

第一，必須決定圖形每個方格代表的價格單位。就個股來說，如果股價在$20或以上，每格通常代表1點，股價如果不滿$20，每

格通常代表½點。然而，對於極長期的資料或大盤指數走勢圖來說，由於涉及的數值可能很大，所以比較適合讓每格代表5點、10點或20點。每個方格代表的點數愈小，圖形反映的價格走勢愈敏感，反之亦然。長期走勢圖經常涉及多年的資料，每格單位如果設定得太小，整份走勢圖會顯得尾大不掉、龐雜難以處理。就如同長條圖區分為日線圖、週線圖和月線圖一樣，OX圖往往也應該根據不同方格單位繪製圖形。

　　第二，必須決定採用簡單OX圖或反轉OX圖（reversal chart，不可與「反轉型態」混淆）。簡單OX圖是直接根據價格資料繪製圖形，就圖14-1(a)為例，假定每格代表0.2點。這種情況下，如果價格由64上漲到65，就繪製5個X；如果價格由67下跌到66，則繪製5個O。反之，如果繪製反轉OX圖，則要預先決定換欄繪圖的法則：單位時間內，唯有當價格出現特定數量或以上的反向變動，才可以換欄繪圖。反轉OX圖可以排除許多錯誤訊號，節省繪圖空間。圖14-1 (b)是收盤價曲線圖，所採用的價格資料與圖14-1(a)相同。

　　每格單位不論代表½點、5點或10點，繪圖方法完全相同。每當價格變動程度等於或超過1個方格代表的單位（換言之，價格變動為½點、5點、10點或以上），才可以繪圖。由於OX圖只反映價格，不考慮時間，因此所繪製之O或X代表的價格變動，可能是經過數天或數個星期的累積；隨著時間經過，只要價格變動還沒有

※ 譯按：假定是採用3格反轉的規定，則價格如果原本處在X欄，唯有出現3格或
　　以上的下跌，才可以換欄繪製O；同理，如果價格原本處在O欄，則只有出現
　　3格以上的漲勢，才可以換欄繪製X。

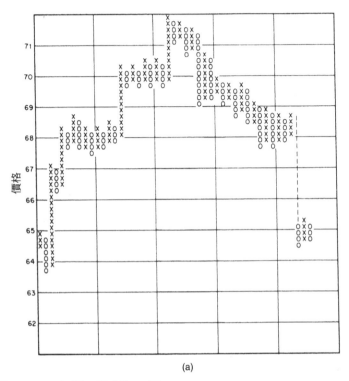

(a)

圖14-1 (a)　每格20美分的OX圖

累積到每格代表的單位之前，OX圖不需繪製。習慣上，OX圖的
時間會標示在適當欄位或方格內。通常只有長期圖形才需要標示
時間。舉例來說，在每年開始登錄的欄位底部標示年份，並在每
個月開始登錄的方格內標示月份，「1」代表1月，「2」代表2
月，依此類推。

　　至於如何決定每格大小，以及變換欄位繪圖的反轉格數，這
基本上屬於個人決策問題，考量因素涉及價位高低與價格波動程
度。每格代表的點數愈小，OX圖對於價格變動的反應會更敏感；

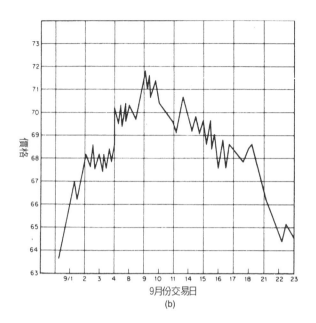

圖14-1 (b)　收盤價曲線圖

反轉格數愈大，圖形的震幅會變大，但波動頻率會變小，請參考走勢圖14-1。我們通常如果透過日線圖、週線圖與月線圖等不同時間架構的長條圖分析市場，則OX圖也可以採用不同的方格單位繪圖，用以代表短、中、長期的OX圖。

　　OX圖通常採用算術刻度的座標。如果繪製在紙上，每英吋通常分割為8、10或12格。有時候，OX圖也可以採用半對數或比例刻度的座標。

　　金融報紙刊載的個股最高、最低和收盤價資料，不適合繪製精確的OX圖。舉例來說，假定個股價格為$15，當天交易區間為$1½（最高價$16，最低價$14½）。繪製OX圖時，我們不知道價

走勢圖14-1 黃金，反轉單位為$5與$2。這兩份OX圖分別採用$5與$2的反轉單位。趨勢線的部分很明顯，無需多做解釋。請留意，$5反轉的圖形涵蓋10年資料，繪製上比較簡潔。$2反轉的圖形比較詳細，涵蓋期間由1982年3月到11月（資料取自www.pring.com）

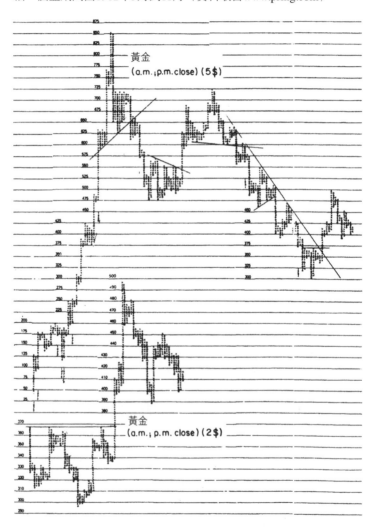

格在$14\frac{1}{2}$和16之間的確實發展過程。如果價格由$14\frac{1}{2}$直接上漲到16，對於每格$\frac{1}{2}$點的圖形來說，這代表3個X；可是，價格也可能先由$14\frac{1}{2}$上漲到$15\frac{1}{2}$，在跌回$14\frac{1}{2}$，然後再上漲到16。若是如此，應該繪製2個X、2個O和3個X。繪製OX圖時，價格的實際走勢過程很重要。

　　想要根據這類價格資料繪製OX圖，每格單位最好稍微大些，OX圖才不至於因為盤中價格波動而受到扭曲。如果需要更詳細的資料，應該向專門提供盤中價格的專業供應商購買資料。繪圖軟體如果能夠根據盤中資料繪製OX圖，則不會受到這個問題困擾。

　　如果不清楚價格在盤中的實際發展過程，OX圖的處理原則大致如下：

- 開盤價如果比較接近最高價，則假定價格發生順序為：開盤-最高-最低-收盤價。
- 開盤價如果比較接近最低價，則假定價格發生順序為：開盤-最低-最高-收盤價。
- 開盤價如果是最高價，則假定價格發生順序為：開盤-最高-最低-收盤價。
- 開盤價如果是最低價，則假定價格發生順序為：開盤-最低-最高-收盤價。
- 如果開盤價勢最低價，收盤價是最高價，則價格發生順序為：開盤-最低-最高-收盤價。
- 如果開盤價勢最高價，收盤價是最低價，則價格發生順序為：開盤-最高-最低-收盤價。

OX圖的相關解釋

概論

OX圖不包含成交量和時間資料，也不使用移動平均，只衡量單一變數：價格。長條圖的基本原理完全適用於OX圖。OX圖運用上有些缺失。譬如說，OX圖無法顯示關鍵反轉、島狀型態、缺口，以及其他類似排列。另一方面，如果圖形繪製得當，OX圖可以顯示所有重要的價格走勢，包括盤中走勢在內，有效凸顯重要的壓力和支撐。以長條圖週線圖來說，整週走勢只由單支線形代表；如果一週內出現相當大的價格波動，支撐和壓力各被觸及3、4次，則單支長條圖不能顯示這項重要資訊，但OX圖則會顯示密集交易區。所以，技術分析者比較容易注意到這些重要價位，並有足夠資料來解釋相關突破的意義。

關於OX圖的價格型態，性質上與長條圖的分析相同，也可以區別為反轉和連續型態。圖14-2列舉一些常見的排列，例如：頭肩頂（底）、雙重頂（底）、圓形頂、碟形底……等，型態解釋也同樣適用第5章的說明。

計數方法

本書第5章曾經指出，頭肩頂型態完成之後，我們可以計算該排列由頭部到頸線之間的垂直距離，然後由突破點向下衡其最低目標價位。對於OX圖而言，我們是依據排列的寬度，藉以衡量目標價位。根據我個人瞭解，沒有人可以清楚解釋水平衡量為何能夠有效的道理，這似乎是因為OX圖的水平和垂直走勢之間相互成

底部型態　　　　　　　　　　頭部型態

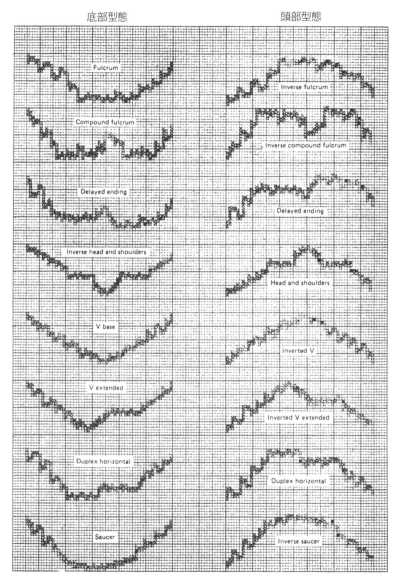

圖14-2　OX圖價格型態

比例；換言之，某支股票或大盤指數在兩個既定價格水準之間的來回次數愈多（如價格型態顯示），突破後的最終走勢幅度也愈大。OX圖的連續或反轉排列，其水平距離很容易衡量，只要加總水平方向的欄數即可，然後再由突破位置向上或向下衡量。

可是，OX圖排列的外型結構如果呈現不規則狀，往往會造成計數的困擾，因為我們不知道應該從何處起算。最理想的方法，是在排列之中挑選一條重要的水平線，然後計算該水平線涵蓋的欄數。

總之，OX圖的目標價位衡量，預測效力絕對稱不上完美。一般來說，多頭市場的上檔實際價位會超過目標衡量，空頭市場的下檔實際價位會超過目標衡量。反之，逆趨勢的目標價位（譬如：多頭市場向下衡量的目標價位），通常無法達成。走勢圖14-2顯示一些有關目標價位計數的例子。

主要技術原則：關於目標價位的衡量，OX圖之所以不同於長條圖或收盤價曲線圖，主要是OX圖採用水平衡量，不是垂直衡量。

OX圖的趨勢線

OX圖可以根據一系列持續下滑的峰位，連接成為下降趨勢線；同樣可以根據一系列持續墊高的谷底，連接成為上升趨勢線。連結相同價位的支撐或壓力，也可以構成水平狀趨勢線。OX圖趨勢線的解釋，也可以採用第8章說明的原理，趨勢線的重要性取決於：長度、上升或下降的角度，以及銜接的點數。

走勢圖14-2　Honeywell (0.5 x 1) 。這份圖形採用每格0.5點、1格反轉的方法繪製OX圖。請注意左側的例子，排列向上突破之後，很精準地完成目標價位。至於次一個頭肩頂排列的例子，當價格跌破頸線時，排列即告完成而發出賣出訊號。向下衡量目標大約等於先前的價格低點。結果，價格實際跌幅明顯超過衡量目標。請注意，這個衡量目標成為後續漲勢的上檔壓力區。最後，在圖形的右端，我們看到漲勢突破下降趨勢線（資料取自www.pring.com）

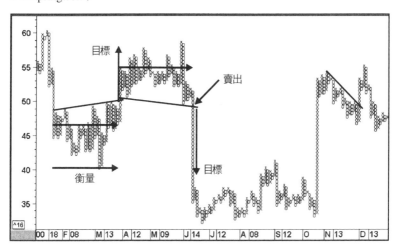

趨勢線雖然偶爾會產生假突破的訊號，但只要謹慎挑選繪圖的反轉格數，通常就可以儘可能避免發生假訊號。另一種繪製趨勢線的方法，是按照實際的下降（上升）趨勢線，向下降低（向上提升）1格而繪製平行的趨勢線，並據此產生買（賣）訊號。

由於OX圖分析沒有時間概念，所以擺盪指標看起來也不同於一般圖形分析，請參考走勢圖14-3，其中顯示14期RSI。

走勢圖14-3 波音（1x1）與RSI。 這個例子顯示OX圖可以和擺盪指標配合使用。6月16日，價格與RSI同時向上突破，這是很及時的買進訊號（資料取自www.pring.com）

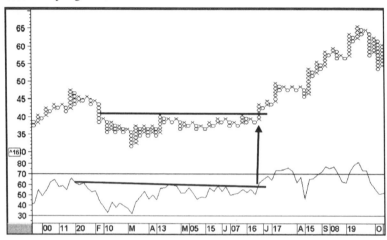

彙總

- OX圖只衡量單一維度：價格。

- OX圖是由X欄與O欄構成，分別代表上漲和下跌的價格走勢。

- 由於OX圖強調價格在密集交易區的來回震盪次數，所以其支撐／壓力的判別往往優於長條圖。

- OX圖的解釋類似長條圖，但目標價位衡量採用計數方法。

第15章 趨勢判定的其他技巧

導論

　　本章準備討論支撐／壓力和比例（proportion）概念，用以估計趨勢可能延伸的價格幅度或時間距離。這和本書稍早談論的多數指標都不同，因為稍早討論的指標是用來確認已經發生變動的趨勢。可是，此處討論的方法，只能用來估計走勢的可能幅度。

> **主要技術原則**：目前還沒有任何方法可以精準預測價格趨勢的幅度和期間。

支撐／壓力：定義

　　人們經常提到支撐／壓力，但這兩個名詞究竟代表什麼意思，通常都很模糊。那些老練的專業玩家，當他們談到壓力時，實際上是指支撐而言，反之亦然。這也就難怪會造成很多混淆了。支撐／壓力是指價格走勢圖上的某些區域或水準，既有趨勢發展很可能在該處停頓，甚至發生反轉。

　　支撐所在價位，存在集中的需求（買盤），其力量足以暫時阻止價格下跌趨勢；壓力所在價位，存在集中的供給（賣壓），其力量可以讓價格上漲走勢暫時停頓。

　　當然，需求與供給始終都相等，所以集中的需求是指買盤的態度較賣盤積極，比較願意追價買進。供給的情況也相同。

　　請參考圖15-1。走勢最初呈現下降趨勢。價格由B點向上反彈。由於先前的谷底／頭部將成為後續走勢的重要樞紐點，所以我們預期價格如果再度下跌的話，應該會在B點獲得支撐。可是，實際發展並非如此，價格很快就跌到A。這個時候，空頭走勢暫時停頓，並轉變為橫向整理（矩形排列），但最後還是向下突破。這也就是技術分析所謂的跌破支撐。如果你在一棟建築的10樓又蹦又跳，假定地板承載不了，你最終會穿越支撐，然後在9樓地板獲得下一道支撐。金融市場的情況也是如此；當某到支撐被貫穿之後，就需要尋找下一道支撐。

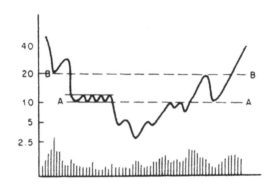

圖15-1 支撐與壓力

　　價格創低點之後，稍做整理，然後展開反彈。這波漲勢在先前矩形排列底部（虛線位置）遭逢壓力而停頓。稍早在矩形區域買進的投資人，原先一直處於虧損狀態，現在終於得以解套，引發一股解套賣壓。所以，先前的支撐轉變為後續走勢的壓力，矩形底部成為供給匯集的賣壓集中區域。這類支撐／壓力經常發生在整數價位，例如：10、50或100，因為這是投資人在心理上比較容易注意的買賣價位。走勢稍微拉回，接著又再度上攻，不過仍然不能有效消化賣壓。這點很重要，其中涉及技術分析的法則：價格下跌過程的支撐，將成為後續漲勢的壓力。就我們稍早提到的比喻來說，你在第9樓獲得支撐，如果想回到第10樓，就必須突破第9樓的天花板，因為這已經成為你回到第10樓的壓力。金融市場的情況也是如此。

　　最後，漲勢還是夾著大量突破A點的壓力，直到B點才受阻。同樣地，先前價格下跌過程的支撐，現在變成漲勢的上檔壓力。為什麼？先前很多人在B點買進，一旦價格跌破B點，這些人都處於虧損狀態。現在，價格回到B點，這些人得以解套，因此有不少人趁機賣出。所以，上檔壓力被克服之後，將成為後續跌勢的下檔支撐。圖15-1的最後一波跌勢，在A點獲得支撐。

估計未來的支撐／壓力

　　估計未來的支撐／壓力可能區域，有些法則可供參考：

- 走勢圖上，整數價位很重要。我們經常聽到人們說，「如果價格上漲到XX，我就要賣出。」如果要隨便挑選個數字的話，整數的機會很大，例如：25、50或100。價格下跌的

情況也一樣，我們聽到人們說，「如果價格跌到5或10，我就要買一些。」所以，整數價位經常成為支撐／壓力區域。我說「區域」而不是「水準」，因為價格通常都會落在整數價位附近，而不是剛好某個整數。

• 先前的峰位與谷底，經常成為支撐／壓力區域。我們常常聽說，「價格如果回到先前的高點，我就賣掉，」或「如果價格再跌到這裡，我就買進。」舉例來說，假定某股票上漲到$20，拉回稍微整理之後，價格又上漲到$24，然後回檔。這種情況下，我們有理由猜測回檔走勢很可能不會跌破$20，因為先前的高點將成為後續走勢的下檔支撐。

• 趨勢線和移動平均提供動態的支撐／壓力。前文曾經談到，好的趨勢線和可靠的移動平均，其本身都是支撐／壓力。所以，處在多頭市場，當價格回檔整理時，我們可以把買點設定在上升趨勢線稍上方。如果其他技術指標呈現確認訊號，這屬於低風險的交易或投資，因為停損點可以直接設定在趨勢線稍下方。如果停損遭到引發，代表趨勢線提供的支撐已經遭到貫穿。

• 走勢圖上的情緒性水準，往往也是重要的支撐／壓力。譬如說，缺口的兩端、頭部或底部的關鍵反轉、小木偶（皮諾丘）高點或低點，以及其他等等。

• 折返點、費波納奇比率和甘氏扇形線（本章稍後會詳細解說）都屬於潛在支撐。

走勢圖15-1呈現一些有趣的支撐／壓力性質。首先，50整數關卡曾經在2000年扮演兩波跌勢的支撐，到了2001年初則演變為

上檔壓力，稍後在此出現跳空缺口。2000年10月初的向下跳空缺口，其下緣在隨後幾個月內成為重要的上檔壓力，漲勢雖然數度穿越該水準，但始終不能真正克服這道關卡，最後仍然由此展開一波暴跌走勢。2001年4月的跳空缺口，成為隨後某天線形的下檔支撐。

走勢圖15-1　Applied Micro，2000～2001，支撐與壓力
　　　　　　（資料取自www.pring.com）

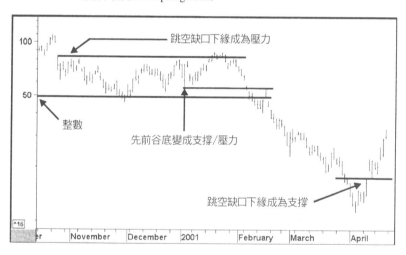

如何判定支撐／壓力的重要性？

　　關於支撐／壓力的重要性，評估的參考準則很多，但下列四者最重要：

- 支撐／壓力成功接受測試的次數愈多，也就愈重要。這可能是最重要的評估準則。不妨這麼想，如果價格跌勢每次觸及該支撐，就向上反彈，久而久之，人們就理所當然認

為該價位是重要支撐。這種情況下，如果該支撐遭到貫穿，那些習慣在此買進、在此設定停損的人將信心全失。上檔壓力也適用相同的解釋。

- 某支撐／壓力過去如果曾經成功阻止急遽的價格跌勢／漲勢，則該支撐／壓力也就愈重要。這就如同舉重碰到的情況一樣。在劇烈運動之後，你的舉重成績一定不如正常情況。過去曾經阻擋急遽的跌勢或漲勢，意味著該支撐／壓力將來也比較可能阻擋強勁的跌勢或漲勢。

- 某支撐／壓力的換手成交量愈大，該區域也就愈重要。人們特別記得自己的實際遭遇。換言之，在某特定區域，買進、賣出的人愈多，其提供的支撐／壓力也就愈重要。舉例來說，假定$8先前曾經發生大成交量。這種情形下，價格如果由$8跌到$6，然後再度回升到$8，漲勢應該會在此遭逢強大的解套賣壓。

- 評估支撐／壓力的重要性，需要考慮當初形成至今的時間長度與整體市況。支撐／壓力發生在10、20年前，其重要性顯然不如發生在6個月前。請注意，支撐／壓力雖然會受到時間經過影響，但我們經常看到那些發生在多年前的支撐／壓力，至今仍然扮演重要的角色。

主要技術原則：支撐／壓力是我們合理猜測趨勢可能發生反轉的位置，因此也是技術分析的重要工具之一。

比例

　　運動定律告訴我們，任何作用都有反作用。金融市場各種趨勢所反映的價格走勢，實際上也是群眾心理的作用，所以也適用運動定律。前文討論如何衡量價格型態、趨勢線、移動平均和包絡的目標價格，也都是運用比例的概念。

　　各種趨勢所反映的價格走勢，實際上也是群眾心理的作用，所以也適用運動定律。前文討論如何衡量價格型態、趨勢線、移動平均和包絡的目標價格，也都是運用比例的概念。

　　支撐／壓力的觀念，可以協助我們判斷價格趨勢可能在哪裡暫時停頓或反轉。比例原理也具有類似功能，而且能夠更進一步延伸。舉例來說，當大盤指數創歷史新高，上檔海闊天空，完全沒有交易紀錄，因此不能根據先前走勢推測壓力位置。這種情況下，我們可以透過比例概念推測上檔的潛在壓力位置。

　　50％可能是最重要的比例之一。就道瓊工業指數來說，空頭市場的價格跌幅，經常是先前多頭市場價格漲幅的50％。舉例來說，1901～1903年、1907年、1919～1921年與1937～1938年的空頭市場，其價格跌幅分別是先前多頭市場漲幅的46％、49％、47％與50％。1929～1932年的大空頭市場，第一波主要中期走勢終止於1929年10月的195點，跌幅大約是9月份高點的50％。某些情況下，整段漲勢的中點位置，代表一種平衡，可以用來評估整體走勢的最終目標，或分析回檔走勢的下檔關鍵支撐。1970年到1973年之間，道瓊指數由628點上漲到1067點。這段漲勢的中點在848點，大約是1973～1974年空頭市場第一波中期跌勢的低點。

同理， 上漲走勢的壓力，經常發生在低點起算的兩倍距離；1932～1937年多頭市場的第一波漲勢，是由40點上漲到81點。

本書第3章談論「道氏理論」時，曾經提到折返走勢經常是前一波走勢幅度的1/3到2/3之間，50%便是介於此兩者之間。研究股價走勢，應該特別留意1/3和2/3之類的比例，它們往往構成重要的支撐／壓力。走勢圖的價格座標如果採用比例刻度，更容易判斷這類關鍵價位，因為相同垂直距離代表相同比例。

比例概念也適用於個別股票。請參考走勢圖15-2，GM股價漲勢經常呈現50%的關係。跌勢經常是前一波漲勢幅度的33%。所

走勢圖15-2　GM，1972～1983，50%擺動（資料取自www.pring.com）

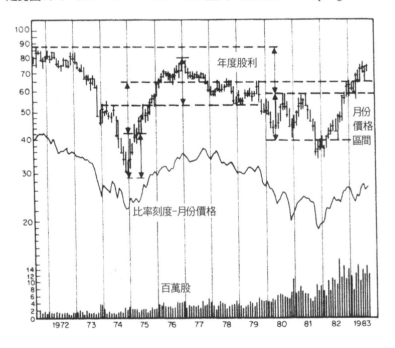

以，55％和35％（及其倍數）代表重要的支撐／壓力。1974年的低點大約在32，將此乘以200％，結果為目標價位65。對於1976年與1977年來說，65區域代表強勁支撐，但在1978年與1979年則成為重要的壓力區。

　　對於特定走勢來說，我們無法預先判斷它適用的比例。可是，前、後走勢距離之間的比例關係，往往具有很高的一致性，因此我們可以預先判定頭部和底部發生反轉的可能位置。一般情況下，如果其他技術指標也顯示類似結論，按照比例原則判斷反轉價位是相當精確的。

　　務必記住，技術分析處理的是「或然率」的問題，所以我們不能只憑著這種方法本身去預測目標價位。根據比例原則預測目標價位，還應該觀察其他方法是否也有類似結論，譬如：支撐／壓力。兩種不同的方法若取得相同的結論，則該區域代表反轉點或起碼是暫時障礙區的機率比較大。

　　當行情創歷史新高時，可以延伸相關的**趨勢線**，延伸趨勢線與比例法則的交叉位置，往往代表重要的反轉位置與時間。每種市場、個股或商品，都有其特性，有些情況適用比例方法，有些則完全不適用。

　　走勢圖15-3是另一個有關比例法則的例子，顯示價格由頭部折返的可能比例。0.0％即是頭部本身，也就是沒有發生反轉的位置，100％代表完全折返。

走勢圖15-3　SDL，1998～2001，折返比例。這份圖形顯示幾種常見的折返比例，計算基準是考慮1998年低點到2000年夏天峰位的漲幅，然後由前述多頭市場峰位衡量各種折返比例。請注意，33％折返位置大概就是橫向交易區間的下限。50％折返則代表「潛在」頭肩頂排列兩肩遭逢的壓力。請注意，此處強調「潛在」，是因為頭肩頂型態還沒有完成。最後，66％折返則扮演2000年初和2000年底兩波跌勢的重要支撐（資料取自www.pring.com）

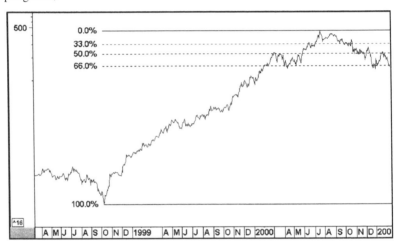

速度壓力線

速度壓力線（speed resistance lines）也是運用1/3和2/3的比例概念，但不是直接運用於價格折返幅度，而是間接運用於相關的上漲或下跌速度。對於向下的折返走勢，價格會在先前由谷底上漲到峰位的1/3或2/3速度線上獲得支撐。請參考圖15-2，其中A與B分別代表谷底與峰位。由到B是在100天之內上漲100點，相當於每天上漲1點。所謂「1/3速度壓力線」，是一條上升速度為先前之

2/3的直線（換言之，每天上漲1/3點）；同理「2/3速度壓力線」
是每天上漲1/3點的直線。

　　做這類計算時，峰位與谷底是指盤中最高價與最低價而言，
不是收盤價。我們將藉由圖15-2(a)說明如何繪製1/3速度壓力線。
首先，計算A點到B點的漲幅（100點），其次計算該漲幅的1/3距
離（33點），然後把A（100點）加上33點，結果是133點。在B點
正下方，由橫軸向上繪製133點的垂直線，並由A點（100點）繪
製一條直線穿越此垂直線的端點（133點），這就是1/3速度壓力

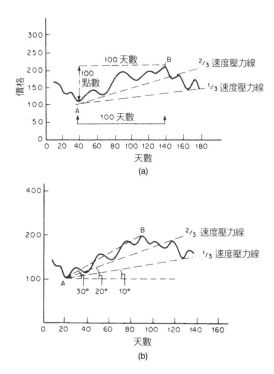

圖15-2　速度壓力線（多頭走勢的折返）

線。2/3速度壓力線的繪製方法也類似。首先計算A點到B點漲幅的2/3（66點），在B點正下方，由橫軸向上繪製166點的垂直線，然後由A點繪製一條直線通過此價位。

　　如果走勢圖的價格採用比率刻度的座標，繪製方法更簡單，請參考圖15-2 (b)。首先，以一條直線連結A、B兩點，衡量該AB直線張開的角度（30度）。所以，1/3速度壓力線與2/3速度壓力線是張開角度，分別為10度與20度的直線。圖15-3說明空頭行情向上折返的情況。這兩條壓力線都代表重要的支撐／壓力。

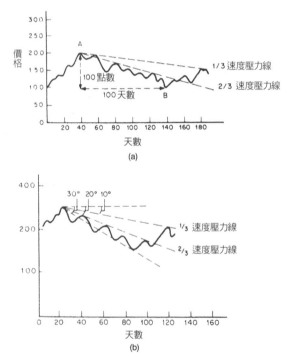

圖15-3　速度壓力線（空頭走勢的折返）

解釋準則

更詳細說，速度壓力線是根據下列準則運用：

- 上漲之後的折返走勢，價格會在2/3速度壓力線與1/3速度壓力線獲得支撐。如果價格跌破1/3速度壓力線，代表先前的漲勢可能已經結束（換言之，該跌勢可能不是多頭趨勢的向下折返，而是主要下降走勢），價格可能創新低，也就是說價格可能跌破先前的低點（圖15-2的A點）。

- 價格如果能夠守住1/3速度壓力線，則2/3速度壓力線將成爲上檔壓力。價格若能夠向上突破2/3速度壓力線，則可能創新高價。

- 這些準則也同樣適用於下降趨勢的折返走勢。

走勢圖15-4顯示這些準則實際運用的情況。

走勢圖15-4　道瓊工業指數，1975～1978，速度壓力線
　　　　　　（資料取自www.pring.com）

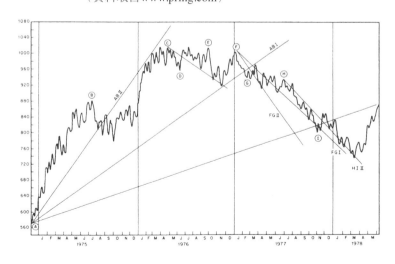

費波納奇折返

　　費波納奇數是13世紀數學家李奧納多・費波納奇（Leonardo Fibonacci）發現的數列：1, 2, 3, 5, 8, 13, 21, 34, 55, 89, 144, 233 …，數列的每個數，都是先前兩個數的加總和，所以2＋1＝3, 3＋2=5, 5＋3＝8, …。

　　費波納奇數列有些特殊的性質，譬如說，數列的每個數除以隨後一個數（換言之，1÷2, 2÷3, 3÷5, 5÷8,…），如此構成的數列，數值很快就收斂到0.618；反之，數列的每個數除以前面一個數，如此構成的數列，數值很快就收斂到1.68。0.618乘以1.68，結果等於1。

　　費波納奇數列經常被用來預測價格和時間的重要樞紐點。最常見的運用之一，是用來推估價格折返程度。關於這方面衡量，首先計算主要低點到高點之間的價格距離，也就是走勢圖15-5箭頭標示部分。然後，取這段距離的費波納奇比率做為價格折返目標，請參考走勢圖內標示為水平狀直線。第一波折返走勢跌到61.8%位置(A)，然後向上反彈100% (B)，而形成雙重頂排列。稍後，價格再度下跌而創新低，次一波反彈高點落在50%位置(C)。往後，6月份到隔年4月份走勢的一系列價格高點，都在100%折返位置（先前的起漲點）遭逢壓力。最後，2000年10月到12月份之間出現的3個價格低點，落在161.8%位置附近。

　　當然不是所有的折返點都會落在費波納奇折返比率目標區，但其發生頻率已經足以促使我們在這些目標區，特別檢視其他相關的技術面證據。

走勢圖15-5　Staples，1999～2001，費波納奇折返
　　　　（資料取自www.pring.com）

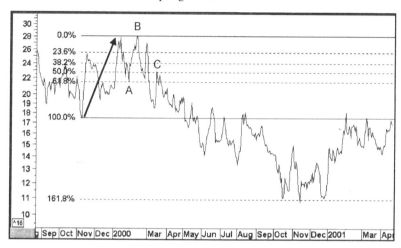

費波納奇扇形線

　　關於上漲走勢的向下折返，另一種衡量方法是計算低點到高點的垂直距離。然後，在此垂直線段上，計算費波納奇比率而建構扇形線。走勢圖15-6標示38.2、50、61.8和100％的扇形線。所謂61.8％，是由垂直線段高點往下衡量61.8％，其他比率依次類推。接著，利用一條直線銜接起始低點和61.8％衡量目標點，並繼續向右延伸。這些扇形線對於折返走勢能夠發揮支撐的功能。就走勢圖15-6的例子來說，38.2％和61.8％扇形線確實發揮了預期的支撐作用。對於下跌走勢的向上折返，也可以透過相同方式繪製費波納奇扇形線。

走勢圖15-6　Sanmina，1998～2001，費波納奇扇形線
（資料取自www.pring.com）

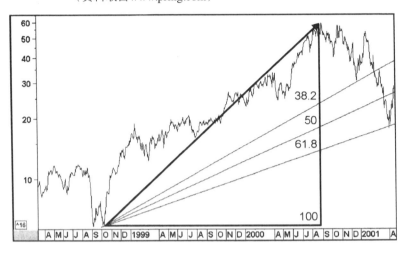

　　關於費波納奇扇形線，此處雖然顯示兩個成功的例子，但我們要特別強調：這種方法未必始終有效。如同前文不斷重複提到的，任何技術方法都可能失敗，絕對不該單獨使用，千萬要與其他指標配合運用。

甘氏線

　　甘氏線（Gann lines）是根據20世紀初著名商品交易者W.D. Gann命名的。這套方法有三種不同格式：甘氏線、甘氏扇形線與甘氏格狀。甘氏扇形線似乎比較實用。就概念上來說，這套方法與前文討論的速度壓力線很類似。對於價格轉折點的預測，甘氏認為，有些幾何型態和角度特別值得注意。

　　這套方法的特色之一，在於價格與時間之間的均衡。所以，對於甘氏來說，45度線代表價格與時間的完美均衡。在走勢圖上，45度線代表相同的價格和時間距離，所以價格座標必須採用算術刻度。走勢圖15-7的例子標示著甘氏建議採用的角度。

走勢圖15-7　Advanced Micro Circuit 2000，甘氏扇形線
　　　　　　（資料取自www.pring.com）

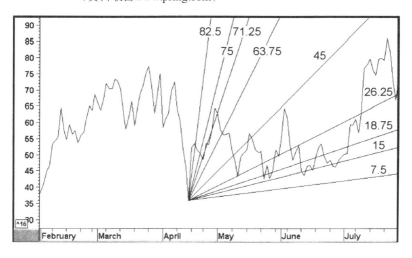

　　走勢圖15-8顯示另個例子，由9月底高點向下衡量的1×1中心線，剛好通過12月初的低點。這份圖形也顯示另外一些甘氏線，但因為價格與時間刻度單位不同，所以角度顯示上也有所差異。這些扇形線的解釋準則都相同，某條扇形線一旦被穿越，次一條扇形線將扮演支撐／壓力角色。所以，這些扇形線會交互呈現支撐／壓力作用。舉例來說，漲勢最初在2×1遭逢壓力，該壓力一旦被克服之後，2×1反而成為後續兩波向下折返走勢的支撐。同

樣地，這套方法有時能夠發揮作用，有時則無效；所以，我們可以留意甘氏線位置的反轉可能性，但相關分析判斷還要參考其他技術指標。

走勢圖15-8 Advanced Micro Circuit 2000-2001，甘氏扇形線
（資料取自www.pring.com）

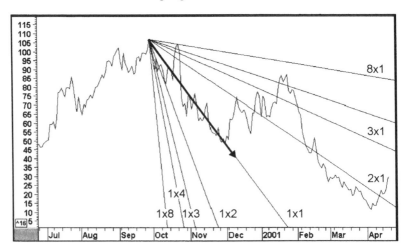

彙總

- 支撐代表需求的集中區域，其力量足以暫時阻止價格跌勢。
- 壓力代表供給的集中區域，其力量足以暫時阻止價格漲勢。
- 支撐一旦被貫穿，將成為後續漲勢的上檔壓力。
- 壓力一旦被克服，將成為後續跌勢的下檔支撐。
- 支撐／壓力接受測試的成功次數愈多、成交量愈大、測試走勢愈猛烈，該支撐／壓力就愈重要。

- 支撐／壓力可能發生的位置包括：先前的高價或低價、折返比率、趨勢線、移動平均與重要情緒價位。
- 支撐／壓力判斷只是另一種技術分析工具，應該與其他方法配合使用。這種方法預測的反轉點，只代表合理、有根據的猜測，但不能保證有效。
- 價格經常呈現比例狀的走勢，最常見的比例包括：1/2、1/3和2/3。
- 費波納奇比率可以用來預測未來轉折點，包括：折返比率、扇形線、實際數據和時間預測。
- 甘氏認為，市場轉折點具有某些特定的幾何型態和角度。

概念

相對強度（relative strength，簡稱RS）是衡量兩種證券的相對關係。請注意，此處所爲的相對強度，千萬不要和韋達的相對強弱指數RSI混淆（本書第11章）。

此處討論的RS，是用於比較的RS，通常是把某證券的特定參數，除以另一證券的對應參數，然後將數值繪製爲圖形。RS有幾種運用可能性：

- RS可以比較不同資產的相對表現，藉以決定投資哪種資產，或瞭解不同市場之間的互動關係。舉例來說，我們可以比較黃金和債券的價格，觀察黃金價格——相對於債券價格——是否處於上升狀態。答案若是肯定的，意味著通貨膨脹趨勢籠罩著。另外，假定技術分析顯示美國和日本的股票市場都處於多頭趨勢。這種情況下，觀察美國和日本股市的RS，可以瞭解哪個市場的表現更好。

- 商品價差交易就是一種RS交易。價差交易可以在不同商品之間進行，譬如玉米和活豬，但也可以在相同商品的不同

月份契約之間進行交易。這種情況下，交易者想要掌握兩者之間價差上呈現的異常關係，並期待價差關係恢復正常。

- 外匯交易就是針對相對價格關係進行交易。舉例來說，沒有所謂絕對的「美元市場」，因為任何貨幣的匯價都必須表達為另一種貨幣，譬如：美元／歐元或歐元／日圓。

- 最常用的RS分析，是考慮某個股相對於大盤的表現。譬如說，我們想要比較微軟股票與S&P股價指數之間的相對表現。由這個角度運用，RS將成為重要的選股工具。這也是本章討論的主題：比較個別證券相對於大盤指數之間的表現。請注意，除非特別說明，否則本章的RS，都是跟S&P綜合股價指數做比較。

建構RS線

RS線是把某種資產價格除以另一種資產價格的結果繪製為曲線圖。一般來說，前述計算的分子部分是個別股票，分母部分則是那斯達克指數或S&P 500等大盤指數。這種概念也可以延伸到商品市場，比較個別市場與商品指數，譬如：玉米與CRB商品研究局綜合指數的比較。

圖16-1的上側小圖顯示某股票的價格走勢，下側小圖則是其RS線。當RS處於上升狀態，意味著該股票的表現優於大盤指數。

> **主要技術原則**：RS會呈現趨勢發展，就如同價格本身一樣。換言之，我們也可以分析RS的趨勢，譬如：價格型態、趨勢線、移動平均穿越……等。

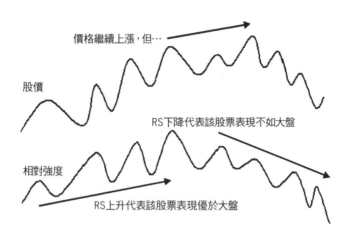

價格繼續上漲，但…

股價

RS下降代表該股票表現不如大盤

相對強度

RS上升代表該股票表現優於大盤

圖16-1 RS 與價格

就目前考量來說，大盤指數是S&P綜合指數，所以上升狀態的RS
線代表該股票的表現優於整體市場。稍後，股價本身雖然繼續上
升，但RS線則由峰位反轉，代表該股票的表現不如大盤指數。另
外，我們也可以比較某個國家之股價指數與世界股價指數（例
如：摩根史丹利的世界股價指數）。只要做適當的匯兌調整，這類
比較的道理也是相同的。

　　RS趨勢的解釋，原理與價格本身一樣。請注意，RS——顧名
思義——只有相對意義。RS處於上升狀態，並不代表個別股票的
價格本身上漲，而只是說該股票的表現優於大盤指數。譬如說，
根據S&P 500衡量的整體市場價格下跌20％，但此處考慮的個股只
下跌10％。兩者的價格雖然都下跌，但RS上升，因為該個別股票
的表現相對優於股價指數。

RS的解釋

　　關於解釋方法，相對趨勢與絕對價格趨勢很類似。可是，引進相對指標之後，可以提升分析的動態功能。比較兩個數列的關係，其彰顯的微妙差別，就如同比較價格與擺盪指標一樣。

　　相較於絕對價格趨勢，RS的隨機雜訊較嚴重，所以採用週線或月線資料計算的RS指標，可靠性通常高於日線資料。絕對價格雖然也存在類似性質，但程度上不若RS。

RS的正向與負向背離

　　當價格與RS都處於上升狀態，兩者的發展是「相互匹配的」。重要的趨勢通常都是如此開始，但RS遲早會無法確認價格本身所創的新高。這種情況意味著該股票可能會成為市場相對弱勢股。可是，RS的弱勢表現，並不是絕對賣出訊號（不代表價格趨勢將下跌），而只是建議換股操作。

　　在價格與RS展開一段相互匹配的漲勢之後，一旦出現背離現象，通常都代表不好的徵兆，價格本身隨後可能出現趨勢反轉訊號。請參考圖16-2，價格與RS最初呈現匹配發展；可是，不久之後，RS連續出現3個負向背離，價格最後也開始向下反轉。

　　空頭行情的情況剛好相反，RS如果在價格之前領先轉強，屬於正向背離的好徵兆，請參考圖16-3，隨後的價格確認訊號來自趨勢線突破。

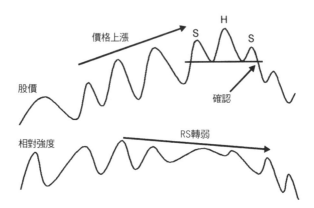

圖16-2　RS與負向背離

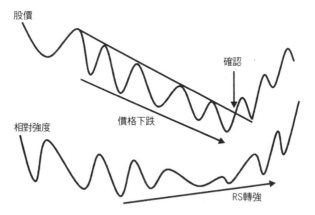

圖16-3　RS與正向背離

趨勢反轉技巧

移動平均穿越　價格往往適合採用移動平均穿越訊號判斷趨勢變動。RS的情況也是如此，但RS的波動較劇烈，所以RS的移動平均穿越經常出現假訊號。短期趨勢尤其是如此，即使是40週

簡單移動平均或65週指數移動平均等長期均線，訊號反覆的情況也很嚴重。圖16-4提供另一種可能性，這是採用兩條移動平均，藉由短期與長期均線的彼此穿越做為訊號。這種方法絕對有助於降低訊號反覆，對應代價當然就是訊號會有顯著的時間落差。

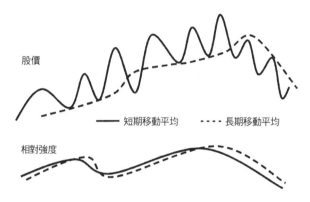

圖16-4　RS與移動平均

　　請參考走勢圖16-1的例子，橢圓形區域標示RS與其65週指數移動平均之間產生許多反覆訊號。走勢圖16-2的RS則採用兩條均線，65週EMA與其10週MA，藉由穿越訊號顯示趨勢變動。採用這種方式，幾乎可以消除1966～1998年之間的所有假訊號。雖然還殘餘幾個假訊號，但在1996～1998期間，65週EMA（虛線）基本上都處於其10週MA（實線）的下方。

　　趨勢線穿越　相較於移動平均，我個人認為RS更適合採用趨勢線分析。當RS出現趨勢線穿越現象時，應該留意價格本身的趨勢反轉確認訊號。圖16-5顯示趨勢由上升反轉為下降的情況。

走勢圖16-1　通用汽車，1993～2001，RS移動平均穿越
（資料取自www.pring.com）

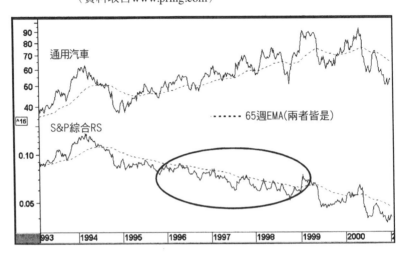

走勢圖16-2　通用汽車，1995～2000，RS移動平均穿越
（資料取自www.pring.com）

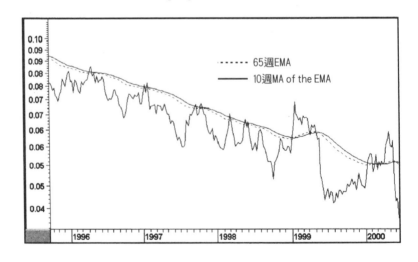

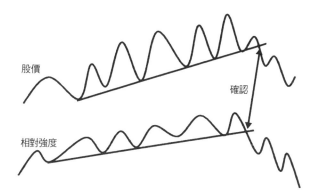

圖16-5　RS與上升趨勢線

　　圖16-6顯示如何挑選好的「買進機會」。首先等待RS向上突破趨勢線，然後等待價格反轉確認訊號，接著就能採取行動了。價格與RS都由相同方向穿越趨勢線的情況並不常見，不過只要看到這種情形，通常就代表重要趨勢反轉。目前這個例子的訊號更明確，因為先前RS曾經出現正向背離。

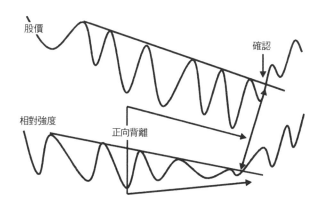

圖16-6　RS與下降趨勢線

正向背離並不是買進訊號，但所呈現的技術結構，可以顯著強化隨後出現的買進訊號。價格確認訊號可能來自趨勢線突破，價格型態完成，可靠的——此處特別強調「可靠的」——移動平均穿越，或甚至是反轉成為一系列持續墊高之峰位／谷底。記住，有關新趨勢的規模程度，主要是取決於相關分析的時間架構長度。舉例來說，盤中走勢的突破，所反映的通常是小趨勢，其重要性絕對不能與月線圖趨勢線突破相提並論。

價格型態 RS趨勢也可以藉由價格型態進行分析。請參考圖16-7，RS完成頭肩頂排列。這意味著RS趨勢已經反轉，持股者有理由換股操作。可是，RS的這個訊號並不代表價格趨勢本身將下跌，雖然多數情況是如此。就目前這個例子來說，價格賣出訊號是來自短期低點遭到貫穿，使得持續墊高之峰位-谷底現象為之中斷。請注意，價格隨後雖然反彈到先前突破點的上側，這並沒有讓下降趨勢反轉（換言之，沒能造成持續墊高之峰位和谷底）。

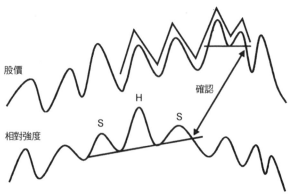

圖16-7　RS與價格型態

　　圖16-8顯示下降趨勢轉變爲上升趨勢的狀況。首先，RS出現正向背離，因爲價格的一系列峰位-谷底持續下滑，但RS並沒有。接著，RS完成矩形排列而向上突破，價格隨後完成擴張底排列。

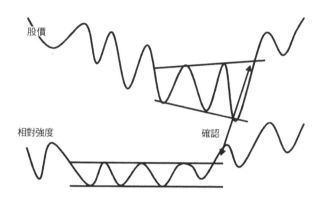

圖16-8　RS與價格型態

長期RS

　　走勢圖16-3顯示S&P國內石油指數的季線，以及其與S&P綜合股價指數的RS。這是非常長期的走勢，幾乎涵蓋20世紀的大部分期間。這個例子說明RS本身也適合採用價格型態和趨勢線分析。RS很少完成價格排列，一旦完成的話，相對價格通常都會呈現相當長期的走勢。請注意，這份圖形涵蓋很長的期間，所以相關型態看起來都很小。價格型態完成之後，通常代表整個環境發生變化，相關趨勢可能持續好幾年，甚至好幾十年。舉例來說，RS在1950年代末期完成頭肩頂排列。向下突破之後，國內石油價格相對表現長期積弱不振。

　　事實上，一直到1960年代末期，RS才回到先前的突破點之上。接著，我們看到RS完成雙重底排列。請注意，這個雙重底本身，則是另一個長達25年之頭肩底排列的「右肩」。頭肩底型態的頸線標示為虛線。大型的排列完成之後，通常會發生大型的走勢，目前這個案例顯示的情況正是如此。整段漲勢的中點位置，出現等腰三角形排列。

　　最後，請注意，從1980年開始，油價指數就一直處於漲勢，整個趨勢持續到世紀末。這是否意味著石油是很好的投資對象？未必！請觀察RS在這段期間的表現，油價雖然持續上漲，但表現相對不如股票市場。

　　關於這類的長期走勢分析，當然沒有必要每個星期做一次，但每季做一次，則確實有助於掌握RS技術結構的長期狀況。月線

走勢圖16-3　S&P國內石油，1940～2001與RS價格型態
　　　　　（資料取自www.pring.com）

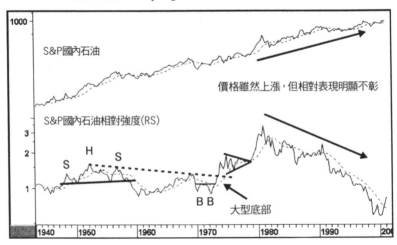

資料的定期分析評估，頻率可以稍微高些；至於週線或日線的RS
分析，頻率當然更高。

個別股票RS分析

　　走勢圖16-4顯示通用汽車與其RS的分析，涵蓋期間為1984～
1987年。兩個大箭頭標示價格與RS之間呈現的負向背離，意味著
通用汽車處於技術弱勢，但並不是純粹的賣出訊號。稍後，等到
RS完成頭肩頂排列，雖然GM股價當時仍然處於漲勢，但其表現
將不如大盤。這個訊號顯示通用汽車技術面明顯居於相對弱勢。
隨後，RS數度向上反彈，不過都受阻於頸線延伸壓力，而且在過
程中又出現負向背離。最後，價格跌破1984～1987的長期上升趨
勢線，這是確認訊號。

走勢圖16-4　通用汽車，1984～1987，RS趨勢線突破
　　　　　（資料取自www.pring.com）

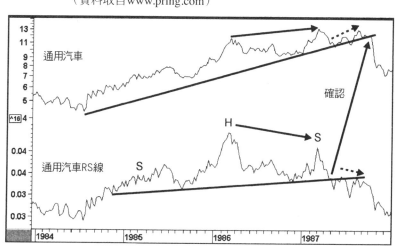

RS與動能

長期趨勢 由於傳統的趨勢判定技巧也同樣適用在RS，所以這方面的分析很容易進一步延伸，進而推演RS的動能指標。我們當然可以考慮RS的短期動能，但我相信相對分析方面，比較適合引用長期動能，運用一些平滑技巧排除不必要的波動。

走勢圖16-5顯示ConAgra Inc.的RS曲線，下側小圖則是RS的KST指標。標示在RS曲線上的波浪狀折線，是反映KST的起伏波動概況；換言之，KST的峰位大致對應著折線的峰位，反之亦然。如同本書第19章將談到的，相較於絕對價格，RS走勢具有更明確的循環性質。基於這個緣故，RS適合採用KST之類的長期擺盪指標（參考第12章），更能精準反映主要趨勢。我們知道，絕對價格可能出現強勁的線性走勢，使得結構最理想的平滑化長期動

走勢圖16-5　ConAgra Foods，1985～2001，平滑化的RS長期動能指標
（資料取自www.pring.com）

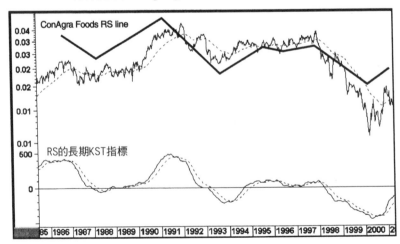

能指標也會過早發出交易訊號。至於RS的KST指標，我們不敢說絕對不會發生這種情況，但發生的可能性勢必很低。

　　此處談論的分析，主要是想尋找長期KST位在零線之下，而開始向上穿越其26週EMA的個別股票。請注意，走勢圖16-5繪製的RS移動平均是65週EMA。即使是如此長期的移動平均，我們發現1987～1989與1994～1997之間仍然有很多反覆訊號。這也是我喜歡運用趨勢線和長期KST指標分析RS的理由。這些工具雖然稱不上完美，但相對可靠。

　　目前這個例子是採用KST指標，因為KST是我個人最偏愛的擺盪指標之一，但各位也可以採用經過平滑化的RS其他長期動能指標。可供考慮的其他指標，包括隨機指標、MACD，或另一種趨勢偏離指標。原則上，我們希望這類動能指標的上下起伏，能夠儘量精準反映RS的轉折。這需要經由嘗試錯誤程序來挑選適用指標；篩選過程中，理想指標應該要普遍適用於很多個別股票、各種不同期間。千萬不要過份強調最佳化，因為沒有絕對完美的技術指標。

　　一旦決定RS長期趨勢的方向和發展階段，接著就要分析短期走勢圖。

　　短期趨勢　　請參考走勢圖16-6，上側小圖是Abbott Labs的RS曲線，中間小圖是RS的14天RSI，下側小圖則是RS的MACD。這份走勢圖可以清楚看出兩種主要市況：1998年底到2001年初的空頭市場，以及其後的多頭市場。現在，讓我們仔細觀察MACD的情況。空頭市場發展過程，MACD始終沒有進入超買區域，當指標進入超賣區域，則沒有引發該有的顯著反彈。

　　多頭市場的情況則剛好相反。這是擺盪指標的典型性質。這
就如同北半球的候鳥一樣，冬天（空頭市場）會往南遷徙，夏天
（多頭市場）則往北遷徙。每當我們發現擺盪指標在超賣區域總是
不能引發漲勢，這代表當時趨勢可能處於下降。當然，不是每次
都這樣，但通常是如此。就目前例子來說，1999年1月份，MACD
處於超賣區而沒有引發價格反彈，指標也不能進入超買區域，市
場隨後就進入空頭行情。

　　多頭市場來臨的徵兆，並不是MACD得以進入超買狀態，因
為空頭市場畢竟也可能如此。多頭徵兆是發生在2000年5月，當時
MACD下降而沒有進入超賣區域，這意味著MACD的根本性質發
生變化。

走勢圖16-6　Abbott Labs，1998～2001，RS與RS短期動能
　　　　（資料取自www.pring.com）

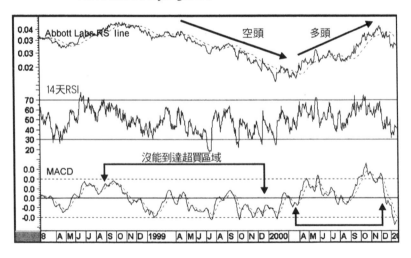

　　走勢圖16-7更詳細顯示1998年10月份頭部的相對分析。當時，RSI與MACD都跌破上升趨勢線，這是技術面轉弱的徵兆。接著，RS本身也跌破上升趨勢線。我們雖然不能因此判定市場進入空頭階段，但起碼要留意上升走勢已經停頓了好幾個月。事實上，這段期間內，Abbott Labs的表現不太可能優於大盤。讀者如果更仔細觀察，將發現RSI的上升趨勢線，實際上也是頭肩頂排列的頸線。

　　談到實際的價格走勢，情況更令人失望。1999年1月份的超賣狀態只引發橫向走勢，其後RS又恢復下降走勢。請觀察走勢圖16-7標示的三條虛線，當行情向上突破時，並沒有出現很好的漲勢，這正是空頭市場的典型狀況。

走勢圖16-7　Abbott Labs，1998～2001，RS與RS短期動能
　　　　　　（資料取自www.pring.com）

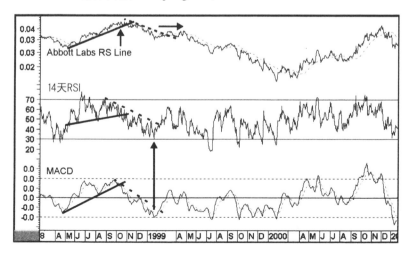

走勢圖16-8涵蓋相同期間，但同時顯示價格走勢。虛線狀的RS趨勢線一旦跌破，等於是相對分析的賣出訊號，但絕對價格仍然繼續走高。接著，價格與RS之間出現背離發展，顯示技術面根本結構轉弱。可是，價格仍然維持在上升趨勢線（標示爲實線）之上，直到1999年1月份才跌破。請注意，如果稍早RS跌破趨勢線的賣出訊號還不足以做爲結束多頭部位的根據，那麼當絕對價格跌破趨勢線，也應該採取行動了。

走勢圖16-9放大顯示走勢圖16-6的多頭行情部分。請注意，剛進入多頭行情的階段，RS呈現強勁的空頭走勢，動能指標發出錯誤的假訊號。可是，到了2000年3月，RSI與MACD都出現好轉的跡象，當RS跌到第二個低點時，兩個動能指標距離零線還很遠。另外，MACD創新高，顯示其性質已經有了根本改變，意味著市場可能邁入多頭。

最後，RS本身完成雙重底而向上突破圖形標示的水平狀趨勢線。RS也呈現一系列持續墊高的峰位和谷底，這是另一個確認訊號。我們看到，空頭市場的整個發展過程中，每波浪的反彈高點，位置總是持續下滑，回檔低點也是如此。

價差交易

RS在期貨市場的價差交易之中運用得很普遍，這類交易是想藉由不同商品之間暫時發生的價格扭曲關係而獲利。這種不正常的價格關係，通常是起因於不正常的經濟基本面發展，使得相關商品之間的價格關係暫時受到扭曲。價差計算通常是直接把兩種

走勢圖16-8　Abbott Labs，1998～2001，RS與RS短期動能
　　　　（資料取自www.pring.com）

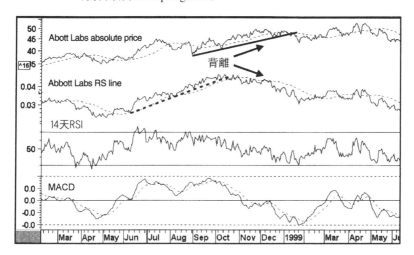

走勢圖16-9　Abbott Labs，1998～2001，RS與RS短期動能
　　　　（資料取自www.pring.com）

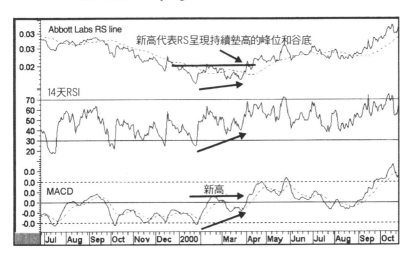

商品的價格相減。稍早討論的RS，是採用「除法」，如果改用一般使用的「減法」，價差通常是把「分母」減掉「分子」。我個人比較喜歡採用「除法」，因為這可以維持比例關係。可是，如果價差計算的期間不長（譬如說，少於6個月），則採用「減法」或「除法」的差別不大。

價差關係產生的最主要6種因素：

- **商品關係**：譬如說，黃豆、黃豆油與黃豆餅，原油、汽油和熱燃油。
- **用途**：玉米和活豬、活牛、家禽之間的關係。
- **替代關係**：小麥和玉米，豬肉和牛肉。
- **地理因素**：倫敦銅和紐約銅，加拿大糖和紐約糖。
- **儲存成本**：譬如說，相同商品之不同交割月份契約。
- **素質價差**：譬如說，國庫券與歐洲美元存款，S&P和價值線（Value Line）。

前述相對價格關係之中，有些實際上屬於套利交易（arbitrage）的範疇，譬如：倫敦銅和紐約銅。套利交易屬於專業玩家的領域，個人投資者或交易者恐怕不宜介入。

另一方面，所謂的TED價差——國庫券與歐洲美元存款之間的利率差——則是很普遍的交易工具。

有時候，我們認為不合理的價差關係，可能變得更極端、扭曲得更嚴重。基於這個緣故，建立價差交易部位之前，應該等待某種趨勢反轉訊號。如此一來，雖然不能完全排除這類交易可能涉及的風險，但風險程度絕對可以顯著降低。

本書後續章節還會進一步談到各類資產之間存在的價格關

係。這些關係雖然各有不同用途，但都存在**趨勢**，因此也可以運用我們討論的技巧判斷**趨勢**反轉徵兆。

彙總

- RS是比較不同證券之間的價格關係，結果繪製爲曲線，稱爲RS曲線。
- 最常見的情況，是比較個股與大盤指數之間的價格關係。當RS處於上升狀態，代表該個別股票表現優於大盤，反之亦然。
- 絕對價格與RS之間的背離現象，往往是該股票技術面轉強或轉弱的徵兆。
- RS走勢呈現**趨勢**。任何有關趨勢判斷的技巧，也同樣可以運用於RS。
- 想要分析RS的主要趨勢，最有用的方法是採用平滑化的長期擺盪指標，尤其是KST。

第17章　技術指標整合討論：道瓊運輸指數1990-2001

　　現在，我們準備綜合運用前文討論的各種指標，分析市場的長期狀況。關於這方面的說明，我挑選道瓊運輸類股指數做為對象，涵蓋期間為1990到2001年。走勢圖17-1顯示該指數與9個月期移動平均。此處採用的9個月期移動平均，是根據1931年到2000年資料所做的最佳化測試結果。

　　圖形標示的向上和向下箭頭，是這段期間內發生的行情主要轉折點。1990年的底部不容易判斷，因為股價指數幾乎呈現V型反轉。請參考走勢圖17-2，底部排列完成時，18個月期ROC突破下降趨勢線（虛線），緊接著價格也向上突破。

　　請參考走勢圖17-3中間小圖的RS曲線，RS突破下降趨勢線的時間早於絕對價格。這意味著，在行情邁入新多頭市場的初期，道瓊運輸類股的表現將優於整體大盤。

　　走勢圖17-4標示的垂直狀向上箭頭，顯示三個擺盪指標同時進入超賣區域。這份走勢圖顯示最強勁的買進訊號，因為價格向上突破趨勢線的時候，幾乎也同時向上穿越其65週EMA。另外，39週CMO也在這個時候完成底部排列。到了1991年2月，我們看到幾個有利徵兆，種種跡象都顯示下降動能已經告一段落，讓長

走勢圖17-1　道氏運輸指數，1989～2001，及其轉折點
　　　　　（資料取自www.pring.com）

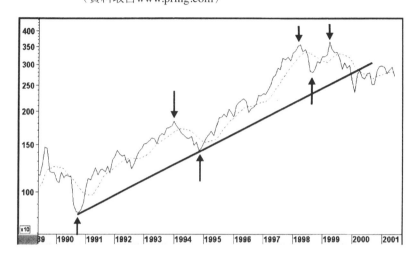

走勢圖17-2　道氏運輸指數，1989～2001，長期動能指標
　　　　　（資料取自www.pring.com）

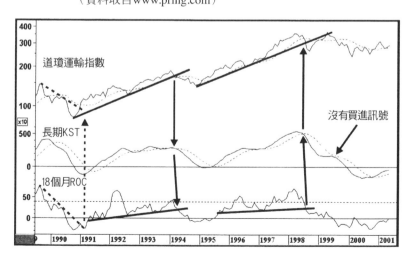

走勢圖17-3　道氏運輸指數，1989～2001，長期動能指標
（資料取自www.pring.com）

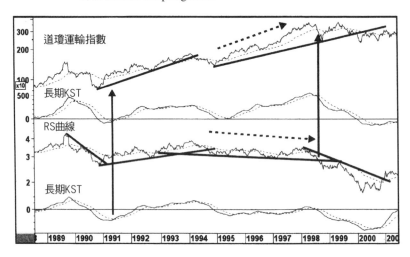

走勢圖17-4　道氏運輸指數，1989～2001，三個CMO指標
（資料取自www.pring.com）

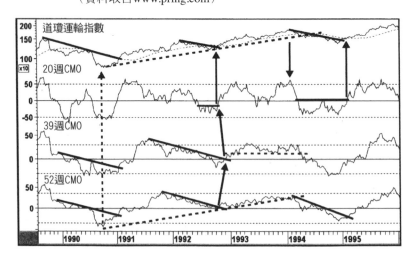

期KST得以向上反轉。次個重大發展，是1992年的中期走勢頭部。運輸指數跌破12週移動平均（走勢圖17-2）與65週EMA（走勢圖17-3），長期KST也發出負面的假訊號。根據這些事件判斷，當然有理由認定運輸指數邁入空頭市場。可是，一旦運輸指數與長期KST再度向上穿越移動平均（走勢圖17-2），實在沒有什麼道理繼續抱著空頭的立場。

不幸地，中期修正走勢往往都會發生這類的反覆訊號。碰到這種情況，務必抱持著開放的態度處理技術指標。就目前這個例子來說，走勢圖17-4的20週CMO動能擺盪指標完成底部排列，並且向上突破數條趨勢線，所以有很多證據顯示趨勢已經發生變化。

2年後的1994年初，運輸指數的多頭行情形成頭部。當時，有很多徵兆顯示主要頭部已經出現。請參考走勢圖17-2，運輸指數本身同時跌破長達4年的上升趨勢線，以及12個月移動平均。KST出現明確的賣出訊號，18個月ROC完成頭肩頂排列。在這些走勢圖涵蓋的整個11年期間內，ROC指標只完成兩個價格型態，所以1994年的向下突破相當重要。

走勢圖17-4也顯示一些重要的空頭徵兆。39週與52週CMO指數與價格之間產生背離現象，而且兩個動能指標都完成頭部排列，或跌破主要趨勢線。就價格峰位發生當時的情況來看，20週CMO進入超買區域。觀察整份走勢圖，我們發現，除非當時的漲勢或跌勢非常強勁，否則20週CMO一旦進入超買或超賣，通常很快就會出現中期反轉。同年稍後又發生更嚴重的負面情況，RS跌破長期趨勢線；請注意，這是RS邁入多頭市場之後首度發生的情況。另外，KST出現明確的賣出訊號（走勢圖17-3）。所以，從此

之後，在很長一段期間內，運輸類股的表現都相對落後大盤，雖然當時的情況還不是很明顯。

　　由於這波空頭行情相當緩和，所以1995年初的底部只出現在週線圖。同樣地，走勢圖17-4提供最明確的證據，52週CMO向上突破下降趨勢線，完成長達20週的底部排列。至於運輸指數本身，則幾乎同時向上穿越下降趨勢線與65週EMA。走勢圖17-3的長期KST也同時翻正。

　　接下來4年期間內，運輸指數都保持在65週EMA之上，一系列的峰位與谷底也持續墊高。然後，到了1998年的年中左右，發生相當嚴重的趨勢突破現象。首先，運輸指數本身跌破12個月移動平均，而且跌破多頭市場趨勢線（請參考走勢圖17-2）。長期KST發出賣出訊號，18個月ROC完成頭部排列。

　　走勢圖17-5顯示運輸指數完成稍微向上傾斜的頭肩頂排列，而且幾乎同時跌破65週EMA。另外，請注意39週與52週CMO，當運輸指數形成右肩時，這兩個動能指標已經跌破零線，顯示當時完全喪失向上的動能，這是很明確的空頭徵兆。所以，到了1998年秋天，運輸指數發生相當劇烈的跌勢。

　　最嚴重的技術傷害，莫過於RS跌破長達6年的支撐線（請參考走勢圖17-3），這是發生在絕對價格跌破65週EMA的時候。事實上，RS很早就開始出現麻煩了，因為其走勢完全不能確認絕對價格呈現的多頭趨勢。當運輸指數本身在1998年出現頭部時，RS早已經呈現一系列的負向背離。1996年底，RS創1993年以來的新低，這是相當明確的警訊，顯示運輸指數表現相對不彰。

　　1998年的底部也很難掌握，就如同1990的情況一樣，但程度

走勢圖17-5　道氏運輸指數，1995～2001，三個CMO週線指標
　　　　（資料取自www.pring.com）

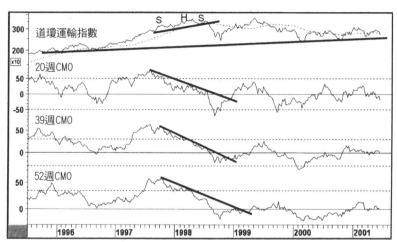

更嚴重，因爲價格轉折更劇烈。請參考走勢圖17-5，所有三個CMO
指標都突破下降趨勢線，但運輸指數本身則由底部回升很長一陣
子之後，才向上穿越移動平均。價格指數本身沒有辦法繪製下降
趨勢線，所以實在沒辦法找到及時的進場訊號。就目前這個例子
而言，趨勢反轉的證據並不完整；一般來說，最好避開這類證
券。可是，我們在1998年初已經看到最關鍵的因素，運輸指數的
RS曲線跌破長期支撐線，這將決定後續幾年的投資基本立場。

　　事實上，1998～1999年的漲勢，僅是規模比較大的反彈而
已，因爲價格只是回到1998年的高點，而且也不能克服先前多頭
市場趨勢線的延伸壓力。這段期間內，KST從來沒有出現買進訊
號，RS曲線（走勢圖17-3）也從來沒有向上穿越65週EMA。

最後，到了本世紀初，運輸指數跌破1990～2000年以來的長期上升趨勢線。這條趨勢線的參考價值雖然不大，因為只由兩個價格低點決定（走勢圖17-1），不能代表根本趨勢，但也造成為期2年的橫向盤整。現在，最關鍵之處，是銜接1996年和2001年低點的趨勢線。這條趨勢線萬一跌破的話，即使還要參考其他證據，問題恐怕就很嚴重了。

彙總

本章簡略探討道瓊運輸指數在1990年到2000年之間的發展情況。雖然沒有納入很多技術指標，但也具體說明了如何運用價格、動能與RS等的趨勢指標，綜合判定行情的重要轉折點。

寰宇圖書分類

智 慧 投 資

分類號	書　名	書號	定價	分類號	書　名	書號	定價
1	股市大亨	F013	280	30	歐尼爾投資的24堂課	F268	300
2	新股市大亨	F014	280	31	探金實戰・李佛摩投機技巧（系列2）	F274	320
3	金融怪傑（上）	F015	300	32	金融風暴求勝術	F278	400
4	金融怪傑（下）	F016	300	33	交易・創造自己的聖盃（第二版）	F282	600
5	新金融怪傑（上）	F022	280	34	索羅斯傳奇	F290	450
6	新金融怪傑（下）	F023	280	35	華爾街怪傑巴魯克傳	F292	500
7	金融煉金術	F032	600	36	交易者的101堂心理訓練課	F294	500
8	智慧型股票投資人	F046	500	37	兩岸股市大探索（上）	F301	450
9	瘋狂、恐慌與崩盤	F056	450	38	兩岸股市大探索（下）	F302	350
10	股票作手回憶錄	F062	450	39	專業投機原理 I	F303	480
11	超級強勢股	F076	420	40	專業投機原理 II	F304	400
12	非常潛力股	F099	360	41	探金實戰・李佛摩手稿解密（系列3）	F308	480
13	約翰・奈夫談投資	F144	400	42	證券分析第六增訂版（上冊）	F316	700
14	與操盤贏家共舞	F174	300	43	證券分析第六增訂版（下冊）	F317	700
15	掌握股票群眾心理	F184	350	44	探金實戰・李佛摩資金情緒管理（系列4）	F319	350
16	掌握巴菲特選股絕技	F189	390	45	期俠股義	F321	380
17	高勝算操盤（上）	F196	320	46	探金實戰・李佛摩18堂課（系列5）	F325	250
18	高勝算操盤（下）	F197	270	47	交易贏家的21週全紀錄	F330	460
19	透視避險基金	F209	440	48	量子盤感	F339	480
20	股票作手回憶錄（完整版）	F222	650	49	探金實戰・作手談股市內幕（系列6）	F345	380
21	倪德厚夫的投機術（上）	F239	300	50	柏格頭投資指南	F346	500
22	倪德厚夫的投機術（下）	F240	300	51	股票作手回憶錄-註解版（上冊）	F349	600
23	交易・創造自己的聖盃	F241	500	52	股票作手回憶錄-註解版（下冊）	F350	600
24	圖風勢──股票交易心法	F242	300	53	探金實戰・作手從錯中學習	F354	380
25	從躺椅上操作：交易心理學	F247	550	54	趨勢誡律	F355	420
26	華爾街傳奇：我的生存之道	F248	280	55	投資悍客	F356	400
27	金融投資理論史	F252	600	56	王力群談股市心理學	F358	420
28	華爾街一九〇一	F264	300	57	新世紀金融怪傑（上冊）	F359	450
29	費雪・布萊克回憶錄	F265	480	58	新世紀金融怪傑（下冊）	F360	450

共 同 基 金

分類號	書　名	書號	定價	分類號	書　名	書號	定價
1	柏格談共同基金	F178	420	4	理財贏家16問	F318	280
2	基金趨勢戰略	F272	300	5	共同基金必勝法則-十年典藏版（上）	F326	420
3	定期定值投資策略	F279	350	6	共同基金必勝法則-十年典藏版（下）	F327	380

投　資　策　略

分類號	書　名	書號	定價	分類號	書　名	書號	定價
1	股市心理戰	F010	200	23	看準市場脈動投機術	F211	420
2	經濟指標圖解	F025	300	24	巨波投資法	F216	480
3	經濟指標精論	F069	420	25	股海奇兵	F219	350
4	股票作手傑西・李佛摩操盤術	F080	180	26	混沌操作法 II	F220	450
5	投資幻象	F089	320	27	傑西・李佛摩股市操盤術 (完整版)	F235	380
6	史瓦格期貨基本分析（上）	F103	480	28	股市獲利倍增術 (增訂版)	F236	430
7	史瓦格期貨基本分析（下）	F104	480	29	資產配置投資策略	F245	450
8	操作心經：全球頂尖交易員提供的操作建議	F139	360	30	智慧型資產配置	F250	350
9	攻守四大戰技	F140	360	31	SRI 社會責任投資	F251	450
10	股票期貨操盤技巧指南	F167	250	32	混沌操作法新解	F270	400
11	金融特殊投資策略	F177	500	33	在家投資致富術	F289	420
12	回歸基本面	F180	450	34	看經濟大環境決定投資	F293	380
13	華爾街財神	F181	370	35	高勝算交易策略	F296	450
14	股票成交量操作戰術	F182	420	36	散戶升級的必修課	F297	400
15	股市長短線致富術	F183	350	37	他們如何超越歐尼爾	F329	500
16	交易，簡單最好！	F192	320	38	交易，趨勢雲	F335	380
17	股價走勢圖精論	F198	250	39	沒人教你的基本面投資術	F338	420
18	價值投資五大關鍵	F200	360	40	隨波逐流～台灣50平衡比例投資法	F341	380
19	計量技術操盤策略（上）	F201	300	41	李佛摩操盤術詳解	F344	400
20	計量技術操盤策略（下）	F202	270	42	用賭場思維交易就對了	F347	460
21	震盪盤操作策略	F205	490	43	企業評價與選股秘訣	F352	520
22	透視避險基金	F209	440				

程　式　交　易

分類號	書　名	書號	定價	分類號	書　名	書號	定價
1	高勝算操盤（上）	F196	320	8	PowerLanguage 程式交易語法大全	F298	480
2	高勝算操盤（下）	F197	270	9	交易策略評估與最佳化（第二版）	F299	500
3	狙擊手操作法	F199	380	10	全民貨幣戰爭首部曲	F307	450
4	計量技術操盤策略（上）	F201	300	11	HSP計量操盤策略	F309	400
5	計量技術操盤策略（下）	F202	270	12	MultiCharts快易通	F312	280
6	《交易大師》操盤密碼	F208	380	13	計量交易	F322	380
7	TS程式交易全攻略	F275	430	14	策略大師談程式密碼	F336	450

期　　　　貨

分類號	書　　名	書號	定價	分類號	書　　名	書號	定價
1	期貨交易策略	F012	260	6	期貨賽局（下）	F232	520
2	股價指數期貨及選擇權	F050	350	7	雷達導航期股技術（期貨篇）	F267	420
3	高績效期貨操作	F141	580	8	期指格鬥法	F295	350
4	征服日經225期貨及選擇權	F230	450	9	分析師關鍵報告（期貨交易篇）	F328	450
5	期貨賽局（上）	F231	460				

選　　擇　　權

分類號	書　　名	書號	定價	分類號	書　　名	書號	定價
1	股價指數期貨及選擇權	F050	350	6	征服日經225期貨及選擇權	F230	450
2	技術分析＆選擇權策略	F097	380	7	活用數學・交易選擇權	F246	600
3	認購權證操作實務	F102	360	8	選擇權交易總覽（第二版）	F320	480
4	交易，選擇權	F210	480	9	選擇權安心賺	F340	420
5	選擇權策略王	F217	330	10	選擇權36計	F357	360

債　券　貨　幣

分類號	書　　名	書號	定價	分類號	書　　名	書號	定價
1	貨幣市場＆債券市場的運算	F101	520	3	外匯交易精論	F281	300
2	賺遍全球：貨幣投資全攻略	F260	300	4	外匯套利 ①	F311	480

財　務　教　育

分類號	書　名	書號	定價	分類號	書　名	書號	定價
1	點時成金	F237	260	5	貴族・騙子・華爾街	F287	250
2	蘇黎士投機定律	F280	250	6	就是要好運	F288	350
3	投資心理學（漫畫版）	F284	200	7	黑風暗潮	F324	450
4	歐尼爾成長型股票投資課（漫畫版）	F285	200	8	財報編製與財報分析	F331	320

財　務　工　程

分類號	書　名	書號	定價	分類號	書　名	書號	定價
1	固定收益商品	F226	850	3	可轉換套利交易策略	F238	520
2	信用性衍生性&結構性商品	F234	520	4	我如何成為華爾街計量金融家	F259	500

金　融　證　照

分類號	書　名	書號	定價	分類號	書　名	書號	定價
1	FRM 金融風險管理（第四版）	F269	1500				

國家圖書館出版品預行編目(CIP)資料

技術分析精論 ／ Martin J. Pring 著 ; 黃嘉斌譯. -- 二版. -- 臺北市：麥
　格羅希爾, 寰宇, 2011, 08
　　冊 ; 公分. -- (寰宇技術分析 ; 314-315)
　　譯自：Technical analysis explained: the successful investor's
guide to spotting investment trends and turning points, 4th ed.
　ISBN 978-986-157-807-1 (上冊 ; 平裝). –
　ISBN 978-986-157-808-8 (下冊 ; 平裝)

　1. 投資分析

563. 5　　　　　　　　　　　　　　　　　　100014580

寰宇技術分析 **314**

技術分析精論第四版(上)

作　　　者　Martin J. Pring
譯　　　者　黃嘉斌
主　　　編　柴慧玲
美 術 設 計　黃雲華
合 作 出 版　美商麥格羅希爾國際股份有限公司台灣分公司
暨 發 行 所　台北市 100 中正區博愛路 53 號 7 樓
　　　　　　TEL: (02) 2383-6000　　FAX: (02) 2388-8822
　　　　　　http://www.mcgraw-hill.com.tw
　　　　　　寰宇出版股份有限公司
　　　　　　台北市 106 大安區仁愛路四段 109 號 13 樓
　　　　　　TEL: (02) 2721-8138　　FAX: (02) 2711-3270
　　　　　　E-mail: service@ipci.com.tw
　　　　　　http://www.ipci.com.tw
總 代 理　　寰宇出版股份有限公司
劃 撥 帳 號　第 1146743-9 號
登 記 證　　局版台省字第 3917 號
出 版 日 期　西元 2011 年　8 月　二版一刷
　　　　　　西元 2014 年　11 月　二版三刷
印　　　刷　普賢王印刷有限公司
定　　　價　新台幣 450 元

ISBN：978-986-157-807-1

網路書店：【博客來】www.books.com.tw
　　　　　【PChome 24h】http://24h.pchome.com.tw/
※ 本書如有缺頁、破損、裝訂錯誤，請寄回本公司更換。